コミュニケーション・ダイナミクス 2

高齢者介護の
コミュニケーション研究

専門家と非専門家の協働のために

石崎雅人 [編著]

ミネルヴァ書房

高齢者介護のコミュニケーション研究
——専門家と非専門家の協働のために——
【目　次】

序　章　専門家間，専門家と非専門家の協働と制度………… 石崎雅人　1
　　1　多職種連携　1
　　2　専門家と非専門家の場づくり　3
　　3　専門家の実践　5
　　4　人と制度　6

第Ⅰ部　多職種連携

第1章　宮城県気仙沼市における多職種連携の基底
　　………………………………………小松治・武田雄高・村岡正朗・石崎雅人　13
　　1　宮城県気仙沼市と東日本大震災　13
　　2　気仙沼在宅ワーキンググループ——多職種連携のひとつの形　19
　　3　気仙沼在宅ワーキンググループを生かす　33
　　4　多職種連携を考える　41
　　5　多職種連携の基底　48

第2章　地域包括ケアシステムの死角……………… 水間喜美子　49
　　——県型保健所の役割
　　1　地域包括ケアシステム　49
　　2　姶良・伊佐地域　55
　　3　姶良・伊佐地域振興局保健福祉環境部（姶良保健所）の実践　62
　　4　地域包括ケアシステム再考　73

第Ⅱ部　専門家と非専門家の場づくり

第3章　高齢者の健康・介護問題をめぐるカフェ型ヘルスコミュニ
　　　　ケーション——みんくるカフェと変容的学習 …………… 孫　大輔　85

1　ヘルスコミュニケーションにおける対話的アプローチ　85
　　2　高齢者の健康・介護をめぐるテーマ　87
　　3　カフェ型ヘルスコミュニケーションにおける変容的学習　93
　　4　変容的学習を起こしやすくする対話のファシリテーション　97
　　5　カフェ型ヘルスコミュニケーションによる地域での健康づくり　98

第4章　演劇を通じた介助・介護経験の再解釈と伝達の試み
　　　　――「地域の物語 2014, 2015」の実践から…………………花崎 攝　103

　　1　応用演劇の実践報告　103
　　2　「地域の物語」の特徴とテーマ　105
　　3　「地域の物語」2014――「介助すること，介助するひと」の概要　107
　　4　「地域の物語 2014」で表現されたこと　110
　　　　――「助けてって言えないこと」と高齢者施設の厳しい介護環境
　　5　「地域の物語」2015　115
　　　　――『あっちはこっち　こっちはあっち――介助・介護を考える』
　　6　参加者の経験　117

第5章　超高齢社会におけるメディエーションの可能性……田中圭子　133
　　　　――高齢者・家族・介護従事者を守るコミュニケーション

　　1　わが国の高齢者をめぐる課題　133
　　2　超高齢社会におけるメディエーション　139
　　3　高齢者現場におけるメディエーションの可能性　149
　　4　メディエーションがもたらす日本への示唆　151

第Ⅲ部　専門家の実践

第6章　介護活動を表現する身体………………………………細馬宏通　157
　　　　――介護者のカンファレンスにおける身体相互作用

1　介護は身体的で創造的な行為　157
　　　2　観察場所と分析方法　159
　　　3　日誌には現れない身体表現　160
　　　4　介護行為を表す身体の相互行為　172
　　　5　身体的解釈法——身体を介した相互行為　182

第7章　ケア活動を組織する諸行為の規範的結びつき……城　綾実　187
　　　——専門職に宿るものの見方とそれに基づく実践に注目して
　　　1　グループホーム職員の実践を知るための相互行為分析　187
　　　2　取り扱うデータと分析方法　190
　　　3　専門職に宿るものの見方からケア実践にいたるまで　194
　　　4　専門家と非専門家とを比較する　215
　　　5　相互行為分析と現場との出会いから期待されるもの　217

―――――――――――第Ⅳ部　人と制度―――――――――――

第8章　持続可能な超高齢社会のコミュニケーションデザイン　225
　　　——社会コミュニケーション・医療・死生学…………鈴木義彦・長谷川剛
　　　1　対話の可能性と不可能性　225
　　　2　延命治療の諸相　228
　　　3　Advance Care Planning の進化形——状況統合的意思決定　232
　　　4　一般意志2.0　240

第9章　高齢者を支える成年後見制度と意思決定支援……安藤信明　249
　　　——高齢者の安心を約束する制度へ向けて
　　　1　高齢者をめぐる家族の状況　249
　　　2　介護サービスの提供を受けるためには　253
　　　3　成年後見制度の概要　256

4　高齢者を支えるために　260
　　5　意思決定支援　263

おわりに　267
索　　引　269

序　章

専門家間，専門家と非専門家の協働と制度

石崎雅人

　本書は，介護コミュニケーションの中で，「多職種連携」「専門家と非専門家の場づくり」「専門家の実践」「人と制度」に関する論考を集めたものである。コミュニケーションということばは，介護の脈絡では，介護をする側とされる側の言語・非言語によるやりとりを指すことが多いが，このやりとりは，きわめて精緻に構成されており，また，そのなかには，介護の概念や活動がどのようなものとして認識されているかが示されている。介護の実践におけるこの認識はきわめて重要で，実践にかかわる人たちの認識と，実践にかかわらないあらゆる人たち——政策立案者から一般の人々——の認識が食い違ってしまうと，介護の現状への適切なフィードバックがなされなくなる。本書の論考は，介護現場における実際のやりとりの分析を含め，この認識のずれについて考えさせてくれるものであり，それはこれからの介護コミュニケーションおよびその環境構築への手がかりを与えてくれるものである。このことは別の言葉で表現すると，介護に関する新たなコミュニケーションをつくることだといってよいかもしれない。

　以下では，本書で取り上げる「多職種連携」「専門家と非専門家の場づくり」「専門家の実践」「人と制度」に関して，このことを具体的に見ていく。

1　多職種連携

　「多職種連携」のイメージは，図序-1で示される。そこでは，介護を受ける

図序-1 地域包括ケアシステムの姿

出所:厚生労働省老健局「地域包括ケアシステムについて」平成25年6月13日 (https://www.kantei.go.jp/jp/singi/kokuminkaigi/dai15/siryou1.pdf)

人,その家族を中心として,医療者(医師,看護師等),介護者(訪問介護員〔ホームヘルパー〕等),介護支援者(介護支援専門員〔ケアマネジャー〕,地域包括センター),地域住民が線でつながれている。図中で関係者を線で結ぶのは簡単だが,実際に連携を行うのは容易なことではない。

> 実際は各職種にはそれぞれ職種内のコミュニケーションを円滑にするある種のコードがあり,それは多職種のコミュニケーションを難しくします。また,各職種がそれぞれに対する社会的な評価を内面化することが多く,そのことは職種間のコミュニケーションをゆがめます。それは,意識的にせよ無意識的にせよ相手に伝えたいことを伝えさせないという圧力や,伝えるべきことを伝えられないという萎縮につながります。(石崎 2015:26)

本書では,この問題に対して,ふたつの対照的な取り組みを取り上げる。ひとつは,小松・武田・村岡による気仙沼在宅ワーキンググループ(KNOAH)の取り組みであり,もうひとつは,水間による鹿児島県姶良・伊佐地域振興局保健福祉環境部(姶良保健所)の実践である。KNOAHは東日本大震災の経験をもとにボトムアップで多職種連携を進めようとしており,姶良保健所は,保

健所の特性を生かしトップダウンで進めている。このふたつの論考は，多職種連携は，図序-1にあるように線で結べばできるというものではなく，職種間の壁を越えるための努力を必要とする難しい問題であるということを教えてくれる。

2 専門家と非専門家の場づくり

　実践にかかわる人たちとかかわらない人たちの間において，認識にずれがある状態からない状態への変化は，ある意味，学習の過程であるということができる。ただ，学習というと，表序-1における「獲得型学習観」で示されているように，外部に知識があり，それを学習者の頭の中に埋め込むといったイメージを抱きがちである。しかし，本書における，第3章の孫によるカフェ型ヘルスコミュニケーション，第4章の花崎による応用演劇での参加者の学びは，この「獲得型学習観」では説明することはできない。第3章で取り上げられている，死や終末期医療の話題は，知識によって解決できるわけではない。また，自分で体験したり，複数の体験を比較することもできない。どのように考えるかについて，すべての人が合意したものがあるわけではないが，たとえば第三者として関係する人たちの死を見つめ，また，同様の経験をする人たちと話をする中で価値観を育んでいくという考え方がある。日常では，価値観を意識して生活することは多くはないが，カフェ型ヘルスコミュニケーションにおいて，参加者は，日常に埋め込まれた価値観を外化し，それを他の参加者と話し合うことにより，自分がもっている価値観を意識化するとともに，場合によってはそれを変化させる。この考え方は表序-1における「協同的学習観」と親和的である。応用演劇の場合も同様に考えることができる。応用演劇では，障害者，高齢者の介助・介護を実際に受けている人／行っている人たちの話し合いをもとに演劇がつくられる。この話し合いが価値観の外化を可能にする。カフェ型ヘルスコミュニケーションと違うのは，外化された価値観は話し合いの中で意識化されるだけでなく，演劇という形式で身体によって表現されるところであ

表序-1　学習観の比較表（獲得型・徒弟的・協同的学習観）

	獲得型学習観 従来の学校の教室	徒弟的学習観 徒弟制度	協同的学習観 協同・表現のワークショップ
学習	知識を獲得すること	生産できること	知や学びを問い直すことor捉え直すこと・新しい自分に出会うこと・魅力的な他者に出会うこと
環境	個人の知識の注入	師匠を上位あるいは中心とした縦型的関係性	入れ子構造の中で起こる水平的関係性
知識	既存の知識を所有するもの	実践に埋め込まれた知識を使えるようになること	表現することを含めた知識の再構築・創造
教師	知識の提供者	実践共同体で中心となる行為者（師匠）	知・学びを再構成する同伴者（コーディネータやファシリテーター）
教師・師匠・ファシリテーターの専門性	効率よく，知識が獲得されるように教授すること	生産工程を熟知していること	参加者をケアし，予想外のことに柔軟に対応すること
学習の目標	教育の効率化	生産過程で役に立つ技能の獲得	知ることの再構成的発見学習のプロセスを味わうこと
学習者	同じ知識を与えられる受容器	コミュニティの中のアイデンティティ形成を含めた全人格的存在としての学習者	さまざまな参加様態が許された参加者
評価	与えられた知識が所有できたか	予定していた生産品ができたか	学びの履歴と振り返り

出所：刑部（2010：30）

る。その表現は，観客を含め，演劇制作にかかわった人たちに，身体に基づく思考をうながす。第5章の田中の論考は，裁判外紛争解決のひとつのあり方であるメディエーションに関するものである。「紛争」というと国対国といった大規模な対立を思い浮かべがちであるが，実際には，ちょっとした意見や考えの対立や，もめごとまでをも含む幅広い概念として使われている。田中，孫，花崎の論考を比較すると，それぞれの活動への参加者は，価値観を外化し，メディエーター，ファシリテーター，演劇制作者の支援のもと，さまざまな観点からその価値観を考え直すという点で共通している。介護に関係する人たちは，

これらの活動により認識のずれを意識し，そのことが介護に関する新たなコミュニケーションを生みだすことにつながる。

3　専門家の実践

「会話分析」という社会学の一分野がある。この分野の研究は，社会における人と人との言語的・非言語的やりとりのあり方およびその基底を明らかにしている。本書では，細馬，城の論考がこの分野のものになっている。わたしたちは，日常の会話でどう話をしているかをあまり意識することはない。むしろ，話の内容に注目し，互いの発話を理解しながら話を進めていると考えている。しかし，どのように話をしていたかを詳細に調べてみると，きわめて精緻な「規則性」のようなものがあることがわかる。細馬の論考は，このいわゆる「規則性」が，言語だけでなく身体動作をも含めて実践されていることを，認知症対応型共同生活介護施設（グループホーム）のカンファレンスの事例で示している。従来，介護において，言語は言語，身体は身体というように別のものとして考えられることが少なくなかった。そうではなく，言語と身体動作を含めた上での相互行為の視点が大切であることを指摘している。第7章では，グループホームの職員，利用者，訪問者の間で行われる会話が分析される。訪問者と利用者，職員と利用者のやりとりを比較してみると，職員は，利用者が良い気分でいられるよう気をつかいながら，わかりやすく話をし，利用者もそれに応答していることが理解できる。「わかりやすく」というと，気遣いの問題として捉えられがちであるが，そうではなく，理論的に説明できる行為をしている。ひとつは，間接言語行為（Searle 1979）の直接言語行為化である。日常のやりとりにおいて，相手に何かお願いごとをするとき，あらかじめその障壁となることについて確認することがある。会社の同僚に仕事をお願いごとをするときに，いま手が空いているかを確認するような場合である（「会話分析」では「先行連鎖」という概念によって捉えられている）。通常，この確認から別の意図を読むのは難しくないが，認知症の人にはそれが難しい場合がある。もうひと

つは，共同行為の階層（Clark 1996）の時間展開である。会話におけるやりとりは，共同行為として捉えることができる。

> 共同行為は，提案（proposal）と受理（acceptance）の相から構成され，それぞれは階層をなしています。この階層は，言語行為論（Austin 1962）の自然な拡張です。言語行為論において，言語行為の遂行とは，発話行為（音声行為・用語行為・意味行為）・発語内行為・発語媒介行為（Austin 1962）の遂行であるとされます。Clark（1996）は，これらの行為を共同行為の階層へと整理しました。具体的には，物理的行為から社会的行為の階層へ，（物理的）行為と注意（execution and attention），提示と認識（presentation and identification），意味と理解（meaning and understanding），提案と考慮（proposal and consideration）の4レベルから成ります。（石崎 2013）

わたしたちが普通に話すときには，この4階層を意識して別々に行うことは少ない。しかし，認知症の人には，この4階層の行為をひとつひとつ確認する必要がある場合がある。本論考の例においては，グループホームの職員は，利用者が，注意，認識，理解，考慮ができるように，1回に1階層の行為を確実に行っている。ややもすると，介護にかかわらない人には，介護過程のコミュニケーションは，「やさしく」「わかりやすく」といったように「ちょっと気をつけて行う」程度の認識しかない場合があるが，細馬と城の論考は，ちょっと気をつけて行うだけではないことを示してくれている。介護において実際に何が行われているかを明らかにすること，理論化を行うことは，いままでの介護のあり方を変える可能性があると考えられる。

4 人と制度

第8章の鈴木・長谷川の論考では，救急医の視点から，人生の最終段階における治療に関する意思決定についての議論がなされる。治療に関する意思決定

高	リスク 高，確実性 高 同意タイプ：説明による同意 共同意思決定：不要 インタラクション量：中程度，適切な説明による同意で十分 例：腹部の銃創に対する開腹術	リスク 高，確実性 低 同意タイプ：説明による同意 共同意思決定：必要 インタラクション量：患者の持つ価値，選好，希望，恐れに関する話し合いを含む詳細なインタラクションが必要 例：初期の乳がんに対する乳房切除術，あるいは，乳腺腫瘤摘出術と放射線療法
リスク		
低	リスク 低，確実性 高 同意タイプ：単純 共同意思決定：不要 インタラクション量：最小，あるいは，なし 例：低血清カリウム患者に対して利尿剤投与量の減量	リスク 低，確実性 低 同意タイプ：単純 共同意思決定：必要 インタラクション量：中程度最小，あるいは，なし 例：高脂血症に対する生活指導 vs 薬物療法

　　　　　高　　　　　　　　　確実性　　　　　　　　　低
　（明らかな最良の選択肢が1つだけある）　　　　　（選択肢が2つ以上）

説明による同意の領域 □
共同（協働）意思決定の領域 □
両方の組み合わせの領域 ■

図序-2 危険度，不確実性による治療の分類と，医師と患者との意思決定コミュニケーションの種類

出所：Whitney et al（2014）より作成。

に関して，ホイットニーら（Whitney et al. 2004）は，患者に不利益を及ぼす危険度（risk）（低／高），不確実性（uncertainty）（選択肢が単一／複数）の2軸の組み合わせで整理し，それぞれに対して，どのような医師と患者との意思決定コミュケーションが適切かを示している（図序-2）。

　ホイットニーらは，患者への不利益の危険度が低く，選択肢が単一の治療の例として，ニッケルを含む指輪による皮膚炎に対する外用副腎皮質ホルモン剤の処方を挙げ，その場合，医師は患者の同意を得るだけでよいとする（簡略化

した同意 simple consent)（Whitney et al. 2004）。それに対し，危険度が高く，選択肢が複数ある治療の例として，初期乳がんに対する乳腺切除術，放射線療法を併用する乳腺腫瘍摘出術が挙げられている。この場合は，がんの再発への不安，身体の一部を失うことへの感じ方，費用，仕事をどのくらいの期間休まなければならないか等，医師は，患者の価値観を理解し，それに沿って，医師が必要であると考えた場合，また，患者の求めに応じて，情報提供・助言をするのが適切であるとしている（共同（協働）意思決定 shared decision making)（野呂ほか2015）。人生の最終段階における治療に関する意思決定には，この共同（協働）意思決定が望ましいことについて異論はないと思われるが，最終段階の治療，特に治療をしないという選択は，治療後の生活を考慮して行うものではないため，その決定は誰のためなのかという疑問はあり得る。社会的に望ましいとされる価値観が提示されたとき，それをどのように考えるのか，具体的な状況を想像できない場合には難しい問題である。グループマンとハーツバンドに事例が挙げられているように（Groopman and Hartzband 2011），意思が揺れ動くことも決してまれではない。長谷川と鈴木の論考は，その提案に賛否はあり得ると思われるが，この難しい問題を考えさせてくれる契機を提供してくれるという意味で意義のあるものである。ただし問題を考えるときには，挙げられる例が最終段階の治療全体の中でどのような位置づけを占めるものなのか（極端な例ではないのか），最終段階の治療に関する状況を具体的に考えることができるかどうかわからない人たちへのサーベイ（たとえば，終末期医療に関する意識調査等検討会 2014）をどのように解釈すべきかについては，十分に注意することが必要である。

　この論考に関連するもうひとつの論点に，意思決定における代行という問題がある。本人が意思決定をすることができない場合，家族がいれば，家族が行うことが期待される。なぜ家族なのかは，生物学的な関係ではなく，本人をよく知る者として位置づけられることによる。そのことからは，家族ならば誰でも自動的に代行できるわけではなく，他方，家族でなくとも本人をよく知る者であれば代行が可能であることがわかる。ただ，「本人をよく知る者」である

ことをどのようにして証拠立てるかは難しく，現段階では，家族以外に代行の主体を見つけることができていない状況である。医療ではなく，財産・契約管理，相続の問題に関しては，成年後見制度がある（制度については，第9章の安藤の論考を参照）。素朴には，この成年後見制度に，医療に関する意思決定の代行を含めることが考えられるが，生命に直接かかわる判断となるため，「本人をよく知る者」であることをどう担保するかが問題となる。現在，成年後見制度を発展させ，意思決定支援制度をつくっていこうとする試みがなされている（日本弁護士連合会第58回人権擁護大会シンポジウム第2分化会 2015）。本人が行わなければいけない意思決定について，能力の有り無しを二値で捉えるのではなく，連続的に捉え，限られた能力であっても，それを尊重し，足りない部分について支援をし，意思決定をしてもらおうというものである。この場合，ある分野に関して能力が残っていない場合は，表面的には代行と同じことになるが，仮に意思決定支援ということで支援者と本人がかかわっていた場合には，「本人をよく知る者」という条件を満足できる可能性がある。ただ意思決定支援は大変な仕事であり，誰がどのように担うかについてはさらに検討が必要であると考えられる。

　本書は，介護コミュニケーションという題目のもと，介護過程に関するコミュニケーションと，介護をとりまく状況に関するコミュニケーションについての論考を集めたものになっており，各論考は，それぞれのコミュニケーションに対する認識のずれもまた明らかにしている。このずれに対する認識が，介護に関する新たなコミュニケーションへつながることにより，介護に関する新たな捉え方が生まれ，それがまた新たなコミュニケーションをつくる。そのことが介護に関する理解を深めると考えている。

文献

Austin, J. L., 1962, *How To Do Things With Words*, 2nd Edition, J. O. Urmson and M. Sbisà ed., Harvard University Press.（= 1978, 坂本百大訳『言語と行為』勁草書

房。)
Clark, H. H., 1996, *Using Language*, Cambridge University Press.
Groopman, J. and Hartzband, P., 2011, *Your Medical Mind : How to decide what is right for you*, Penguin Books.(＝2013，堀内志奈訳『決められない患者たち』医学書院。)
石崎雅人，2013，「視線――気になる視線」『日本語学』32(5)：93-104。
石崎雅人，2015，「プロとしての実力と矜持を持って互いの信頼を得る」DRUG MAGAZINE，59(1)：25-28。
刑部育子，2010，「なぜ今，協同的に学ぶことが重視されるのですか？――ワークショップと協同性」茂木一司・上田信行・苅宿俊文・佐藤優香・宮田義郎編著『協同と表現のワークショップ――学びのための環境のデザイン』東信堂，28-31。
日本弁護士連合会第58回人権擁護大会シンポジウム第2分化会，2015，「『成年後見制度』から『意思決定支援制度』へ――認知症や障害のある人の自己決定権の実現を目指して」日本弁護士連合会。
野呂幾久子・石崎雅人・小林伶，2015，「化学療法における患者の共同意思決定についての認識および満足度との関係」『東京大学大学院情報学環情報学研究　調査研究編』31：89-113。
Searle, J., 1969, *Speech Acts : An Essay in the Philosophy of Language*, Cambridge University Press.(＝1986，坂本百大・土屋俊訳『言語行為――言語哲学への試論』勁草書房。)
Searle, J., 1979, *Expression and Meaning : Studies in the Theory of Speech Acts*.(＝1986，山田友幸訳『表現と意味――言語行為論研究』誠信書房。)
終末期医療に関する意識調査等検討会，2014，「終末期医療に関する意識調査等検討会報告書」厚生労働省(http://www.mhlw.go.jp/file/05-Shingikai-10801000-Iseikyoku-Soumuka/0000041846_3.pdf)。
Whitney, S. N., McGiure, A. L., and McCullough, L. B., 2004, A Typology of Shared Decision Making, Informed Consent, and Simple Consent, *Annals of Internal Medicine*, 140(1)：54-59.

第Ⅰ部
多職種連携

第1章

宮城県気仙沼市における多職種連携の基底

小松治・武田雄高・村岡正朗・石崎雅人

　本章は，多職種連携に関して，小松治，武田雄高，村岡正朗により書かれた文章を，石崎雅人が再構成・加筆を行ったものである。従来多職種連携について書かれたものは，特定の職（医師，看護師，薬剤師，介護支援専門員，介護福祉士等）によって執筆されたものがほとんどであった。本章では，東日本大震災を同じ地域で経験した職種の異なる専門家たちが，同じ出来事をどのように見て，多職種連携をつくりあげ，それぞれが多職種連携についてどう考えているのかを並置することとした。震災復興に向けて活動する中で，多職種が協働する過程において，多職種連携を支える基底とは何かを明らかにする手がかりを得ることができればと考えている。

1 宮城県気仙沼市と東日本大震災

　本節では，東日本大震災後直後における避難所の出来事についての医師（村岡）の語り，介護支援専門員（小松）の語りから，多職種連携の端緒を見ることができる。それぞれの語りから，彼らを動かしているのは，東日本大震災で被災した気仙沼が，将来にわたって持続する復興を行うにはどうすればよいかという問題意識であることがわかる。また，多職種連携については，おもてだって語られることがきわめて少ない，職種に対する社会的評価による関係づくりの難しさが医療職，介護職によって認識されている。この難しさは介護職すべてが感じているといっても過言ではないが，医師はあまり認識していない。

自分の住む地域が消滅するかもしれないという感覚を経験し，持続する復興に対する問題意識を持ったことが，地元を持続的に支える人たちと地元を一時的に支える人たちとの区別を顕在化させ，さらに，職種に対する社会的評価がそのまま連携の障害となっているという事実を認識することが，多職種連携を促進した面があるのではないかと考えられる。医師と介護支援専門員双方の語りに支援物資としてのエアマットのエピソードがあげられる。この物語は，持続的な復興の象徴的な物語であるとともに，医療職，介護職が連携する端緒の物語として，関係者同士の信頼を担保する基盤となっている。

医師の語り

　気仙沼市は宮城県の最北端で，南三陸町と岩手県陸前高田市の間に位置している。東は太平洋に面し，リアス式海岸の典型的な地形をしており，海だけではなく山も多く，平地が少ない地域である。面積は，$334.4 \mathrm{km}^2$，人口は6万7268人，高齢化率34.6％となっている（2015年9月）。基幹産業は水産業でカツオ，サンマなどの水揚げは全国屈指を誇り，フカヒレは日本一の生産量を誇る。2011年3月に発生した東日本大震災により，都市計画区域面積の20.5％が浸水し，死者1136名，行方不明者226名，住宅被災棟数1万5815棟，被災世帯数9500世帯という被害を受けた。最も多いときには105ヶ所の避難所に2万86名が避難生活をおくるという状況であった。東日本大震災以前の気仙沼医療圏は，人口10万人当たりの医師数121.8人／人口10万，看護師数（准看護師含む）655人／人口10万（偏差値44），病院，診療所等の医療機関数は全国偏差値数40％程度の日本のどこにでもある医療過疎の田舎町であった。東日本大震災では，医療は，44医療機関中全壊28件，半壊・一部損壊7件，死亡医師2名という被害を受けることになった。また，被災が軽度の医療機関においても，インフラの途絶により医療行為を実施するのは困難となった。唯一医療機能が無事だった気仙沼市立病院ですら，医療行為は行えたが自家発電器の状況次第という状態であった。当日深夜には，DMATの第一陣が到着し，翌早朝には自衛隊も気仙沼入りしていた。私は，震災当日から5月いっぱいま

で，避難所生活をおくりながら夜間の避難所での医療救護活動を行った。最終的に，3月23日から8月いっぱいまで，主に在宅被災者の訪問診療を行う医療救護班活動のまとめ役を行っていた。これらの体験が，多職種連携について考えさせられるきっかけになったと思っている。

　震災のときは，全国から多数の医療救護班やボランティアの医療関係者が来てくれた。職種としては，医師，歯科医師，薬剤師，看護師，保健師，理学療法士，作業療法士，行政職員等々で，いま多職種連携が必要だとされているあらゆる職種が集まっていた。医療救護班は，送り出す組織母体により変動もあるが，標準的な場合は医師，看護師，薬剤師，事務で1グループとなり数日ごとに入れ替わる。来てくれた人たちには，被災者のために最高のことをしてあげたいという想いがあふれていた。そのためか，訪問診療グループでの朝の定時ミーティングでは，それぞれの職種ごとの観点からの多岐にわたる提案や要望が出された。有益な提案等が多かったが，現状の状況や医療救護班による災害時医療が終了した後の当地域に残された医療資源では，継続が非常に困難となるであろう提案も数多くあった。災害時医療が終了し医療費の無料化が終了したときや，当地域の医療資源や介護業者の震災後の経営等を考慮すると，提案をすべて受け入れることは不可能であった。そのことに気づかせてくれたのは，定時ミーティングに参加していた宮城県ケアマネジャー協会気仙沼支部の小松治介護支援専門員であった。小松氏の「このまま，低反発マットを配りまくると震災後に福祉用具貸与事業所の経営がなりたたなくなります」に，私（村岡）は「へぇーっ！　ケアマネはそんなことまで考えているのか」と思ったのを覚えている。しかし，冷静に考えれば低反発マットは耐久消費材なので，もっともな話であった。そのときまでの私は，自分が良いと思ったことはすべて利用者のためになり社会においても良いことだと思い込んでいたが，気づかせてもらったおかげで訪問診療グループでは，災害医療が終了した後も継続的に引き継いでいけるレベルを目標にするとの原則を決めることができた。それからの定時ミーティングでの私の役目は，新たに入れ替わった救護班のメンバーに気仙沼の現状と今後を理解・納得してもらい，最高レベルではなくともこ

第Ⅰ部　多職種連携

の地で引き継ぐことができる最良レベルの医療を行ってもらうよう説得することとなった。説得していくうちに，医師以外の他の職種の人たちも，自分たちの考えがすべて利用者と社会にとって最高のものであると思っているのではないかと感じ始めていた。医師以外の職種では比較的簡単に理解してもらえたが，医師と歯科医師は説得しづらく，特に医師はその傾向が強いような気がしていたのを覚えている。医師という職種は自らの意見が優先される状況にばかりいただろうから，仕方がなかったかもしれない。この活動を通して地元の歯科医師である菅原恭氏，薬剤師の武田雄高氏らと知り合い，お互い好き勝手に言い合える仲間を得ることができた。この関係が後々大きい意味を持つことになったと思っている。

介護支援専門員の語り

　東日本大震災以前は，医療と介護・福祉の連携が希薄な地域であり，ましてや医療と多職種での連携など到底想像もできない地域であったといっても過言ではなく，介護保険法上で必要な医療との連携でさえもなかなか行えない状況にあった。私は，以前医療機関に勤務しており，その当時「どうして医療と福祉には壁ができるのだろうか？」「どうして福祉の人たちは医療サイドに歩み寄らないのだろうか？」と思っていたが，いざ自分が福祉・介護の世界に一歩踏み入れると，医療と介護の間に存在する高い垣根と介護業界への理解のなさを痛感し驚いた。もちろん介護・福祉業界側の医療業界への理解不足や，最初から高い垣根があると思い込んでいるきらいもあったが，医療との連携に一歩足を踏み入れるどころか，ドアをノックすることさえもためらってしまう状況であった。

　震災後，私は避難所となった中学校の体育館で救護班の手伝いをしていたが，その避難所には連日のように介護・福祉関係者が訪れた。誰もが先の見えぬ不安のなか，必死に活動しており，「どうしたらよいのかわからない」「どこの事業所がどうなって，誰が何をしているのかわからない」「国や県からの情報がわからない」と「何とかしてほしい」という声が聞かれ，現状把握と情報交換，

情報提供の場の設置が必要であると考えた。仕事に復帰後すぐに，宮城県ケアマネジャー協会気仙沼支部（以下，ケアマネジャー協会）副支部長（当時）の小野寺泰佐氏とともに介護・福祉関係事業所と宮城県気仙沼保健福祉事務所（以下，保健福祉事務所）および気仙沼市役所（以下，市役所）を交えた情報交換会の開催を検討し，震災から17日後の3月28日に第1回「東日本大震災被災に関わる情報交換会（以下，情報交換会）」を開催した（市役所，保健福祉事務所等を含めた18事業所，28名が参加）。この時期に各事業所の被災状況・稼動状況・連絡先などを確認できたことと，行政側から現在の状況や情報を伝えられたことは，この後の支援に大いに役立った。また，各事業所が困っていることを洗いだすことで，早期に解決する術を検討でき，情報の流れを一元化することで，その後の混乱をある程度防ぐことができたのではないかと考えている。

　時を同じくして，3月25日に気仙沼市巡回療養支援隊（JRS）が設立され，在宅高齢者の実態把握と，訪問診療・訪問看護を開始した。私は上記情報交換会の際に出席依頼を受け，会議翌日の29日から参加した。震災以前から医療と福祉の連携が希薄な地域であったので，医療関係者が集まるJRSは，いわばアウェーな場であり，医師や医療職による一方的な支援に圧倒されたのを覚えている。また，ケアマネジャーや介護・福祉事業所の存在感の薄さを寂しくも感じた。そのような状況のなか，まずケアマネジャーや地域の介護・福祉事業所の現状を伝え，協力関係の構築を依頼し徐々に連携を図った。また，次々に運ばれてくる物資と，次々に提供されるボランティア支援による，地域の事業所への影響を訴え続けた。ある日のミーティングで，多数発生している褥瘡（床ずれ）患者のために膨大な数のエアマットを無償の支援物資として供給するという話になった。だが，市内の福祉用具貸与事業所が業務を再開していることは，前述の情報交換会で確認済みであり，機種によっては納品可能な状態にあった。目の前の褥瘡患者への対応としては必要なことではあるが，地域の福祉用具貸与事業所の供給体制が整いはじめているにもかかわらず，無償の支援物資を供給することは，市内の福祉用具貸与事業所の疲弊につながってしまうと判断し，無償供給に異論を投げかけたのだが，一瞬何ともいえない空気が漂

ったことをいまでも思い出す。しかし，ミーティングに同席していたJRS本部長の村岡正朗医師と，ボランティアで参加していた国際保健医療支援活動を行っているNGOシェアのスタッフが，フォローし同調してくれた。アウェーな場で，しかも善意の支援に対する反対意見だったので，地元の医師と経験豊富なNGOスタッフからのフォローは心強かった。村岡医師は市内の開業医で，震災前から訪問診療を行っていたが，震災で被災し，避難所の救護をしながらJRSの本部長を務めていた。それまで村岡医師と私にはほとんど接点はなく，私が担当している人の外来受診に同行し，必要最低限の確認を行う程度の関係であった。村岡医師は私のことなどまったく覚えていなかったにもかかわらず，私の意見を受け入れてくれたことを驚くとともに，村岡医師との距離を縮めるきっかけとなった。

　この後も，ボランティアの医師，看護師等が介護サービスの利用状況を確認することなく訪問したために，ヘルパー等の訪問時間と重なり，訪問をキャンセルされたことなども度々あった。震災により利用者数が激減しているなか，何とかして事業所を立て直し，安定した雇用を継続しようとしている矢先の出来事に苦い思いをし，複数の事業所からも苦情が寄せられ，その都度ケアマネジャーとの連携を依頼し協力関係の構築を図った。そのような状況のなかで，第2回情報交換会（4月4日）を開催した。41事業所および団体とボランティアで来ていた医師等79名が参加した。私は，地域が置かれている現状を懸念し，われわれ地元住民が主体となるべきであると伝えたかったのと，ボランティアの人たちへ若干の牽制の意味も込めて「サービスの主体は地域で暮らすわれわれにある。ボランティアの方々にすべてお任せしてしまっては，ボランティアの方々がいなくなった後に何も残らなくなってしまう。地域の復興へつなげるためにも，われわれが主体となり，ボランティアの方々の協力を仰ぎながら活動を続けたい」と参加者にメッセージを送った。第3回情報交換会（4月11日）には39事業所および各団体から54名が参加し，気仙沼市立病院地域医療連携室の阿部孝子看護師，JRS本部長の村岡医師も参加した。おそらく，地域の福祉事業所と医師がこのような形で集まったのは前例がなく，気仙沼の医

療と介護・福祉が歩み寄りを始めた瞬間だったと思われる。第4回情報交換会（4月26日）には35事業所および各団体から54名が参加し，気仙沼市立病院副院長で地域医療連携室の室長（当時）でもある横田憲一医師と，同病院医師（当時）で巡回療養支援隊の副本部長の横山成邦医師も参加し，病院の現状を伝えて介護・福祉事業所へ連携の必要性について説明し，協力のお願いをした。地域の基幹病院の医師が福祉・介護に目を向けてくれたことで，医療と介護・福祉の連携に大きな一歩を踏み出した。他方，JRSは8月31日まで活動（巡回健康相談チームは9月末まで活動）したが，その活動では，気仙沼市で持続可能な体制の整備を意識し，地域のやり方を尊重し地域につなぐことと，地域の医療・介護関係者との連携を重視した。また初期の段階からケアマネジャー，保健師，訪問看護師，気仙沼市立病院，理学療法士，栄養士等と職域を超えて連携し，必ずしも医師が主役にならなかった。この活動が，震災後の気仙沼市の多職種連携の構築に大きく寄与したのではないかと考えている。

2 気仙沼在宅ワーキンググループ
──多職種連携のひとつの形──

　本節では，気仙沼在宅ワーキンググループ（以下，KNOAH）のはじまり，展開，時間構成に関する語りをまとめている。多職種連携を行っているという組織において，勉強会，飲み会（お茶会）を開いているところは少なくないだろう。その意味ではKNOAHもほかの組織と異なるところはない。しかし，第1節で述べた背景が，多職種間の関係を異なったものにしている。職種に対する社会的評価の高低を前提とすると，評価の高いものから低いものへの質問は，単純な質問ではなく，指示，非難を意味することがあり得る。反対に，評価の低いものから高いものへの質問は，質問者の能力のなさを示唆し，応答者の優位を確認するものとなり得る。第1節で述べたように，自分たちが住む地域社会がなくなるかもしれないという危機意識，持続的な復興への協働関係，多職種間にある社会的評価の高低に対する現実的認識への対応が，それぞれの職種

図1-1　遠隔医療システム実証実験の様子

への評価の高低にかかわらず，質問を単純な質問とすることを可能にしている。多職種に対する社会的評価の高低は，それぞれの職種が持つ知識をも価値づける。しかし，各職種において，知識は理論的なもの，経験的なものの集まりであり，その価値感は実務の必要性とは関係しないだけでなく，社会的な評価の高い職種の知識が低い職種の知識を包摂するわけではない。職種間の理解を深めようとすれば，各職種が別の職種において専門化された概念（ことば）の体系を学ぶ必要がある。KNOAHの1時間目（勉強会）は全体での学び合い，2時間目（飲み会）は個別での学び合いの機会を提供するものになっている。

はじまり

医師の語り

2011年9月頃に，当時の気仙沼市医師会会長を通じて遠隔医療システムの実証実験を依頼された。当初は，私（村岡）の仮設診療所と私が嘱託医をしている特別養護老人ホームとの間をスカイプ（Skype）でつないで行っており，ある程度目処が立ったところで他の業種の意見を集めることになった。2011年11月から薬剤師の武田雄高氏，歯科医の菅原恭氏に声をかけ，特別養護老人ホームの看護師と4人で遠隔療養システムをお互いが使いやすくするためにはどのようなシステムにしたいかを検討するワーキンググループを立ち上げた。検討を進めるうちに，震災時の訪問診療グループのときのように，他の職種が

できる範囲や考え方などがよくわかっていないこと，各職種が使用している用語が他の職種には正確に理解されていないことがわかり，ケアマネジャーにも参加をお願いすることにした。その候補として挙がったのが，震災時にともに訪問診療グループに参加していたケアマネジャーの小松治氏である。いまでは，なくてはならない存在である宮城県気仙沼保健福祉事務所の髙橋祥恵保健師に加わってもらったのもこの頃であった。

介護支援専門員の語り

　KNOAHは当初，在宅療養のICTシステムの検討を目的に，村岡正朗医師が呼びかけて関係者を集めたのが始まりであり，ソニーの猪狩雅博氏，狩野真之氏，相賀雄介氏，市内で開業している南郷調剤薬代表取締役の武田雄高氏（薬剤師）と菅原歯科医院副院長の菅原恭氏（歯科医師）とともに私（小松治）も集められた。しかし前節で記述している通り，医療との連携が希薄な地域であったため，武田氏，菅原氏ともに面識がなく，互いにぎこちない雰囲気でスタートした。そんな状況のなか，ソニーから提唱されたシステムは，血圧や体温，検査データ等の医療情報を共有する従来からあるシステムと何ら変わらないものであった。病院間や訪問看護と病院等の医療と医療の連携であれば，十分に使えるシステムであったのだろうが，在宅療養は医療だけで支えられるものではなく，医療以外のさまざまなサービスを組み合わせて「生活全体」を支えなければ，在宅での生活そのものが継続できなくなってしまう。そういう意味では「医療」は特別なものではなく，在宅生活を支援する沢山のサービスのなかのひとつであると考えており，在宅での「生活」を俯瞰してサービス調整するケアマネジャーの立場としては，提唱されたシステムは不十分なものであった。在宅療養を多職種間で支えるシステムとするのであれば，「病気や症状だけをみるシステムではなく，対象となる人とその人を取り巻く状況（家族構成，介護力等生活全体）をみられる（共有できる）」システムにする必要があると意見を述べたところ，村岡医師と武田氏，菅原氏は，何か珍しい動物でも見て面白がっているかのごとく興味をもって同意し，またシステムを提唱したソニーの関

係者も,「多職種で生活を支える」ための視点でシステムの改善を行うことに同意した。

薬剤師の語り

　地域包括医療の整備を目指す医療業界において,関係職種間の連携構築は必須である。薬剤師も今後の在宅医療における役割を模索し,知識を重ね,必要とされるときを待っている。薬剤師が在宅医療に携わるようになったのはごく最近のことで,他の職種の方々にしてみても,薬剤師の取り扱いにはいまだ抵抗感があるように思われる。私（武田）は普段,眼科医院の門前薬局におり,もちろん市内の医院や総合病院の処方箋も受け付けて調剤業務に携わっている。東日本大震災では約2mの津波が私の薬局にも到達した。海水とヘドロが流入した店内では,薬品や機材や電子データが使用不可能となり全廃棄した。それでも多くの方々のご協力により半年後には再開の運びとなった。震災によって崩壊した気仙沼市の地域医療を再構築することで復興の一端でも担えれば,という思いで在宅医療に携わるようになり2015年で3年が経過した。その間に担当した利用者は4名。決して多くない実績ではあるが,それでも私の住む宮城県気仙沼市内の個人薬局とすればトップクラスの数字である。気仙沼市は全国的に見ても非常に高い高齢化状態にあるにもかかわらず,薬剤師が他の医療職種との連携構築に積極的でなく,また在宅医療への参画に対しても消極的であったことを非常に残念に感じている。とはいえ,かくいう私も東日本大震災で被災するまでは多職種連携の必要性に気づいておらず,震災直後に医薬品を中心とした物資の調達や配給を行ううちに,その必要性に気づかされたのだった。そんなとき,私と同じく被災した村岡正朗医師に出会い,気仙沼市の地域医療の将来を考えるうちに研修会が立ち上がった。これがKNOAHの前身である。

　KNOAH（Kesennuma Network of All Homecare-workers）の名称は,ギリシャ神話のノアの方舟をイメージして名づけた。高齢化が劇的に進む気仙沼市において,利用者とその家族が納得できる在宅医療を目指し,安心して歳をとるこ

図1-2　気仙沼在宅ワーキンググループ
（KNOAH）1時間目の様子(1)

とのできる地域医療を考えていこうとする医療従事者の集まりである。行政や病院主導の部会ではなく，助成金の類の支援も受けていない。会費もなく，懇親会にかかる費用も割り勘の，研修会というよりは同好会といったところだ。毎月一度開催される研修会には，意欲さえあれば特に参加資格もなく，医療従事者であるかどうかも問わない。近県や東京，九州など全国各地から駆け付ける参加者もいる。宮城県仙台市から車で2時間かかる僻地で，陸の孤島と呼ばれる気仙沼市。都心から新幹線を利用しても片道4時間以上かけて，わざわざ一泊して参加する人も多く，時に参加者は50名を超える。「先進的で魅力的」との評価もあり大変恐縮の限りであるが，自分たちが学びたいことを学び，2時間目と称される懇親会で酒を交わしているだけのKNOAHが，なぜここまで注目を集めているのか正直なところ不思議に思うことがある。確かに，コアメンバーとはいえ，勉強嫌いの私でさえ毎月欠かさず参加しているのだから，やはり何らかの魅力があるのかもしれない。現在，日本全国至るところで地域医療や在宅医療を充実させるための整備が行われており，さまざまな研修会やワーキンググループが立ち上がっている。そのなかで一見簡単そうに見えて奥が深いのが，多職種連携の構築であろう。よく「顔の見える連携」と耳にするが，名刺交換や携帯電話番号の交換をすれば顔の見える連携ができたなどというレベルのものでは，実戦では何も役に立たないのはみなさんご承知の通りである。KNOAHの立ち上げから現在に至るまでの約4年間，本当にさまざま

図1-3　気仙沼在宅ワーキンググループ
（KNOAH）1時間目の様子(2)

な職種の方々と出会ってきた。医療職はもちろん，日本有数の電子機器メーカーや通信会社，栄養補助食品メーカー，生命保険会社など多岐にわたる。医療関係業種の情報に限らず，日本の現状を把握しつつ自分の職場に活かそうという姿勢は，これからの気仙沼市には，既存のありふれた医療連携でなく，即戦力となる，気仙沼モデルにカスタムされた医療連携が必要であるというKNOAHの基本方針があるからである。

展開

医師の語り

何度か集まっているうちに，他の職種がどんなことを考えているのかを聞いてみようということになり，自分たちが思いつく疑問について回答できる人材を探して講演してもらうことになった。この演者を探すための人脈を一番もっていたのは小松治介護支援専門員であり，重要な役割を果たしてくれた。初期の講演では，当初からのメンバーが前面にでて，他の参加者は後方でオブザーバーとして聴講し，質問等も主に初期メンバーが行うというスタイルであった。現在では，参加者が意見や自らの思いの丈を積極的に話しやすいような並びになっている。

演題は前回の講演後に新たに生じた疑問点や問題点に関連したものや，自分たちの日々の業務のなかで発生した疑問や困っていることに関連した内容を行

第1章　宮城県気仙沼市における多職種連携の基底

「まずお互いの業務内容を知りましょう」	
気仙沼地域における在宅医療（7月25日） 24時間ルールの誤解（11月21日） 同居家族に関するケーススタディ（12月19日） 　　　　　　　　　村岡外科クリニック	一包化できない薬（4月17日） 服用薬の情報共有（5月22日） 眠剤について（6月18日） 　　　　ししおり調剤薬局・南郷調剤薬局
市立病院の退院サマリフォーマット（6月18日） 　　　　気仙沼市立病院地域医療連携室	薬局の在宅に関する仕事（10月24日） 　　　　　　　　にこにこ堂調剤薬局
歯科医師の業務（8月22日） 　　　　　　　　　菅原歯科医院	行政PTの業務（8月22日） 　　　　宮城県気仙沼保健福祉事務所
訪問看護ステーションの仕事（9月19日） 　　　　　　訪問看護ステーション春圃	訪問リハビリの仕事（9月19日） 　　　　　訪問看護ステーション春圃
ケアマネ業務を通じた在宅療養（5月22日） 　　　　　　広域介護サービス気仙沼	災害時対応ハンドブック（6月18日） 　　　　宮城県気仙沼保健福祉事務所
退院時に共有すべき情報項目（5月22日） 　　　　　　広域介護サービス気仙沼	まもりーぶ（日常生活自立支援事業）（10月24日） 　　　　　　宮城県社会福祉協議会
施設看護職・介護職の業務（7月25日） 　　　　　特別養護老人ホーム恵潮苑	成年後見制度（10月24日） 　　せんだい・みやぎ成年後見支援ネット
地域包括支援センターの業務（7月25日） 　　　　気仙沼市地域包括支援センター	医療用多目的ヘリコプター事業（10月24日） 　　　　　　　All Round Helicopter
地域医療連携基盤事業の全体像（11月08日） 　　　　　　　　　NTT東日本	気仙沼での経緯・小児在宅医療（7月25日） 　　　　　ソニービジネスソリューション

図1-4　気仙沼在宅ワーキンググループ（KNOAH）1時間目の話題例

っている．演者は自分たちの職種が必要とされているという充実感のためか，みなさん快く引き受けてくれる．この講習により，自分以外の職種がどのように考え，どのようなことができるのかまた必要な制度などについて理解が進んだが，知れば知るほど新たな疑問点が出てくるため途切れることなく行う必要性を痛感している．

介護支援専門員の語り

　話し合いを続けていくなかで見えてきたのは，そもそも「互いが互いの仕事・役割・問題点等を知らない」まま仕事していることである．薬剤師は処方箋と問診以外の情報がないなかで処方しており，処方した薬を誰が飲ませてい

るのか，問題なく服用できているのか等はわからずにいること，歯科医師は在宅でどのような治療を行えるのか，ケアマネジャーとは何をする人であるのか，介護保険とは何か等，わからないことや問題が山積しており，自分の職種以外の職種がどのような役割をもち，どのようなことをしているのか知らなければ，どのような情報を必要とし，何に困っていて，何を連携すればよいのかさえわからない状況であることに気づいた。そこで，システムづくりの前にやらなければならないことは，互いの職種の基本的役割・業務内容を共通に認識することと，各職種から具体的な課題を挙げ，課題の本質は何なのかを考え，検討可能なものから課題解決に向けた方法を協議することとした。徐々に在宅療養にかかわる職種のメンバーを増やしていき，各職種から，業務の紹介や，それぞれが抱えている問題点等を述べてもらった。参加メンバーは徐々に増え，医師，歯科医師，薬剤師，看護師，特別養護老人ホーム（ショートステイ）職員，ケアマネジャー，保健福祉事務所職員，市役所職員，理学療法士，作業療法士，栄養士，福祉用具貸与事業所職員，訪問入浴介護事業所職員，まもりーぶ（日常生活自立支援事業）専門員等が参加し，ときには医療介護にかかわらない人や，圏域を超えて県外から参加する人もいる。

薬剤師の語り

普段はともに仕事をする機会のない職種のメンバーが集まったとき，どのような研修が連携構築に有効なのであろうか。答えは簡単で，まずは自分たちの仕事内容を発表するのである。そんなことかと思われるかもしれないが，掘り下げていくと意外と奥が深い。新しい発見の宝庫なのだ。往々にして研修会では新しい知識が題材にされることが多い。既知の内容は個々の経験や自己学習を前提として進められ，職種別の研修会では専門用語が多く飛び交う。しかし多職種での研修会においては，この手法では望む理解が得られないケースが多い。なぜなら，学ぼうとする題材の理解に必要な基礎知識や経験，専門用語が異なるからである。これはKNOAHでの研修会を通じて知ったことなのだが，使用している略語が職種によって意味の違うものを指すケースが多々あるよう

だ。たとえば身近なものでは,「ヘルニア」は頸椎ヘルニア・脱腸・椎間板ヘルニアなど,医師の専門科によって解釈が変わる。また「MS」という略語は,循環器医師では僧房弁狭窄症を指すが,介護職では多発性硬化症と理解するといった具合である。他にも探せばこのような多義をもつ略語は多くある。このように自分たちが当然に使用している専門用語が他の職種の人にとっては初耳のことばであるというのはよくあることで,これを承知した上で研修会を進めるというのは,簡単なようで実はなかなか難しい。そこで KNOAH での講演者には極力,専門用語や専門略語の使用を控えてもらい,医療従事者でない一般の方が聞いても理解できるような説明を心掛けてもらっている。専門用語や略語はそれを調べるだけでも時間が掛かる上に,それが正しいのかもあいまいなところがあり,独学ではカバーしきれないところがある。用語が理解できてくれば互いの業務内容の理解にもつながり,フォローできる幅の拡がりも見えてくる。このように独学では行き詰まって諦めそうになる局面でも,誰かに頼ることで効果的に知識を習得できるというのが魅力のひとつである。

　KNOAH メンバーが地域医療連携に高い関心を持つ理由として,2025 年に予測されている全国的な超高齢社会への危機感が挙げられる。特に宮城県気仙沼市は,その 2025 年を待たずしてすでに超高齢化状態にあり,高齢者介護の整備は待ったなしの状態にある。行政もそれに対して焦りを感じているようで対策を講じてはみるものの,これといった打開策を打ち立てられずにいるようである。その原因として,超保守的な気仙沼市民の気質もあってか,市内のベテラン医師や医療関係職経営者のほとんどは現状維持を望み,新しい取り組みに積極的ではないことが挙げられる。現在の収益で十分に生活していける会社ならば,変化を望まないのも当然だろう。さらに「医療というものは医師主導であり,他の職種はその補佐に過ぎない」というネガティブな考えを持つ医療従事者も多い。この医師第一主義的な考え方は,医療体制の長い歴史のなかで植えつけられてきたものであるから仕方がないのかもしれないが,医師が協力的でなければ成立しない医療というのはいかがなものか。もちろん,医療は医師が中心であることに変わりはないが,しかしあまりに頼り過ぎてはいないだ

ろうかと私は感じている。医院での診察業務に加え，昼食時間や診察時間終了後には在宅訪問に出向き，業務が増すだけの取り組みに乗り気になる医師はいない。医師だけではない。他の従事者にしても同じことがいえる。では何をもって現状維持組を振り向かせ，持続させるか。そのためにKNOAHではひとつの目標を立てた。「楽をしよう」と。「楽をしよう」といっても，手を抜くということではもちろんない。職種間の連携を深めることで無駄を省き，効率化を図ろうというものだ。そうすることで時間や精神にも余裕が生まれ，視野も広くなる。診察や患者対応にかけられる時間も増える。ゆっくりとお昼休憩をとることもできるだろう。メリットは大きいのだ。これを実現するために，研修会では互いの職種間で業務の内容や法令を理解していくことを始めた。その上で，研修会で顔を合わせる他職種のメンバーと必要に応じて連絡を取り合いながら，限られた業務時間を有効に使って効果的なサービスを提供する。これが本当の意味での「顔の見える連携」「活きた連携」である。最近は連携支援ソフトの開発も盛んに行われている。スマートフォンやパソコンを自由に使いこなし，SNSは当たり前の従事者チームには，非常に有効なツールであろうと思う。しかしながら残念なことに，村岡医師をはじめとするKNOAHのメンバーのほとんどはこうした機器に疎い。連携に必要と思われるツールが盛りだくさんで，至れり尽くせりの最新ソフトを与えられたとしても，それ使いこなすことができなければ，宝の持ち腐れというよりも，スペースを浪費する邪魔な箱になりかねない。それでも，従事者が別々の職場で勤務している以上，何らかのITツールが必要だった。電話とFAXだけのやりとりでは通常業務に支障がでるし，確実性にも欠ける。正直，大変なのだ。そこで私たちは，ソニー（現ソニーネットワークコミュニケーションズ株式会社）の協力のもとで連携ソフト開発のためのミーティングを行ってきた。電子カルテさえ使わない医師でも，容易に目的のページにたどり着くことができるようなプログラムで，気仙沼市内で活用できる必要最小限のアイテムだけを組み込んでもらった。まさに気仙沼カスタムモデルだ。この他にFAXで使用する連携連絡票も作成した。市内の三師会（医師会・歯科医師会・薬剤師会）とケアマネジャー協会の協力に

第1章　宮城県気仙沼市における多職種連携の基底

図1-5　気仙沼在宅ワーキンググループ2時間目の様子

より，業種間連絡票の用紙を統一したものだ。運用当初は少々手間取ったりもしたが，すぐに慣れ，知りたい情報が用紙のどこに記入されているか一目でわかるのでストレスもない。ここで私が言いたいのは，ツールありきの連携ではなく，連携を構築していく上で必要になったツールこそが実戦で役に立つということである。連携ソフトを否定する気はまったくない。しかしあえて極端な話をすれば，使いこなせない最新鋭の万能ソフトを購入するよりも，チーム内の業務を効率化できる用紙が1枚あれば，十分に楽ができるということだ。

2時間目

医師の語り

　ここまで説明した講習会の部を「1時間目」と称し，引き続き「2時間目」と称して懇親会を行っている。このときには「1時間目」で聞けなかったことなどを聞きなおしたり，普段の悩みや愚痴なども出たりして和気あいあいで時間が過ぎていく。地域をなんとかしたいという参加者の熱い思いが直に伝わってくる時間でもある。「2時間目」で呑みながら話しているうちに，次回の演題や演者が決まることも少なくない。多職種連携においてこの時間が非常に大切だと考えている。

第Ⅰ部　多職種連携

介護支援専門員の語り

　KNOAHを単なる「勉強会」や「意見交換」の場にしないために,「2時間目」と称される懇親会を開催し,顔の見える関係を深めヒューマンネットワークを構築している。これもシステムづくりの前にやらなければならないことと考えており,ヒューマンネットワークが構築できていないところに,どんな素晴らしいシステムを導入してもうまく運用されるはずはなく,ヒューマンネットワークを構築し,それを基礎として,より連携を円滑にする,または補完するためのシステムができればうまく運用できるのではないかと考えている。「2時間目」は,とかく現在の若者に敬遠されがちな飲み会であり,これをしなければ絶対にうまくいかないというものではなく,他の方法もあると思われるが,職種や仕事の枠を超えて人間らしい付き合いをすることは,有機的な連携につながるものと考える。また,「2時間目」は自由参加,途中退席自由で,職域を超えた話や提案が行え,フラットかつフランクな関係が構築される要素が多分に含まれており,持ちつ持たれつ,お互い様の意識が醸成される場でもある。この「2時間目」をフラットかつフランクな場にしているのは,医師がトップに立つヒエラルキーを崩した村岡医師の役割が大きいと考える。医師がトップに立つヒエラルキーに関しては,医師自らがこの構造を崩すことが有効であることを示して実践しており,東北の片田舎においては稀有な存在といえる。しかし,この稀有な医師が増えているのも事実であり,現気仙沼市医師会長で,宮城県ケアマネジャー協会気仙沼支部長でもある森田潔医師もそのなかのひとりである。地域全体の医療をトップとしたヒエラルキーが,紆余曲折がありながらも医療関係者とケアマネジャーとの関係性が変化を見せ始めているのは特筆すべきことでもある。また地域の基幹病院である気仙沼市立病院の医師や看護師とケアマネジャーとの関係性にも変化が見られ始めており,地域全体としてケアマネジャーとの連携構築に取り組みはじめている点では,全国的にも珍しい地域ではないかと思われる。

薬剤師の語り

　私は時々，市内の研修会に招かれ参加することがあるのだが，その研修会の方針や運営を講じる際に「まずは先生のご都合をうかがって」「先生の診察の妨げにならないように」といったことばをよく耳にする。その度に私は思うのだが，医師をありがたがるのは治療をしてもらう患者さんであって，私たち医療従事者までもが，まるで神仏を奉るかのような必要以上の気遣いをすべきではない。確かにすべての医療は医師があってこそ成り立つ。しかし地域医療チームとしてある以上，そこには人間として最低限のマナーさえあればよいのだ。必要以上の気遣いは，言いたいことを言えない雰囲気，すなわち世にいう職種間の「垣根」をつくる原因になるだけだと私は考えている。とはいえ，医師最優先主義を取り去ることは現実的に不可能であろう。しかし根付いてしまった垣根を取り去ることはできなくても，垣根問題を解消することは可能である。

　村岡医師は常々「俺は自分の専門分野をやる。専門外のことはよくわからんからそれぞれの専門職に任せる。ただ，連携するために必要だから，みんなの職種のことを教えあおう」と言う。何回目かの研修会でのことだった。「俺，安定剤の飲み合わせとかわからんから今度教えてくれ。何なら次回に講義して」と村岡医師は私に言った。そのようなことが何度か続き，それについてみなで学んだ。これを繰り返していくうちに，「なんだ，自分が知らないことは他の人も知らないのか。実は私にも教えて欲しいことがあるんだ」という学習意欲がチームの中に溢れてくる。蓋を開けてみれば，他の職種の業務内容や法令に関して，みなが互いに無知だった。それがわかっただけでも，すべきことが見えてくる。垣根が邪魔で向こう側が見えないのであれば，こちらの知識や経験といった土台を上げてやるか，思い切って飛び越えてみればよい。無意味なプライドが邪魔をして，知らないことを教えて欲しいとなかなか言い出せないものであるが，村岡医師は自ら垣根を越えてみせた。この効果は大きかった。そしてもうひとつ，垣根問題を解消した実例がある。それは「2時間目」と呼ばれる研修会後の懇親会だ。KNOAHでは必ず開催される酒の席。酒を酌み交わしながら気兼ねなく，研修会の内容についての質問や返答，個々の業務の

話や問題点などについての会話が，賑やかな卓を囲み約2時間飛び交う。次回開催の研修会の内容がここで決まることも少なくない。業務が終わらず研修会に参加できなくても，「2時間目」から参加するメンバーもいるほどに有意義な場なのである。ここでは垣根が透明になる。こういった雰囲気づくりができたことが，KNOAHが継続している大きな要因であろう。手法はどうあれ，垣根の向こう側が見えてくれさえすればよいのだ。

　KNOAHも，多くの研修会と同様に医師が中心である。私の個人的な感想ではあるが，一般的な研修会と異なるのは，医師はあくまでも「中心」であって，研修会の実質的な指揮を執っているのはケアマネジャーの小松氏であるという点である。これは在宅医療のあるべき姿に通じるものではなかろうかと感じている。医師は治療に特化し，薬剤師は薬学的視点から治療に携わる。医師や薬剤師は専門領域のことのみに関与するというわけでは決してないのだが，利用者の生活や，介助にあたるご家族といった環境を踏まえ，他の職種との調整を行うのに最も適しているのはケアマネジャーであろう。サッカーに例えれば，司令塔と呼ばれる役割だと私はイメージしている。ピッチの中盤で全体を見渡し，試合の流れをつくり，機を見て指示を出し，パスを供給することにより，フォワードにはフォワードの，ディフェンスにはディフェンスの専門的な仕事を遂行させる司令塔。彼がいるからこそ，他のプレーヤーは安心して各々の専門職に専念できるのだ。このフォーメーションにはもうひとつの利点があって，それはメンバーが替わっても大きな作戦変更をすることなく試合（治療）を進められるということである。極端な話，例えば何かの理由でフォワード（医師）が交代したとしても，司令塔を中心とした他のメンバーの共通理解（連携）があれば，交代後の調整に必要な時間のロスも少なく，当初から目指した方針を貫いた試合展開が望めるであろう。この利点を理解したチームは，自然と，共通理解の徹底はもちろん，互いの能力の把握や個々のスキルアップに努めるようになる。それが現在のKNOAHの姿であり，大きな魅力であると私は考えている。

第1章　宮城県気仙沼市における多職種連携の基底

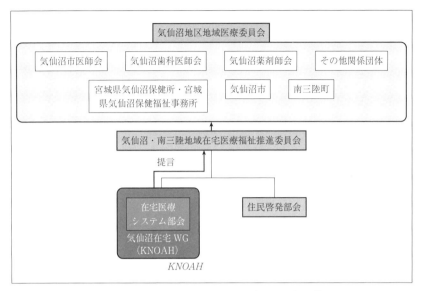

図 1 - 6　気仙沼在宅ワーキンググループ（KNOAH）の位置づけ

3　気仙沼在宅ワーキンググループを生かす

　本節では，気仙沼在宅ワーキンググループ（以下，KNOAH）の制度的位置づけと，ワーキンググループからの具体的な提案である，医療機関等とケアマネジャーの連携連絡票についての語りを集めている。前節では，このワーキンググループで職種間，いわばヨコのコミュニケーションが円滑になされる要因について概観した。本節では，組織・制度間，いわばタテの関係において，上部機関の考え，下部機関の考えがどのように共有されるかが明らかにされる。図1-6からKNOAHは，在宅療養システム部会として，気仙沼・南三陸地域在宅医療福祉推進委員会，気仙沼地区地域医療委員会の下部組織に位置づけられていることがわかる。さらにそれぞれの委員会，ワーキンググループのメンバーは重なりがあるようになっており，これらにより，タテのコミュニケーションが円滑にできるように工夫がなされている。多職種連携において各職種の情

報が共有されることにより,医療介護の質・効率が上がることが期待されている。しかし,前節の冒頭で述べたように,各職種における知識・情報はその職種において役割を果たすようになっており,他の職種にそのまま伝えても意味を持たない場合がある。本節では,介護支援専門員が中心となり,ワーキンググループが可能にしているタテ,ヨコの円滑なコミュニケーションを通して,多職種が利用できる連携連絡票がつくられ,共有されていく様子を紹介する。

制度的位置づけ

介護支援専門員の語り

2011年3月25日に設立された気仙沼市巡回療養支援隊(以下,JRS)の活動終了後,この流れを踏襲すべく,2011年8月24日に気仙沼地区地域医療委員会内の専門委員会として,「気仙沼・南三陸地域在宅医療福祉推進委員会(以下在宅医療福祉推進委員会)」が設立された。前述の通りJRSが,早期から持続可能な体制の整備を意識し,地域の医療・介護関係者との連携を重視し活動したことにより,震災前の地域における医療・介護・福祉の連携の希薄さ,そして多職種連携の重要性とその継続の必要性を関係者が認識したことが,在宅医療福祉推進委員会の設立に至った理由である。当時の気仙沼市医師会長の大友仁医師による委員会の設立提言書には次のように述べられている。

> 震災後,改めて,当圏域の在宅医療,在宅福祉の力の低さ,連携の不備を露呈した形となったのも事実であります。……これまでそれぞれの立場からの一方的なアプローチであった医療福祉のあり方を抜本的に是正する必要があると思われます。すなわち医療職と福祉職等の密な連携と相互の理解を深めることが喫緊の課題であり,震災後の今,これに関わる職員の学び合いの場が形成されるならば,両市町の要医療・要介護・要支援高齢者および障害者への支援体制の先行きは明るくなるだろうと推察するものであります。(「気仙沼地区地域医療委員会内専門委員会『(仮)気仙沼・南三陸地域在宅医療福祉推進委員会』の設立の提言」)

委員会の構成員は，地元医師会，市立病院，歯科医師会，薬剤師会，栄養士会，訪問看護ステーション，ケアマネジャー協会，介護事業所，気仙沼市，保健福祉事務所等の各団体から選出された委員で構成され，その目標を「予防医学や保健衛生といった活動をこれまで以上に充実させ，また，介護や支援が必要になった住民には，地域ぐるみでこれを支えるべく地域の介護力を強化させることが重要で，これらの推進にあたることを目的とし，多職種から構成員を招聘し，定例会議において意見，情報交換を行ない，必要に応じて事業立案とその実施を図り，要医療・要介護・要支援高齢者及び障害者が住み慣れた当圏域で元気に暮らせる街づくりを構築することと，その継続性を目標としている」としており，現在もその活動を継続している。在宅医療福祉推進委員会では，当初から現場での困りごとや課題と感じていること等について活発な意見が出され，情報交換は行われていたものの，具体的な課題解決へ向けた検討は行われていなかった。そこで2013年5月に開催した委員会で，在宅療養を行う上での課題解決へ向けた取り組みとして，「住民啓発」と「在宅療養システム」に関してそれぞれ部会をつくり，具体的な検討と取り組みを行っていくこととなった。住民啓発では「住民向け在宅療養推進フォーラム」や自治会単位での「ミニ講話」，「在宅療養地域意見交換会」を開催し，住民や民生委員，医療福祉関係者に，地域の現状や在宅医療・介護の実際を具体的に伝えている。

　今後在宅療養を推進していくなかで，専門職のみで何ができるのかを考えるのではなく，地域の住民も含めて考える必要性があり，医療と介護・福祉がすり合わせを行ったように，地域住民の意識とのすり合わせを行う必要性があると思われる。また地域住民自体も在宅療養・介護についての現状を知り，意識を変える必要性と，知識を得た上で自らがどのように過ごしたいのかを選択していかなければならないと考えており，継続して住民啓発していくことは，今後の地域づくりに欠かせないものと考える。また，在宅療養システムの検討では，圏域における多職種連携の課題は何なのか，それを解決すべき術は何なのかを時間をかけて検討した上で，主治医とケアマネジャーの連携の円滑化へ向け，「医療機関（医師・歯科医師・薬剤師等）とケアマネジャーの連携連絡票（以

下，連携連絡票）」の作成，入院時の情報提供の促進に向けて「入院時情報提供の手引き」「入院時情報提供添え状」「情報提供書」を作成し，多職種との連携の促進を図っており，今後も圏域の課題に応じたツール等を作成していく予定である。

医師の語り

上述の通り，2011年8月には訪問診療グループにかかわった職種の代表者をメンバーとして気仙沼・南三陸地域在宅医療福祉推進委員会が立ち上がり，これを以前からある気仙沼地区地域医療委員会の下部組織に位置づけた。地域医療委員会というのは，1971（昭和46）年頃に行政主導でつくられた全国の保健所単位でおかれている組織で，行政と医師会，薬剤師会等の関係団体の会長クラスで構成された行政に医療関係のことについて提言する組織である。しかし，気仙沼市では，医療従事者の表彰を行う程度の活動しかしていなかった。震災時の訪問診療グループの活動により芽生えつつあった訪問診療の動きを，気仙沼・南三陸地域在宅医療福祉推進委員会から地域医療委員会を通して行政に提言するために，このような位置づけにしたのではないかと考えられる。しかし，それぞれの団体に持ち帰り協議することなどが多くなかなか小回りが利かないため，2013年5月にKNOAHを気仙沼・南三陸地域在宅医療福祉推進委員会のなかの在宅療養システム部会として正式に位置づけることにした。これにより，KNOAHで現在直面している問題点を挙げ，それに対する解決策をつくり上げた上で，ある程度の根回しをした後に気仙沼・南三陸地域在宅医療福祉推進委員会に上げて，ある程度の権威付けをしてから，提言や実行するというスタイルを確立することができるようになった。これは，自分たちの要求や提案を実現する場や実績がなければ，単なる不平不満のガス抜きにしかならず，建設的な議論にならないまま先細りになる可能性を考慮してのことである。このような活動をするためには，行政や自治体等は医師会からといったほうが聞く耳をもつだろうから，医師会もしくは医師をうまく利用するほうが便利であると考えがちである。しかし，いままでの会議等の経験から，医師が中

心になってもの進行していくと，他の職種の参加者が萎縮して自由に話せる雰囲気にならない傾向が見られるため，活動が立ち上がり動き始めてからは，前面にでないで後方から参加者のやる気がでるよう支援する側に徹した方がうまくいくと感じている。

医療機関等とケアマネジャーの連携連絡票

医師の語り

　この，ワーキンググループの活動から生まれたものがいくつかある。ひとつは医療機関とケアマネジャーの連携連絡票（図1-7）である。これは，ケアマネジャーから他職種，ときに医師・歯科医師に使用することを念頭において作成した。ケアマネジャーが医師に連絡をとるためには，利用者の受診時につき添い診察時に話すとか，外来で長時間待って医師の手空きの時間に話すことが多く，双方にとって無駄な時間が多く費やされていたと思う。私自身も診療中にケアマネジャーが来ているのを知りながら患者を診ていて，長時間待たせて申し訳ないと思った経験が多々あった。ケアマネジャー，医師の双方がお互いに気を使いながら無為な時間を過ごす。お互いが相手に気を使っている分悲劇であろう。その無駄な時間を少しでも減らすために連携連絡票を作成した。私は，この連絡票のやりとりだけですべての情報のやりとりをしようとは思っていない。直接の面談が望ましいと思っているので，連携連絡票を使用して面談のアポイントメントをとりやすくする程度の使い方をしてほしいと考えている。連携連絡票がきっかけになって信頼関係が構築でき，使用しなくても済むようになってほしいと思っている。

　もうひとつの成果が，情報提供書（医療機関・介護事業所等）（図1-8）である。これは，管内の入院機能を持った医療機関の協力のもとに入院時に必要な情報提供の共通様式を作成した。内容としては，ケアマネジャーがケアプランを作成するために収集し更新してきた利用者の情報を，入院時に簡単に利用できるようにしようと考えたものである。また，入院時に有用な情報であれば，退院時の情報としても有用だと考えている。この情報提供書を使用することで入退

第Ⅰ部　多職種連携

医療機関（医師・歯科医師・薬剤師等）とケアマネジャーの連携連絡票

※気仙沼市及び南三陸町内の医療機関とケアマネジャーとの連携のみに使用して下さい。
※情報を連携する患者（利用者）は、気仙沼市及び南三陸町に住所を有する方、若しくは居住している方に限ります。
※連携連絡票についての説明を受けた指定居宅介護支援事業所に所属するケアマネジャーのみの使用に限ります。

医療機関名		居宅介護支援事業所名	
住所		住所	
TEL　　　　　　　FAX	⇔	TEL　　　　　　　FAX	
氏名　　　　　　先生 御机下		介護支援専門員氏名	

日頃より大変お世話になっております。ご多忙中のところ誠に恐れ入りますが、下記の件について先生よりご教示頂きたく存じます。ご都合の良い連絡方法もしくは回答等につきまして、FAXでご返信下さいますようお願い申し上げます。

本人（家族）の同意について
連携連絡票を使用しての先生への連絡および先生から情報提供頂く事について
☐ご本人（ご家族）の同意を得ています。
☐ご本人（ご家族）の心身状況等から同意は得られておりませんが、ご本人の為に必要がありますのでご連絡致します。

氏名	様	性別	生年月日	年　　月　　日　　歳
住所			TEL	介護度

連絡内容	☐ケアプラン作成（新規・更新・区分変更・ケアプラン変更）にあたり、症状等についての指示・確認など ☐医療系サービス等（　　　　　　　　　）を導入するにあたり主治医の意見・相談など ☐利用者の下記状況についての相談・報告など ☐その他

《相談内容等》

上記の件についてご教示のほどよろしくお願いいたします。
　　　　平成　　　年　　　月　　　日　介護支援専門員氏名（自署）

回答内容及び連絡方法（返信）	☐「1」．特に意見・要望等なし ☐「2」．意見・要望等あり
「2」の場合の連絡方法等	☐直接会って話をします（面談の時間　　月　　日　　時頃 来てください） ☐電話で話をします（連絡の時間　　月　　日　　時頃 電話してください） ☐文書で回答します（下記のとおりです）

《回答内容》

☐上記の通り連絡します。
　　　平成　　　年　　　月　　　日　　医師・歯科医師・薬剤師等氏名（自署）
☐上記内容について医師・歯科医師、薬剤師等より確認しましたので、代理記載し連絡します。
　　　平成　　　年　　　月　　　日　部署名　　　　　代筆者氏名（自署）

介護支援専門員記載欄（面会・電話での回答内容の記載、その他の追記等）

気仙沼地区地域医療委員会
担当：気仙沼・南三陸地域在宅医療福祉推進委員会

図1-7　連携連絡票

第1章 宮城県気仙沼市における多職種連携の基底

図1-8 情報提供書

院時の情報提供の負担が少しでも減ることを願っている。

　介護支援専門員の語り

　KNOAHを継続していることで多職種間の基本的な役割を互いに知り，それぞれの立場や役割の違いを互いが認識し尊重できるようになった。また医療も介護も，生活を支援する一部分として協働するという意識が共有でき，"生活を支える"という視点で地域の課題を検討したことにより，医療関係者にケアマネジャーの役割についての理解が深まったと同時に，地域の課題や問題点

等も共通に認識された。そこから生まれたものが「連携連絡票」などのツールである。連携連絡票（図1-7）は，ケアマネジャーが法的に求められている医師との連携でさえできていないことを周りの関係者に理解してもらい，その解決方法を，理想論ではなく現実的で地域の現状に合った手法として，約1年の時間をかけゆっくりと各関係機関とのすり合わせを行い，つくり上げたものである。ただ単に書式を作成することは簡単であり，トップダウンで地域に広げることはできるであろうが，互いのフィールドが異なる各専門職種間で，その必要性を互いが認識した上で協議・検討し，ひとつの様式を共同で作成し，各組織からの合意を得て地域のオフィシャルな書式として運用を開始することは容易なことではなく，多くの時間を要した。しかし，その作業過程こそが重要であり，結果として同じ様式ができあがったとしても，その過程を経ていなければ，その後の運用はまったく異なったものになるものと考える。連携連絡票の使用目的は，医師・歯科医師・薬剤師等とケアマネジャーの連携を円滑にし，互いの連携を促進することで「顔の見える関係」・「信頼関係」を構築することであり，単なる連絡の手段ではない。スタート当初から医療機関等とアポイントメントをとることを主な目的としていることを説明し，意識的に活用してもらうことを周知した。

　連携連絡票の運用前には，保健福祉事務所とケアマネジャー協会の共催により，「医療機関等（医師・歯科医師・薬剤師等）とケアマネジャーの連携連絡票説明会」を開催し，介護保険の指導を行う行政の立場から介護保険制度における医療と介護の連携についての法的根拠の説明を行うことで，ケアマネジャー自身が医療機関と連携をとる必要性を再認識した上で活用するよう働きかけた。また医師会，歯科医師会，薬剤師会に加え保健福祉事務所も一体となり，地域全体でこの連携連絡票を作成し，各団体からの協力を得られた上で運用開始することを伝えたことで，医療と介護の間に高い垣根が存在していたこの地域にあっても，ケアマネジャーが積極的に活用していくことをバックアップできたのではないかと考えている。また，保健福祉事務所の協力を得て，ケアマネジャー協会にて，連携連絡票の運用前と後に現状を把握するため，管内のケアマ

ネジャーを対象にアンケート調査を行い比較検証したところ，医療機関等と連携をとりやすくなったと約8割の方が回答しており，確実に医療機関とケアマネジャーの連携は促進しているものと思われる。一方で改良すべき点もあることから，今後各関係機関と話し合いながら改善していく予定である。2015年4月1日には，「入院時情報提供の手引き」「入院時情報提供添え状」「情報提供書」（図1-8）の運用を開始したが，これもKNOAHにおいて意見交換を重ねるなかで，ケアマネジャーから入退院時の病院との連携に課題を感じているとの意見があり，病院とケアマネジャーとの間で，入院当初から在宅復帰に向けてイメージを共有する必要性があることがわかり作成したものである。これに関しても在宅医療福祉推進委員会および各関係機関からの同意のもとで運用を開始しており，特に入院機能を有する医療機関に関しては，保健福祉事務所が事前に各病院から意見を聞いて様式等に反映し，その後も保健福祉事務所が主体となり「病院とケアマネジャーの連携調整会議」を開催し，各病院の看護師長や相談員等に作成の経緯や目的を伝え協力を依頼した上で運用を開始している。KNOAHでの現場からの声が委員会に届き，委員会にて圏域での正式なツールとなり，各関係機関の同意を得て運用を開始しているが，保健福祉事務所による細部にわたる各関係機関との調整により，スムーズに運用を開始できており，保健福祉事務所の地域コーディネート機能がうまく働いた事例ではないかと思われる。また，情報提供書に関しては，ソニーの協力のもと，ケアマネジャーが使いやすい書式を作成しており，業界を超えた多職種連携があるからこその書式となっている。

4　多職種連携を考える

　本節では，多職種連携について，医師，介護支援専門員，薬剤師が語ったことをまとめている。すべてに共通しているのは，各職種がプロフェッショナルとして認め合い，互いに協力しながら患者を支援するのが大切だとしている点である。ここで語られることはないが，そのためには，第2節，第3節で述べ

第Ⅰ部　多職種連携

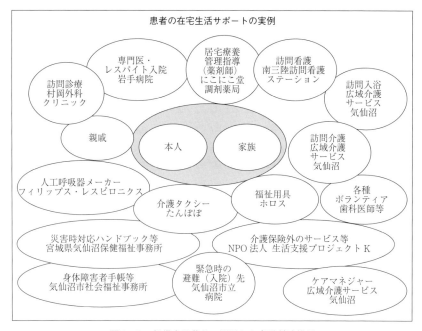

図1-9　組織を具体的に明示した多職種連携図

られたようなタテ，ヨコの円滑なコミュニケーションが前提となる。

　また，多職種連携における医療のあり方について，「日常生活をよりよくすごせるようにして，必要なときに必要なだけの医療を不安感を感じない程度に与えられるシステム」という医師（村岡）の考えが述べられている。在宅医療に関して，この考え方に同意する医師は少なくないと思われるが，治療を中心とする医療への素朴な認識，期待とは異なっており，この考え方に対して患者，家族，医療者，介護者による理解をどう高めていくかは多職種連携におけるこれからの課題の1つである。

医師の語り

　地域包括ケアという用語が使われるようになってから多職種連携がブームのようになっているが，確かに地域包括ケアシステムを有効に動かすためには多

職種連携が必要であろう。多職種連携は，お互いが他の職種をプロフェッショナルとして認め合いながらその領域を尊重し侵さないことから始まる。その意識の統一がなければ難しい。そのためにはまず医療を中心とする発想を変えるだけでいいと思う。地域包括ケアとは，それまで生活していた地域環境で毎日を過ごし，可能ならばそこで最期のときを迎えられるようにしましょうということだと考えている。ならば，1日の生活のなかで見ると，食べる，寝る，排泄する，ボーッとしている等の時間が大半を占め，医療の占める時間は，ごくごくわずかであろう。自分の周りを見渡してみても，1日のうち一度も医療機関に行かない，薬も飲まないという人は相当数いるはずである。そう考えると，日常生活をよりよくすごせるようにして，必要なときに，必要なだけの医療を，不安を感じない程度に与えられるようなシステムにしようと，発想を変えたほうがよいのではないか。当然のことながら，日常生活のレベルや与えられる医療のレベルについては，各々の地域の地域環境，生活習慣，地縁，地域のリソース等により違いがあってもいいと思う。多職種が有効に連携した例としては，ALSのため胃瘻，人工呼吸器を装着している人で，近所の公園に日向ぼっこに外出したり，近所の山にハイキング等に出ることが可能になった例があり，これは当地域では画期的なことであった。このように多職種をうまく連携させるためには，ケアマネジャーが介護・医療のリソースも含めた地域の特性を熟知している必要があり，ケアマネジャーの能力が重要である。少なくとも御用聞きのようなケアマネジャーでは失格だと思う。限度額いっぱいまで利用するケアプランが真に必要なのか見直せるくらいの能力は持っていてほしいと思う。多職種連携で最も重要なことは，医師への意識の壁を取り払うことと各職種が自らの職域にプライドを持つことだと私は考えている。

介護支援専門員の語り

　KNOAHが考えている連携がうまくいくための要素は，「ネットワーク」「知識・技術」「連携手段」の3つである。「ネットワーク」とは，多職種，同職種，人と人，組織と組織，事業所・施設間などの関係であり，「知識・技術」

第Ⅰ部 多職種連携

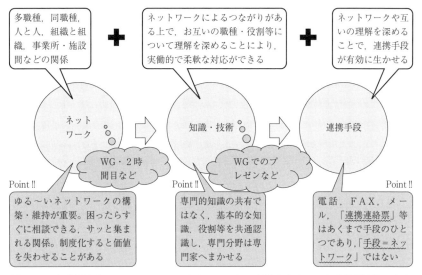

図1-10 気仙沼在宅ワーキンググループ（KNOAH）の経験をもとにした多職種連携が成功するための要素

は，お互いの職種や役割等であり，ネットワークによるつながりがある上で，お互いの職種・役割等について理解を深めることにより，実働的で柔軟な対応ができる。「連携手段」は電話やメール等であるが，ネットワークや互いの業種への理解を深めることで，連携手段が有効に生かせると考えている。また，ネットワークには「ゆる〜い」ネットワークの構築・維持が重要であり，困ったらすぐに相談できる，気軽に集まれる関係を構築できることがポイントと思われ，それを制度化したり，予算をつけたり，○○連絡協議会などのオフィシャルなものへと組織化すると，自由な意見を述べられない，形式にこだわった会議になる等の制限がかかることがあり，その価値を失わせることがあると考える。知識技術においては，各職種の専門的知識の共有ではなく，基本的な知識・役割等を共有することが大切であり，専門分野は専門家へまかせることがポイントであると考える。誰がどのような仕事をしていて，どのような役割を担っているのかがわかり，どんなときに誰に相談すればよいのかがわかれば

よいのだと考えており，その先は各専門家が専門家としての役割を果たし，必要に応じて多職種と連携すればよいと考えている。連携手段は，電話，FAX，メール，連携連絡票などであるが，それはあくまで連携の手段のひとつであり，「手段＝ネットワーク」ではないと考えている。ややもすると，この連携手段そのものをつくることが目的となったり，連携手段をつくることでネットワークが構築できると思われたりしがちであるが，いままでにも電話やメールなどたくさんの連携手段があったにもかかわらず多職種間のネットワークが構築されなかったことを考えると，新たな「手段」だけをつくったところで有機的なネットワークが構築できるとは考えにくく，ネットワークの構築と連携手段の作成とは別物と考えるべきである。KNOAHで構築したネットワークは，「ゆる～い」ヒューマンネットワークを基礎としているため，組織化した形だけの連携ではなく，実働的で柔軟かつ強固な連携ができ，実際に現場の仕事に活かすことができている。情報の伝達が便利になった現在，われわれが忘れかけているヒューマンネットワークは，一方で面倒なところも多分に含んでいるが，人が人を支える上でとても重要なものなのではないかと思われる。KNOAHが行っている活動を考えると，「ネットワーク」づくりはKNOAHそのものと「2時限目」の開催であり，「知識・技術」は各職種からのプレゼンテーション等であり，「連携連絡票」は，あくまでヒューマンネットワークを補完するための連携手段のひとつとして作成されたものである。

　他方で，多職種連携がうまくいくためのルールも，共通認識を持ちながら活動している。まず，それぞれの職種の基本的な役割，できること，できないこと等を，それぞれの職種が認識していないと連携はうまくいかないことは，すでに述べたが，互いの職種の浅い部分の共通認識は必要であるが，「互いの職域を侵してはならない」ことを意識している。端的にいうと，他の専門分野について助言することはよいが「決定」したり，「指示」を出したりすることはやめようということである。たとえば，医師がケアマネジャーから「私は〇〇（診断名）だと思いますよ」とか「〇〇は効果がないので，△△を処方してください」などと言われたり，看護師がケアマネージャーから「こちらの血管

の方が注射しやすいと思いますよ」などと言われたら，一般的には腹が立つはずである。それはすべての職種にいえることであり，口を出してはいけないというのではなく，アドバイスはよいとしても，自分が専門領域としている仕事に関して指示されたり，一方的に決定されたりすると腹が立つものであり，ケアマネジャーや他の職種も同じであることを互いに認識した上で連携すべきであると考えている。また，各職種の立ち位置は横並びで上も下もなく，それぞれに専門性があり立場や役割が異なるだけであり，それを互いに尊重しなくてはならない。時と場合によって，医療が多く必要なときもあれば，介護が多く必要なときもあり，中心となって動く職種が変わるだけである。常にどれかの職種が上に立ったり，中心となって動いたりするものではない。何かの疾病や障害に視点を置き支援するのではなく，多職種で「生活を支える」という視点でかかわり，そのなかで各々の専門性を発揮すればよいだけのことである。また，各職種間や各制度間には必ず「隙間」や「クレーゾーン」が生じることがあるが，完璧な制度などあるはずはなく，これはやむを得ないことであり，互いに認識しなくてはならないことであると考えており，互いに折り合い点を探る作業はつきものである。また，多職種が連携する際に大きな壁となるのは「専門用語」である。情報提供が一方向で完結する職種には意識しづらいことであるが，多職種から情報を得て，多職種に情報を発信する立場にあるケアマネジャーには大きな問題であり，多職種連携を構築するひとつのキーワードともいえる。これを端的にいうと，専門用語は専門職種内で使用し，専門職種外にはできるだけわかりやすく一般的な共通用語を使用しようということである。いわゆる略語や同職種や業界内で使用している言葉（符牒）を使用しないことであり，これは多職種間でも気をつけなければならないことであるが，一般の人に対しても同様に気をつけなければならないことでもある。地域性もあるだろうが，略語であれば「サ担」＝「サービス担当者会議」，「サ責」＝「サービス提供責任者」，「在介」＝「在宅介護支援センター」，「DS」＝「デイサービス」，「薬情」＝「薬剤情報」などであり，符牒とは，寿司屋でいうと「ムラサキ」＝「醤油」，「アガリ」＝「お茶」等であるが，医療業界にも（略語との区

別がつかないものもあるが）たくさん存在する。たとえば病院からの情報提供で，既往歴（過去の病気や怪我などの情報）の欄に「〇歳 HT，胆石，肝機能障害〇〇病院フォロー，〇歳 MKOP（胃全摘，R-Y 吻合），胆摘，〇歳 CI（右麻痺）」などと記載されてくることが多々あるが，こんな専門用語・略語だらけの情報を受け取っても，調べるのに時間を要するだけでなく，受け取った側が異なる解釈をしてしまう可能性も大いにある。情報を出す側は，受け取る側のことを考えて出さないと，単に文字を提供しただけになってしまう。また，本来符牒や隠語は業界内で使用するためのもので，外に発信するものではなく，告知がなされていない時代に，患者に知られないために使用していたものである。インターネットで簡単に検索できてしまう現在では，あまり意味をなさないことばなのかもしれないが，それにしても，符牒は同職種内で使用すべきであり，多職種連携を構築するためには，情報を発信する側が配慮しなければならないものである。KNOAH のメンバー間では，「連携がうまくいくための要素」と「連携がうまくいくためのルール」がある程度共通認識されているので，連携を取りやすく，その上で地域の課題等を話し合い，各関係機関と連携し必要なツール等を検討しているので，実務に活かせるツールの開発もでき，連携の促進につながり，それが実務のメリットにもなっているので維持，発展しているのだと思う。

薬剤師の語り

　地域医療連携の構築において最重要なのは，やはり「人」だ。医療がチームプレイを理解して「お互いさま」の精神で責務を全うする。チームプレイを遂行するために己を磨き，困ったときは潔く頼り，頼られたら全力でフォローする。そうしたなかで構築されていく人間関係こそが，本当の意味での「顔の見える連携」「活きた連携」というものだと私は考える。そして継続のためには，全国的に提示されるマニュアルにしたがうのではなく，各地域の医療資源とニーズに合わせて自分たちが活動しやすいようにカスタムしていくことである。KNOAH のようにゼロからスタートするのは少々時間を必要とするが，既存

第Ⅰ部　多職種連携

の交友関係を基盤に新しい連携を肉づけしていくという手法も非常に有効であろう。医師をはじめ，医療従事者が数多くいたからといって充実したサービスを提供できるとは限らない。医療に限った話ではないが，従事する人間の数とサービスの質は必ずしも相関しないのだ。何より，地域医療に携わる私たちがフォローし合うことで，互いの負担を軽減し，各々の業務が「楽になる」ように考えていくことが大切なことだと私は思う。

5　多職種連携の基底

　本章では，多職種連携についての理解を深めるために，気仙沼在宅ワーキンググループ（NOAH）の活動を中心に，複数職種の語りを見てきた。そこからは，多職種連携の動機には，東日本大震災の被災地域に特有の地域社会への危機感，持続的復興に対する問題意識があるものの，多職種が，各職種に対する社会の評価に差があることを認識し，互いにプロフェッショナルとして協力するヨコのコミュニケーションとともに，部会，委員会等から構成される階層的な組織においてタテのコミュニケーションが円滑に行われることが，他の地域と共有できる多職種連携を支える基底であることが示唆されている。多職種連携では，情報共有，人間関係構築の重要性について語られることが少なくないが，NOAHの試みからは，多職種連携に対するより詳細なあり方を検討する貴重な手がかりが提供されたと考えている。

注
(1) 気仙沼地区内の市・町・医師会・歯科医師会・薬剤師会・保健福祉事務所等関係組織間の連携協調を図り，包括的地域医療および保健・福祉体制の推進を図ることを目的とし，1971年に設立された組織。

第2章

地域包括ケアシステムの死角
——県型保健所の役割——

水間喜美子

1 地域包括ケアシステム

「地域包括ケアシステム」という概念が, 日本の医療および介護政策において重要な位置を占めるようになった。2012年に施行, 実施された改正介護保険法, 6年に一度の診療報酬と介護報酬の同時改定は, いずれも「地域包括ケアシステム」が, これからの日本の医療・介護提供体制が目指すべき将来像の重要な一部分であることを前提として行われた。[1][2]

日本の政策上,「地域包括ケアシステム」という用語が初めて使われたのは, 2005年に行われた一回目の介護保険法改正に向けた議論のなかである。2003年に厚生労働省老健局長の私的研究会として設置され, 介護保険の法改正, 制度改革にも影響を与えることとなった高齢者介護研究会が,「生活の継続性を維持するための新しい介護サービス体系」のひとつとして「地域包括ケアシステムの確立」を挙げた。2005年の介護保険法改正時には,「介護保険改革の柱」の項目のひとつにすぎなかった「地域包括ケアシステム」であるが (小笠原編 2010), 2008年の「安心と希望の介護ビジョン」や社会保障国民会議での議論を経た後, 厚生労働省は二回目の法改正に向けた論点整理を目的として, 2009年に地域包括ケア研究会を設置した。

このとき, 介護保険制度に関する政策の議論は「地域包括ケアシステムの実現」を目的としてとりまとめられており (地域包括ケア研究会 2009), 日本の介

護政策は「地域包括ケアシステム」という概念を国の方向性として明確に打ち出したといってもよいだろう。

「地域包括ケアシステム」は，政策上では，「ニーズに応じた住宅が提供されることを基本とした上で，生活上の安全・安心・健康を確保するために，医療や介護のみならず，福祉サービスを含めた様々な生活支援サービスが日常生活の場（日常生活圏域）で適切に提供できるような地域での体制」と定義される。「地域包括ケアシステム」は，「団塊の世代」のすべてが75歳以上の後期高齢者になり，社会構造が大きく変化することが予測される2025年までに，全国の各地域で実現すべきものとして計画されている。システムを実現すべき場となる「地域」は，「日常生活圏域」という単位が想定されており，その地理的範囲は「『おおむね30分以内』に必要なサービスが提供される圏域」（具体的には中学校区が基本）となっている（地域包括ケア研究会 2010）。

地域包括ケア研究会の座長であった田中滋は，「地域包括ケアシステム」が想定する「地域」と，医療分野における「地域」は異なるとして明確に区別している（田中 2011）。すなわち，介護政策上で用いられたことから始まった「地域包括ケアシステム」の指す「地域」とは，日常生活の圏域（community）であり，医療政策における通常の「地域」の単位である二次医療圏（表2-1）ないし都道府県とは異なり，急性期病院医療や専門性の高い外来医療などは入らない（地域包括ケア研究会 2010）。政策上，「地域包括ケアシステム」の実現とは，医療や介護などの高齢者ケアや支援を，在宅において，生活に密着した「日常生活圏域」という「地域」の単位ごとに，包括的に提供する体制を整備していくことを指しているのである。

しかし，「地域包括ケアシステム」政策が想定するシステム像は，在宅ケアのサービス提供が個別の事業所レベルでも成立しやすい都市において適用しやすいモデルとなっており，地方への汎用性が低いという指摘もある（田中 2011：22）。都市は，地価が高いために施設サービスが少なくなる一方で，ケアを必要とする高齢者数が多いため，在宅サービスは成立しやすくなる。地方では，過疎化や地域経済の衰退などを背景要因として家庭での介護力は下がって

第2章　地域包括ケアシステムの死角

表2-1　医療圏

一次医療圏	医療法による規定はないが，住民の日常的な疾患や外創傷の診断・治療，疾病の予防，健康管理などプライマリ・ケア（かかりつけ医による初期診療）に関する保健医療サービスを提供する圏域。（区域：市町村）（鹿児島県，2008，『鹿児島県保健医療計画』：p.128）。
二次医療圏	地理的条件等の自然的条件及び日常生活の受容の充足状況，交通事情等の社会的条件を考慮して，一体の区域として病院及び診療所における入院に係る医療を提供する体制の確保を図ることが相当であると認められる単位（医療法施行規則第30条の29第1，2項）。
三次医療圏	都道府県の区域を単位として設定すること。ただし，当該都道府県の区域が著しく広いことその他特別な事情があるときは，当該都道府県の区域内に2以上の当該区域を設定し，また，当該都道府県の境界周辺の地域における医療の需給の実情に応じ，2以上の都道府県の区域にわたる区域を設定することができる（医療法施行規則第30条の29第1，2項）。

おり，またケアを必要としていても，高齢者が地域に点在していることもあるため，高齢者にとっても，事業者にとっても，施設サービスのニーズの方が高くなる傾向がある。しかし，地方においては，人口減少の進行によって高齢者数自体が減少し，施設サービスも成立しなくなりつつある地域もある。つまり，今後地方では，都市とは異なる社会像への変化を理由として，在宅ケアへのニーズ，すなわち「地域包括ケアシステム」の整備の必要性が高まっていく可能性も考えられるのである。

しかし，ここで社会の将来像にばかり議論の焦点を当て，都市と地方の現実的なニーズの違いを考慮に入れずに，在宅ケアの充実の必要性のみから「地域包括ケアシステム」を説明することは現実味を欠くだろう。それは，施設ケアと在宅ケアの両方が存在し，必要とされている医療・介護の現場や高齢者のニーズからかけ離れた，財政を理由とする政策側の論理の押しつけだけで終わってしまう。都市でも，医療依存度の高い高齢者や重度介護者を在宅ケアのみで支えることには限界があり，施設でのケアが望まれる（鈴木 2011：423）。つまり，都市においても，地方においても，「地域包括ケアシステム」の実現を，「地域包括ケアシステム」の政策上の定義や枠組みのなかだけで考えようとすると，それは医療・介護の現場や高齢者の実感，ニーズにそぐわない机上の政

策論となり，実際の「地域包括ケアシステム」の具現化もより困難なものとなってしまう可能性がある。

　日本の医療・介護提供体制全体の将来像における「地域包括ケアシステム」の位置づけを再度確認した上で，全体の医療・介護提供体制の姿とともに，「地域包括ケアシステム」の姿を考え，つくっていく。そのことが，現場のニーズと政策の方針の接合のなかで，「地域包括ケアシステム」を現実的に構築していくための方法になると考える。

　高齢者の医療依存度や介護依存度が高くなれば，施設でのケアを提供し，容態が回復・改善がすれば，在宅での支援によって住み慣れた地域での生活の再開・継続を可能にする。地域特性に応じて，施設ケアと在宅ケアのそれぞれの必要量は異なるが，各地域における全体の医療・介護の提供体制と，それに含まれる「地域包括ケアシステム」は，ケアや支援を必要とする高齢者の流動性をしっかりと支えるシステムとして機能していかなければならない。そのような観点から「地域包括ケアシステム」を捉えていくことが，高齢者のニーズに総合的に対応することを可能にし，また，立案過程の異なる医療政策と介護政策の連結点を見出すことにもつながり，地域レベルにおいても，国レベルにおいても，2025年の超高齢社会の到来に対応するシステムづくりへの一助となるのではないだろうか。

　今後の日本の社会保障制度改革の方針として，2013年8月にとりまとめられた「社会保障制度改革国民会議報告書——確かな社会保障を将来世代に伝えるための道筋」においても，「医療・介護サービスの提供体制改革」のひとつとして，「地域包括ケアシステム」構築の重要性が挙げられている。そして，「地域包括ケアシステム」は，医療・介護の提供体制全体のなかで，病院からの退院患者の受け入れ体制および，入院に至る容態になる前の高齢者の生活を支えるシステムとして位置づけられている。同報告書は，「医療機能の分化・連携を強力に進めていく」ためにも，「その改革の実現のためには，在宅等住み慣れた地域の中で患者等の生活を支える地域包括ケアシステムの構築が不可欠である」としている（社会保障制度国民会議 2013：11）[4]。

以上で述べたように、「地域包括ケアシステム」は、医療・介護提供体制全体とのかかわりにおいて捉えることが重要であると考える。本章では、医療・介護のシステムのなかを流動していく高齢者のなかでも、特に、病院から退院して在宅に帰ってくる高齢者を支えられるように、二次医療圏の入院医療システムと「地域包括ケアシステム」の間での連携を円滑化させ、そのことを通じて「地域包括ケアシステム」を機能させていくことに取り組んでいる鹿児島県姶良・伊佐地域振興局保健福祉環境部（以下、姶良保健所）の実践を取り上げる。病院から患者が退院するときは、医療・介護提供体制のなかで、高齢者ケアの提供の場が施設から在宅へと引き継がれる場面であり、有機的なケア体制の整備が求められる「地域」の地理的範囲が、二次医療圏域から日常生活圏域へと移り変わる位置である。また、大きく分けて医療保険から介護保険へと切り替わる医療と介護の制度の境界でもあり、さまざまなレベルで行われている医療と介護の連携のなかでも、ケアシステム間の境界をつなぐものとして、特に円滑な連携の実現が難しい部分となっている。

　病院から退院する患者を支える方法は、これまでも退院支援研究として、数多くの研究結果が蓄積されている（杉崎 2011：74-75）。しかし、それらは、個別の医療機関における退院支援の仕組みづくりや効果の検証を報告したものが多く、退院支援を、地域全体の医療・介護提供体制のなかに位置づけたり、入院医療の医療システムと「地域包括ケアシステム」の境界をつなぐための、地域のケアシステムの資源として捉えたりして論じているものは少ない。たとえば、太田・杉崎は、二次医療圏の中核的な急性期病院と慢性期病院という、ふたつの個別の病院間での連携を中心とした具体的な退院援助方法を開発し、地域のケアシステムにおける退院援助システムとして、その成果と課題を報告している（太田編 2009）。

　本章で取り上げる姶良保健所の取り組みは、地域の多数の医療・介護にかかわる組織が当初からかかわっていること、医療システムと「地域包括ケアシステム」の連携の円滑化を目的として、地域全体の枠組みのなかで退院支援に焦点を当てていることに、これまでの取り組みには見られない新しさがある。ま

表2-2 県型保健所の業務（地域保健法より抜粋）

第6条 保健所は，次に掲げる事項につき，企画，調整，指導及びこれらに必要な事業を行う。 　1．地域保健に関する思想の普及及び向上に関する事項 　2．人口動態統計その他地域保健に係る統計に関する事項 　3．栄養の改善及び食品衛生行政に関する事項 　4．住宅，水道，下水道，廃棄物の処理，清掃その他の環境の衛生に関する事項 　5．医事及び薬事に関する事項 　6．保健師に関する事項 　7．公共医療事業の向上及び増進に関する事項 　8．母性及び乳幼児並びに老人の保健に関する事項 　9．歯科保健に関する事項 　10．精神保健に関する事項 　11．治療法が確立していない疾病その他の特集の疾病により長期に療養を必要とする者の保健に関する事項 　12．エイズ，結核，性病，伝染病その他の疾病の予防に関する事項 　13．衛生上の試験及び検査に関する事項 　14．その他地域住民の健康の保持及び増進に関する事項 第8条 都道府県の設置する保健所は，前二条に定めるもののほか，所管区域内の市町村の地域保健対策の実施に関し，市町村相互間の連絡調整を行い，及び市町村の求めに応じ，技術的助言，市町村職員の研修その他必要な援助を行うことができる。

た，始良保健所は，「地域包括ケアシステム」の実現を，「地域包括ケアシステム」だけでなく，入院医療システムにもアプローチをしながら進めている。このことは，「地域包括ケアシステム」を，地域の医療・介護提供体制全体との関係性やバランスを考えながら機能させていくということに，重要な提案を行うものであると考える。

　ここで，「地域包括ケアシステム」を実現する推進主体である，始良保健所について概観しておく。始良保健所は，県型保健所という行政機関に分類される。県型保健所とは，都道府県が設置する，公衆衛生行政をつかさどる公的機関である。その所管区域については，地域保健法第5条の2の規定に基づき設定することとなっており，同法でその業務が規定されている（表2-2）。岡崎勲らは，県型保健所を，「二次医療圏に相当する広域な地域の，保健・医療・福祉にわたる厚生行政全体の専門的かつ技術的に高度な指導的行政機関」としている（岡崎・豊嶋・小林 2006）。つまり，県型保健所は，「地域」を二次医療圏という範囲で捉え，その視点から地域の保健・医療・介護・福祉のケアシス

テムのあり方を検討できる公的機関なのである。鹿児島県の行財政改革，組織機構改革に基づき，2010年4月から，姶良保健所が，県の出先機関である姶良・伊佐地域振興局の中に保健福祉環境部として位置づけられた。同振興局に本所としての姶良保健所があり，大口保健所は支所となっている。以下本章では，姶良保健所と統一して記載する。この姶良保健所は，二次医療圏域である姶良・伊佐地域を所管区域とする。

2　姶良・伊佐地域

　姶良・伊佐地域は，霧島市・姶良市・伊佐市・湧水町の三市一町により構成される（図2-1）。鹿児島県本土の中央部に位置し，北は熊本県，東は大隅地域と宮崎県，西は鹿児島地域と北薩地域，南は鹿児島湾に隣接している。土地の面積は1243km^{2}で，鹿児島県内の9つの二次医療圏のなかでは二番目に広い。鹿児島県全体と比べると第2次産業が活発であり，第2次産業の総生産額，就業人口は県平均を大きく上回っている。姶良・伊佐地域のひとり当たりの所得は約226万円で，鹿児島県平均の99.6％となっており，4市町ごとに見ると，霧島市以外は県平均を下回っている。

人口構造

　姶良・伊佐地域の現在の総人口は24万3195人，高齢化率（65歳以上人口の割合）は25.6％で，全国の23.0％より高く，鹿児島県の26.5％より少し低い（表2-3）。将来の総人口および高齢化率も，姶良・伊佐地域は，全国より少し高く，鹿児島県より少し低く推移していく。ここで特筆しておくべきことは，高齢者のなかでも，特に75歳以上の後期高齢者人口についてである。総人口に占める75歳以上人口の割合は，全国では2025年までに7.1％増加するが，2025～2035年の10年間は2％増加と，増加のスピードが緩やかになる。しかし，姶良・伊佐地域において75歳以上人口の割合は，2025年までに3.5％増加し，2025～2035年までに3.6％増加する。姶良・伊佐地域では，後期高齢

第Ⅰ部 多職種連携

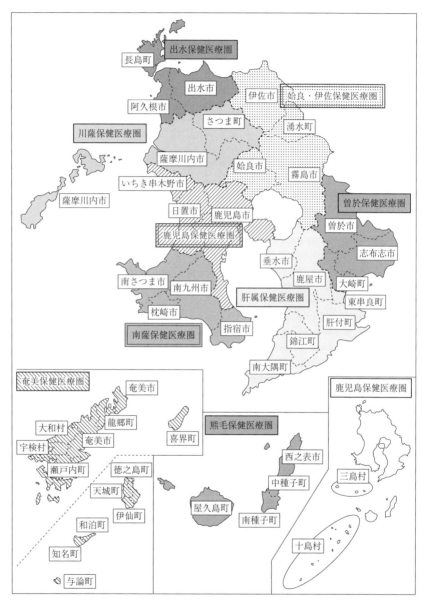

図 2-1　鹿児島県二次保健医療圏
出所：鹿児島県, 2013, 『鹿児島県保健医療計画』p. 92

表2-3 全国・鹿児島県・姶良・伊佐地域の総人口

		2010年	2015年	2020年	2025年	2030年	2035年
全国	総人口	128,057,352	125,430,000	122,735,000	119,270,000	115,224,000	110,679,000
	65歳以上人口	29,245,685	33,781,000	35,899,000	36,354,000	36,670,000	37,249,000
	割合	23.0%	26.9%	29.2%	30.5%	31.8%	33.7%
	75歳以上人口	14,072,210	16,452,000	18,737,000	21,667,000	22,659,000	22,352,000
	割合	11.1%	13.1%	15.3%	18.2%	19.7%	20.2%
鹿児島県	総人口	1,706,242	1,656,000	1,595,000	1,529,000	1,460,000	1,389,000
	65歳以上人口	449,692	479,000	508,000	518,000	512,000	499,000
	割合	26.5%	28.9%	31.8%	33.8%	35.1%	35.9%
	75歳以上人口	252,171	265,000	267,000	288,000	310,000	318,000
	割合	14.8%	16.0%	16.7%	18.8%	21.2%	22.9%
姶良・伊佐地域	総人口	243,195	237,669	231,560	224,541	217,031	209,086
	65歳以上人口	62,296	66,730	70,927	72,877	73,076	72,256
	割合	25.6%	28.1%	30.6%	32.5%	33.7%	34.6%
	75歳以上人口	35,162	36,614	36,991	40,477	43,705	45,095
	割合	14.5%	15.4%	16.0%	18.0%	20.1%	21.6%

注:65歳以上および75歳以上の人口と割合の推移。
出所:2010年のデータは、総務省、2010、『平成22年国勢調査』(2010年10月1日現在)」。2015〜2035年のデータは、国立社会保障・人口問題研究所、2006、『将来推計人口・世帯数』。なお、全国のデータは、「日本の将来推計人口」における「出生中位・死亡中位」を利用。

者人口の割合が、2025年以降も2025年までと同じ様相で増えるのである。「地域包括ケアシステム」は、日本全体として後期高齢者人口が急速に増大する2025年までに構築する必要性があると考えられているが、姶良・伊佐地域では、2025年以降の地域社会の姿も十分に勘案しながら、システムのあり方を考えていくことが求められる。この傾向は鹿児島県全体にも共通である。

全国の二次医療圏の中で、姶良・伊佐地域は、「地方都市型」に分類される。[5][6]しかし、姶良・伊佐地域の人口構造は、同地域の総人口の過半数を占める霧島市の傾向を大きく反映しているため、残りの三市町の状況も見ておく必要がある。現在の高齢化率は、霧島市22.6%、姶良市26.0%、伊佐市35.7%、湧水町35.2%で、霧島市以外は、全国の高齢化率より高く、特に伊佐市と湧水

表2-4 姶良・伊佐地域の3市1町の総人口

		2010年	2015年	2020年	2025年	2030年	2035年
霧島市	総人口	127,487	124,753	122,613	119,958	117,001	113,731
	65歳以上人口	28,431	30,507	32,748	34,264	35,392	35,807
	割合	22.6%	24.5%	26.7%	28.6%	30.2%	31.5%
	75歳以上人口	15,745	16,605	16,714	18,314	20,034	21,189
	割合	12.5%	13.3%	13.6%	15.3%	17.1%	18.6%
姶良市	総人口	74,809	74,496	73,376	71,791	69,847	67,625
	65歳以上人口	19,378	21,626	23,574	24,417	24,327	23,962
	割合	26.0%	29.0%	32.1%	34.0%	34.8%	35.4%
	75歳以上人口	10,614	11,150	11,891	13,672	14,998	15,354
	割合	14.2%	15.0%	16.2%	19.0%	21.5%	22.7%
伊佐市	総人口	29,304	27,351	25,271	23,234	21,336	19,560
	65歳以上人口	10,423	10,431	10,326	9,920	9,224	8,512
	割合	35.7%	38.1%	40.9%	42.7%	43.2%	43.5%
	75歳以上人口	6,278	6,336	5,961	5,969	6,019	5,848
	割合	21.5%	23.2%	23.6%	25.7%	28.2%	29.9%
湧水町	総人口	11,595	11,069	10,300	9,558	8,847	8,170
	65歳以上人口	4,064	4,166	4,279	4,276	4,133	3,975
	割合	35.2%	37.6%	41.5%	44.7%	46.7%	48.6%
	75歳以上人口	2,525	2,523	2,425	2,522	2,654	2,704
	割合	21.9%	22.8%	23.5%	26.4%	30.0%	33.1%

注：65歳以上及び75歳以上の人口と割合の推移。
出所：2010年のデータは，総務省，2010，『平成22年国勢調査』（2010年10月1日現在）。2015～2035年のデータは，国立社会保障・人口問題研究所，2006，『将来推計人口・世帯数』。

町では35％を上回っている（表2-4）。霧島市以外の各三市町の高齢者人口の割合の推移を，姶良・伊佐地域全体と比べると，2025年までの65歳以上人口の割合の増加幅は，姶良・伊佐地域全体より三市町の方が大きい。また，地域全体の特徴でもあった75歳以上人口の割合の増加については，2025年までも，2025年以降も，3市町の中では地域全体よりもさらに顕著に現れる。姶良・伊佐地域内の4市町の人口構造は，変化の傾向は類似しているが，変化の幅は市町間で差がある。二次医療圏と「地域包括ケアシステム」のかかわりを考え

表2-5 世帯構造

	総世帯数	高齢者単身世帯数 （総世帯数に占める割合）	高齢者夫婦のみ世帯数 （総世帯数に占める割合）
全国	51,950,504	4,790,768（9.2％）	10,244,230（19.7％）
鹿児島県	729,386	102,443（14.0％）	173,689（23.8％）
姶良・伊佐地域	101,900	13,951（13.7％）	25,186（24.7％）
霧島市	53,971	6,495（12.0％）	12,250（22.7％）
姶良市	30,478	4,122（13.5％）	7,832（25.7％）
伊佐市	12,798	2,432（19.0％）	3,702（28.9％）
湧水町	4,653	902（19.4％）	1,402（30.1％）

出所：総務省，2010，『平成22年国勢調査』（2010年10月1日現在）。

るときには，平均としての「地方都市型」の姿だけではなく，各市町の姿も考慮に入れる必要がある。

世帯構造

　姶良・伊佐地域の総世帯数は10万1900世帯で，全体のうち，高齢者単身世帯は13.7％，高齢者夫婦のみ世帯は24.7％を占めている（表2-5）。全国の全世帯数のうち，高齢者単身世帯は9.2％，高齢者夫婦のみ世帯数は19.7％となっており，姶良・伊佐地域では，高齢者単身世帯が，特に多くなっていることがわかる。姶良・伊佐地域内の各4市町も同様の傾向にある。特に，伊佐市と湧水町では，高齢者単身世帯が全体の約20％，高齢者夫婦のみ世帯が全体の約30％を占める状況となっている。

　高齢者単身世帯が多いことは鹿児島県全体の特徴でもあり，2005年の「国勢調査」では，県内の全世帯に占める高齢者単身世帯と高齢者夫婦のみ世帯の割合は，ともに全国で最も多かった。高齢者単身世帯の割合が高いと，入院受療率も高くなるという傾向があり，鹿児島県は全国でその相関関係が最も高くなっている（鹿児島県 2008：34）。県全体と類似の傾向にある姶良・伊佐地域においても，高齢者の入院ニーズが高いことが推察される。また，医療への依存度が低くなっても，独居であることが退院を困難にする要因となっていること

も報告されており（日本医師会 2006；医療経済研究機構 2008），姶良・伊佐地域においても，退院に向かう高齢者をどのように支援するかが重要な検討課題となっていることが予想される。

医療・介護提供体制

　姶良・伊佐地域には 34 の病院があり，一般病院が 31，療養病床を有する病院が 22 ある。一般診療所は 190 あり，有床診療所が 61，無床診療所が 129 ある。また，全国と鹿児島県の傾向に比べ，姶良・伊佐地域の一般病床では平均在院日数が長く，療養病床では平均在院日数が短い傾向にある（表 2-6）。人口 10 万人当たりの一般病床数と療養病床数は，全国では 706 床と 260 床，鹿児島県では 901 床と 553 床なのに対し，姶良・伊佐地域では 755 床と 754 床となっている。姶良・伊佐地域では，療養病床が非常に整備されていることがわかる（表 2-7）。

　また，人口 10 万人当たりの介護保険施設の定員数も，全国では 639，鹿児島県では 903 なのに対し，姶良・伊佐地域では 994 となり，介護保険施設の整備も進んでいる（表 2-7）。しかし，相対的なベッド数の多さが，姶良・伊佐地域の地域ニーズに十分に対応できるものとなっているかどうかは明らかではない。姶良保健所への調査と並行して行った，当該地域の医療・介護現場でのインタビュー調査では，地域の施設数が不足していると認識している者もいた。また，姶良・伊佐地域は将来的な人口減少も予想されており，地域での施設経営の継続を不安視している者もいた。他方，在宅ケアの提供体制について，姶良・伊佐地域では，75 の居宅介護支援事業所，49 の訪問介護事業所，16 の訪問看護ステーションがある。人口 10 万人当たりの訪問事業所数は 27，通所系事業所数は 39，地域密着型サービス事業所数は 32 で，全国を上回っている（表 2-7）。

　ここでは，以下の二点を指摘しておきたい。一点目は，姶良・伊佐地域内を市町ごとに見ると，在宅ケアを提供する事業所数には市町間で偏りがあるということである。人口規模の違いは考慮しなければならないが，在宅ケア提供事

表2-6　医療機関数，平均在院日数

	病院総数	一般病院数	療養病床を有する病床数	平均在院日数(一般病床)	平均在院日数(療養病床)	一般診療所数	有床診療所数	無床診療所数
全国	8,670	7,587	3,964	18.2	176.4	99,824	10,620	89,204
鹿児島県	266	228	144	20	261.6	1,426	426	1,000
姶良・伊佐地域	34	31	22	28.3	153.6	190	61	129

出所：厚生労働省，2010，『医療施設（動態）調査』。厚生労働省，2010，『病院報告』。

表2-7　人口10万人当たりの施設ケアおよび在宅ケアの定員数・事業所数

	一般病床数	療養病床数	介護保険施設定員数	訪問系事業数	通所系事業所数	地域密着型サービス事業所数
全国	706	260	639	21	22	11
鹿児島県	901	553	903	29	36	31
姶良・伊佐地域	755	754	994	27	63	32

注：介護保険施設定員数＝特別養護老人ホーム定員数＋老人保健施設定員数＋介護療養病床数
　　訪問系事業所数＝居宅介護支援事業所数＋訪問介護事業所数＋訪問看護ステーション数
　　通所系事業所数＝通所介護事業所数＋通所リハビリテーション事業所数
　　地域密着型サービス事業所数＝夜間対応型訪問介護事業所数＋認知症対応型通所介護事業所数＋小規模多機能型居宅介護事業所数＋認知症対応型共同生活介護事業所数＋地域密着型特定施設入居者生活介護事業所数＋地域密着型介護老人福祉施設入居者生活介護事業所数
出所：厚生労働省，2010，『病院報告』。厚生労働省，2009，『介護サービス施設・事業所調査』。鹿児島県，2011，『介護保険指定事業所一覧』。

業所は，伊佐市・湧水町に比べて霧島市・姶良市に多くなっている。二点目は，大都市圏に比べ，在宅ケア提供事業所が負う負担が大きい可能性があるということである。図2-1からもわかるように，霧島市は土地の面積が広い。また，姶良・伊佐地域は中山間地域であるため，利用者が広範囲にわたって点在しており，在宅ケアサービス事業所がそれぞれの自宅を回りながらケアを提供することは，労働的にも経済的にも負担が大きくなることが考えられる。医療・介護現場での調査においても，地域を巡回することの負担を述べる者がいた。

　姶良・伊佐地域には，地域包括支援センターが5あり，サブセンターが16ある。同地域の地域包括支援センターは，霧島市以外は各市町の直営で，霧島

市は社会福祉協議会に委託している。サブセンターは，1989年から実施された「高齢者保健福祉推進十か年戦略（ゴールドプラン）」で創設された，在宅介護支援センターから引き継がれている。

3 姶良・伊佐地域振興局保健福祉環境部（姶良保健所）の実践

姶良保健所は，鹿児島県の方針のもと，2007年度から県型保健所の業務の一環として，地域包括支援センターの支援を始め，独自の取り組みとして「地域包括支援センターネットワーク会議」を主催した。当時の会議の参加対象者は，2006年に新設された地域包括支援センターの職員であり，年に3回開催し，そのうち1回は各センターの代表者会議を実施していた。内容は，地域包括支援センター職員への介護予防のケアプランの書き方の研修など，主に実務的なものであった。「地域包括支援センターネットワーク会議」の開催が3年目に入った2009年7月の会議において，地域包括支援センターの職員から，センターと医療との連携が必要であるにもかかわらず，十分に行えていないという当時の現状認識が報告され，それを契機として，姶良保健所が，地域包括支援センターと医療機関の連携を支援する方針が決定された。特に，センターが担当する市町を単位とする圏域内だけではなく，姶良・伊佐地域の患者の受診行動を考慮した二次医療圏域を単位とする連携が必要であることが指摘された。

地域包括支援センターと医療機関の連携の難しさは，他の調査においても報告されており（三菱総合研究所 2010；高橋紘士 2011），姶良・伊佐地域の地域包括支援センターの課題認識は，地域特有のものだけではなく，地域包括支援センターという組織そのものが抱えている問題でもあった。

姶良保健所の取り組み（表2-8）は，大きく3つの展開に分けることができた。以下では，同機関が，県型保健所として，地域のどのような関係者を対象とし，どのような取り組みを段階的に行ってきたかという点を中心にまとめる。また，各段階での姶良保健所の取り組みは，①現場への事前調査／情報収集，

第2章　地域包括ケアシステムの死角

表2-8　姶良・伊佐地域振興局保健福祉環境部（姶良保健所）の取り組み

開催日	会議名	調査における参加状況
2009年7月16日（木）	平成21年度　第1回 地域包括支援センターネットワーク会議*	未参加
2009年10月29日（木）	平成21年度　第2回 地域包括支援センターネットワーク会議*	未参加
2010年7月12日（月）	平成22年度　第1回 地域包括支援センターネットワーク会議*	未参加
2010年10月22日（金）	平成22年度　第2回 地域包括支援センターネットワーク会議	参加
2011年1月11日（火）	平成22年度 姶良・伊佐地域における地域包括ケアを考える研修会*	未参加
2011年9月26日（月）	管内地域ケア体制推進事業検討会	参加
2011年9月30日（金）	平成23年度　第1回 地域包括支援ネットワーク会議	参加
2011年10月31日（月）	姶良・伊佐地域 保健・医療・看護・介護連携体制強化推進会議	参加
2011年10月31日（月）	姶良・伊佐地域　難病対策協議会	参加
2011年12月20日（火）	平成23年度　第2回 地域包括支援ネットワーク会議*	未参加

注：（＊）未参加ではあるが，後に調査データとして会議資料を収集した。

②意見交換・議論の場の提供，③学びの場の提供，という3つの機能に分類して整理する。姶良保健所は，県型保健所が本来より持っている「つなぐ」という視点を強化しながら，取り組みを進めていると考えられた。[7][8]

医療ソーシャルワーカー・看護師と地域包括支援センター職員をつなぐ

　2009年7月の「地域包括支援センターネットワーク会議」での決定を受け，姶良保健所は，会議の参加対象者を，地域の医療機関の専門職職員まで広げた（表2-9）。姶良保健所が作成した資料によると，医療機関側の主たる対象者は「管内の医療機関のソーシャルワーカー等」としており，他の事業所・機関との連携において重要な役割を果たすコメディカルを通じて，各医療機関への最

第Ⅰ部　多職種連携

表2-9　2009年度　第2回地域包括支援センターネットワーク会議内容

会議日時：2009年10月29日（木）13：30～16：00
参加対象：地域包括支援センター職員 　　　　　医療機関職員
会議の目的：①地域包括支援センター業務の円滑な推進および業務の向上を目指す。 　　　　　　②高齢者が住み慣れた地域で，一体的に予防，治療，在宅支援への復帰ができるような支援体制づくりを推進するため，地域包括支援センターと医療機関の連携を強化する。
会議内容：1．地域包括支援センターと医療機関の連携について 　　　　　　①振興局内の連携の現状について（保健所） 　　　　　　②地域支援事業及び地域包括支援センターの役割について 　　　　　　③グループワーク 　　　　　　テーマ：地域包括支援センターと医療機関が相談・連携を開始，依頼するタイミング 　　　　　2．その他（各地域包括支援センターの紹介）

初のアプローチを図ろうとしたことがわかる(9)。医療機関のなかでも，特に病院(10)がアプローチの対象とされた。病院側の出席者の多くは，医療ソーシャルワーカー（以下，病院MSW）と看護師が占め，残りは精神保健福祉士，事務職となっている。地域包括支援センター側からは，保健師，社会福祉士，主任介護専門員の三職種がほぼ均等に出席している。会議の参加人数は71名であった。

(1)　現場への事前調査

　姶良保健所は，患者が病院から退院するときに行われるべき地域包括センターと病院間の連携を，会議の議題として設定した。会議資料では，センターと病院の参加者双方を対象に行った，退院時連携に関する事前調査の結果を示した。地域包括支援センターが，「医療機関と連携を図る際，困っている事」として，「病院からの退院連絡の遅さ」，「病院MSWの不在」，「多忙な医療現場，医療者への遠慮」，「介護保険制度への理解不足」が挙げられた。

　参加した34病院中，24病院が地域連携室（病院によって名称は異なる）を設置していた。病院が，「地域包括支援センターとの連携を図る際，困っている事」として，「地域包括支援センターに，相談や連携を開始・依頼するタイミングや見極め時期が分からない」，「退院カンファレンス等が行いにくい」，「セ

ンターの担当者が不明」,「双方の支援の間に溝が生じるときがあり,その溝で起こる問題を支援しづらい／できない」,「自宅退院が少なく,地域包括支援センターとの連携に必要性を感じていない」ということが挙げられた。

(2) 意見交換の場の提供

(1)の調査結果も示すように,2009年10月の会議開催前は,病院と地域包括支援センターの間で退院時の連携に関する認識が一致しているとはいい難い状況にあった。姶良保健所は,この双方の認識の不一致を,会議の参加者によるグループワークを通じて解消することを試みた。ワークでは「地域包括支援センターと医療機関が相談・連携を開始,依頼するタイミング」というテーマを設定した。グループワークを通じ,病院側の職員は,地域包括支援センターへの連絡が,患者の退院する直前になってしまっていることや,退院に向けた連携が病棟で止まってしまい,地域連携室まで連絡が来ないという病院内の連携の課題などを認識した。姶良保健所は,この会議の開催によって,地域包括支援センターと病院の双方がお互いの現状を共有し,またお互いの役割を確認することができたという手応えを得ることができ,センターと病院の連携の必要性をあらためて認識した（姶良・伊佐地域振興局保健福祉環境部（姶良保健所）2009）。会議後には,地域包括支援センターと病院が,連携の円滑化のために活用できるように,それぞれの機関・事業所の連携担当者,連携窓口,対応可能な時間などをまとめた「窓口一覧表」を作成し,各会議参加者に送付した。姶良・伊佐地域の医療・介護現場での調査において,この「窓口一覧表」が,地域で連携を行う際のひとつの重要な情報源となって,現場に普及しつつあることが確認できた。

医療システムと地域包括ケアシステムの関係者をつなぐ

2010年度以降,姶良保健所は,病院MSWをはじめとする各医療機関の連携担当者を医療システム側の連携の窓口,地域包括支援センター職員を「地域包括ケアシステム」側の連携の窓口と位置づけた上で,取り組みを進めている。

第Ⅰ部　多職種連携

表2-10　2010年度　第1回地域包括支援センターネットワーク会議内容

会議開催日時：2010年7月12日（月）13：30～16：00
参加対象者：地域包括支援センター職員 　　　　　　医療機関職員
会議の目的：①地域ケア体制について学ぶ。 　　　　　　②地域ケア体制の共通の視点を持った上で，今回は「末期がん患者の事例」を通して，それぞれが担うべき役割，連携のあり方について検討し，さらなる連携強化を図る。
会議内容：1．講話「地域ケア体制と医療連携について」 　　　　　2．地域包括支援センターと医療機関の連携について 　　　　　　　①保健所：相談窓口一覧表の活用状況，連携状況等確認 　　　　　　　②地域包括支援センター：事例紹介 　　　　　3．グループワーク 　　　　　　　テーマ：連携の際うまくいったこと・困ったこと 　　　　　4．まとめ

また，「学びの場の提供」という機能が取り組みに加えられた（表2-10）。

(1) 現場からの情報収集

　姶良保健所は，姶良・伊佐地域の全病院の連携への取り組み状況について事前に情報収集を行い，会議では，地域連携において各病院が果たし得る役割を一覧表にしてまとめ，情報提供を行った。

(2) 学びの場の提供

　①国の医療制度や県の医療行政に関する解説，②連携の事例紹介が行われた。①では，参加者に対して，「2006年の医療制度改革」，「改革にともなう鹿児島県の方向性」，改革での重要項目であった「地域医療連携や地域ケアの概念」[11]について，姶良保健所の所長が解説を行った。②では，末期がん患者の在宅療養に向けた多機関・多事業所による連携の実践（地域包括支援センター，病院，訪問看護ステーション，居宅介護支援事業所，市行政による連携）について，地域包括支援センターから報告された。

(3) 意見交換の場の提供

会議をとりまとめる役割にある，姶良保健所の保健師による議論のコーディネートのもと，「連携の際うまくいったこと・困ったこと」というテーマで，参加者の連携に関する実践知の交換が行われた。

同年度二回目の会議は，認知症をテーマとして，(1)学びの場の提供（①認知症患者に対する医療・介護の連携に関する解説，②認知症疾患医療センターにおける連携事例の紹介等），(2)意見交換の場の提供（認知症患者への理解に対する現状の振り返り）からなっていた。末期がんや認知症の患者をめぐる連携という会議のテーマ設定を見ると，姶良保健所は，専門職が難しいと感じ，何か対策はないかと悩むところに焦点を当て，具体的に連携のあり方を考えてもらうように工夫をしていることがわかる。特に，認知症という医学的にも難しく，簡単な解決策がまだない疾患を抱える患者を支援する連携については，解決をすることよりも，できることを増やすという観点からアプローチを行っている。

これまで県型保健所は，難病患者や精神保健の対象となる患者など，医療依存度がより高い患者や，より高度な専門的知識や技術に基づく支援を必要とする患者のための，地域ケア体制構築において役割を果たすことが期待されてきた（黒田 1986；山口 2003；澁谷 2003）。他方，高齢者を支える地域ケアシステムの構築は，市町村が中心的な役割を担うことが期待されている。地域ケア体制の整備における，市町村と保健所の役割分担の現状を報告している調査（荒田 2010）では，地域ケア体制に関する取り組みの主体の約96％は市町村となっており，保健所は市町村を支援する役割に位置づけられている。しかし，実際には，市町村を支援している保健所は約半数に留まっている。姶良保健所も，以前より医療連携体制の構築に貢献してきた。しかし，現在の姶良保健所は，医療に軸足を置いた上で，地域包括センターの担当圏域と二次医療圏が一致しないことから起こる患者の退院時連携の難しさを軽減する役割を果たし，県型保健所の機能を活かしながら「地域包括ケアシステム」（地域ケア体制）の実現にも寄与していることに意義がある。それに加えて，姶良保健所は，連携の主体である地域の医療・介護の専門職のための場をつくり，その場において国・

県・市の政策の目的を理解してもらい，その理解を基盤として主体間の経験知を共有し，それぞれの実践を振り返ることができるようにしていることに，取り組みの独自性がある。このような場づくりは，地域の医療・介護の専門職をつなぐだけでなく，国・県・市の政策と現場の実践をつなぐ役割を果たすと考えられる。姶良保健所が取り組んでいる潤滑油的な役割は見えにくく，特にうまくいっているときは注目されることは少ないが，そのことは，このような役割が必要でないことを意味しない。地域をコーディネートする役割を担う組織として，地域包括センターとの関係で保健所の役割が問われることもあるが，この重要な役割を認識できれば，そのような議論が表面的なものであることがわかるであろう。

地域のケアシステムの関係機関・団体をつなぐ

2011年度から，姶良保健所の実践は，管轄圏域の4市町による「地域包括ケアシステム」の整備の取り組みの支援と，姶良・伊佐地域の医療・介護の専門職の連携体制を構築するというふたつの取り組みからなる，「地域包括ケアシステム」を含めた姶良・伊佐地域全体のケアシステム構築の取り組みへと展開した。2011年9月には，「市町村が実施する地域ケア体制（筆者注：「地域包括ケアシステム」の概念で使用されていた）推進のための事業について，情報交換や関係者との意見交換を行い，地域の資源や情報がつながることで，各市町の地域ケア体制整備に向けた取組の効果的・効率的推進のための一助とする」ことを目的として「管内地域ケア体制推進事業検討会」が開催された。同検討会には，姶良・伊佐地域の4市町行政の関係課や地域包括支援センターに加え，社会福祉協議会，地域密着型サービス事業所連合会，民生委員，地区老人クラブや地区コミュニティ，NPO法人が参加した。

(1) 市町からの情報収集

会議では，それぞれの「地域包括ケアシステム」の整備に関する施策や事業の実施状況などが各4市町から報告されたが，姶良保健所は，事前に各市町の

取り組みについて情報収集を行っている。同機関は，それらの情報を，「各施策や事業の内容」，「現状」，「独自性及び効果」，「施策や事業を進めるうえでの課題・懸案事項」，「同会議の場で検討したいこと」，「他市町や出席者に聞きたいこと」として分類・整理し，共有した。また，各市町が行う事業の法的根拠や県の方針も，情報として共有した。さらに，行政官以外の地域市民も会議に参加していることを考慮し，市町行政の「地域包括ケアシステム」の取り組みにかかわる用語を説明する資料もまとめた。このように，姶良保健所は，会議参加者が，共通の認識を基盤とした上で議論が行えるように，情報の整理・提供の形を工夫している。

(2) 議論の場の提供

　各市町の「地域包括ケアシステム」に関する施策における課題について，議論が行われた。具体的には，姶良保健所のコーディネートのもと，市町間で類似している取り組みを挙げ，各市町の対応を他の市町へのアドバイスとしてまとめ，一般的にインフォーマル・サービスと呼ばれることが多い民生委員やNPO法人，地域住民団体などの関係団体・機関の視点からは，各市町の「地域包括ケアシステム」の現状や課題，市や県行政に対する支援のニーズなどが報告された。民生委員や地域住民団体からは，独居や認知症の高齢者に対して，地域で見守り活動を行う上での課題や，高齢者が役割を持てるための政策への期待が述べられた。

　その後2011年10月には，「姶良・伊佐地域保健・医療・看護・介護連携体制強化推進会議」を開催した（表2-11）。この会議の発足にあたり，姶良保健所は設置要綱（2011年10月11日施行）を策定し，その目的や組織体制を明確にした。組織体制について，会長は姶良保健所長が務め，事務局は姶良保健所の健康企画課に置かれた。会議の委員は25名以内で構成され，会長によって選任される。表2-11の「参加対象」からもわかるように，姶良・伊佐地域の保健・医療・看護・介護のさまざまな関係機関・団体から，代表者が委員として出席した。また，会議での具体的な協議項目は，以下のようにまとめられた。

第Ⅰ部　多職種連携

表2-11　姶良・伊佐地域　保健・医療・看護・介護連携体制強化推進会議

会議開催日時	2011年10月31日（月）14：00～15：30
参加対象	（医療）医師会，在宅療養支援診療所，歯科医師会，薬剤師会，基幹病院 （看護）地域看護連携会議，訪問看護ステーション協会，基幹病院 （介護）介護支援専門員協議会，地域密着型サービス事業所連合会，訪問介護事業所 （保健）姶良保健所 （市町行政）市役所保健部門，市役所介護部門，地域包括支援センター
会議の目的	医療ニーズと介護ニーズを併せ持つ高齢者，障害者等が，できる限り住み慣れた地域や居宅で，ニーズに応じた医療や福祉サービス等が受けられ，安心して療養生活を送るために，保健，医療，看護，介護の連携体制を強化することを目的として，姶良・伊佐地域保健・医療・看護・介護連携体制強化推進会議を設置する。
会議内容	キーワード「参加と連携と継続」 1．報告事項 　(1)地域ケア体制整備充実に向けた取り組み 　　（県計画及び国の動向，姶良保健所の取り組み等） 　(2)がん末期やがん治療中で在宅を希望した事例紹介 　(3)在宅療養支援診療所を対象としたアンケート結果 　(4)管内病院の介護支援連携指導料算定・退院時検討会の実施状況 2．協議事項 　「患者・家族のニーズに対応し支援するための各機関・団体の役割と連携について」

①地域における地域ケア体制（筆者注：「地域包括ケアシステム」）整備充実に向けた推進方策に関すること
②在宅療養を推進する上での課題の把握及び対策に関すること
③保健・医療・看護・介護の連携に関すること
④協議した推進方策の評価に関すること
⑤その他必要事項に関すること

(1)　現場への事前調査，制度的知識や情報の提供

　「姶良・伊佐地域保健・医療・看護・介護連携体制強化推進会議」においても，姶良保健所は，まず医療連携体制や「地域包括ケアシステム」に関する制度的知識の共有を行った。また，同機関が姶良・伊佐地域において事前に行った調査の結果も情報提供された。調査結果の情報は，以下の3つに分類できる。

①姶良・伊佐地域の医療・介護現場における，医療連携と「地域包括ケアシステム」に関する取り組み
②姶良・伊佐地域での在宅医療の現状
③退院時の地域連携の現状

　①について，姶良保健所は，医療連携体制と「地域包括ケアシステム」の整備に関係する地域資源の配置状況を調査し，共有した。②では，姶良・伊佐地域での在宅医療の提供状況を報告した。当該地域において在宅療養支援診療所として届け出を行っている診療所のうち，76％では在宅での看取りを実施している（回収率68％，配布50，回収34）。この数字は，全国に比べると高くはなっているが（中央社会保険医療協議会 2011），医師が1人体制で対応している診療所がほとんどであり，今後は在宅ケアを提供する事業所間の連携や病院による後方支援の体制強化などが必要であることが指摘された（姶良・伊佐地域振興局保健福祉環境部（姶良保健所）2011）。③では，姶良保健所が，初期の「地域包括支援センターネットワーク会議」から課題として取り上げている，退院に向けた多事業所・多機関の参加によるカンファレンスの開催状況が報告された。同機関は，2010年4月の診療報酬改定で新設された介護支援連携指導料[12]の算定状況について事前調査を行い，34病院中，同加算を算定しているのは18病院，算定していないのは16病院と約半数ずつとなっていることを報告した。退院時のカンファレンスは，退院における地域連携のための重要な方法であるにもかかわらず，その実施率は高くはないという地域の課題が明らかとなった。

(2) 情報交換や議論の場の提供
　「姶良・伊佐地域保健・医療・看護・介護連携体制強化推進会議」では，①連携事例から見えてくる，病院からの退院時連携の現状と課題，②「地域包括ケアシステム」の実現に関係する，姶良・伊佐地域の各機関・団体の取り組みや今後の課題について，議論や情報交換が行われた。①では，姶良保健所を中心として，在宅療養を希望したがん患者の退院支援事例が複数報告され，在宅

復帰に向けた促進要因や阻害要因，姶良・伊佐地域で作成されている在宅療養連携クリティカルパスの活用の有無や，事例にかかわった専門職による退院時連携についての振り返りが行われた。事例報告後は，多職種にわたる参加者によってケースの検討が行われた。議論では，(a)院内の病棟と地域連携室間の連携強化の必要性，(b)退院カンファレンスの開催などの退院時連携の定型化，(c)地域の医療・介護資源についての情報不足により患者支援が困難化することの課題，(d)病院による在宅療養の後方支援や，(e)医師の他職種への支援の重要性などが指摘された。②では，姶良保健所による事前の情報収集をもとに，(a)地域資源のマップやリストの作成，(b)ITシステムによる新たな連携ツールの開発，(c)地域住民を対象とした調査やシンポジウムなどの実施状況，(d)各団体の構成員の地域連携に対する意識の現状などが，各関係機関・団体から報告された。①②の議論を経た後，姶良保健所は，以下のようなまとめを行い，参加者と共有した。

・各関係機関・団体が所有している地域資源のマップやリストなどの情報を，一元的に管理し，共有することで，地域の円滑な連携体制が構築される。
・地域連携パスは，多職種の連携を円滑化する共通のツールである一方で，地域連携パスでは対象患者が限定されるために，1つの疾患で連携のあり方を集約することは難しい可能性がある。
・「地域包括ケアシステム」にかかわる各関係機関・団体，そして住民まで含め，それぞれがシステムにおける自らの役割を認識し，その役割を発揮しながら協働することが必要である。
・県型保健所である姶良保健所の役割は，地域の関係者が知恵を出し合う協議の場を提供し，その議論の成果を，継続性をもって実現することに貢献することである。
・今後の展開として，「姶良・伊佐地域保健・医療・看護・介護連携体制強化推進会議」の下部組織にワーキンググループを設置し，「地域包括

ケアシステム」の構築にかかわる取り組みを進めていくという構想がある。

　始良保健所の取り組みは，始良・伊佐地域の高齢者ケアシステム全体との関係性を考慮しながら，施設ケアから在宅ケアまでの連続的かつ継続的な地域連携体制と，医師まで含む保健・医療・介護・福祉の多職種による包括的な地域連携体制をつなぐ地域包括ケアシステムの実現を目指す貴重な取り組みであり，今後もその取り組みの継続と発展が期待される。

4　地域包括ケアシステム再考

現場の課題への対応

　始良保健所は，現場の課題に対応する形で取り組みを行っている。この取り組みは，地域包括支援センターが持っていた，病院との退院時連携の課題認識に対応する形で始まった。始良・伊佐地域の地域包括支援センターの担当圏域は市町単位となるため，病院が位置づけられる二次医療圏とは「地域」の単位が一致しない。「地域」に対する認識の違いは，連携に対する認識にも違いを生み，地域包括支援センターと病院が連携体制を築く上での阻害要因となっている可能性がある。始良保健所は，以前より地域包括支援センターの支援を業務の一環として行っていたことから，現場の連携に対するニーズを吸い上げ，センターと病院が見ているそれぞれの「地域」の連結点を探し始めることができた。始良・伊佐地域の地域包括支援センターは，そのほとんどが市町直営で運営されているため，センター間でも交流できる場を設けることは，市町村相互間の連絡調整を行うという，地域保健法に基づき県型保健所に期待されている役割を正確に果たすことと同義となる。また，始良保健所は，現場専門職が対応に苦慮するような支援を，会議の議題として積極的に取り上げている。認知症や末期がんなど，まだ医学的にも十分な解決策がなく，医療・介護現場のコメディカルによる患者支援も難しくなることが考えられる疾患について，会

議参加者に対し，関連法規や制度について解説を行ったり，支援に活用できる地域資源の紹介を行ったり，また，当該地域での連携の実践事例の報告を提供したりしながら，最終的には現場専門職自身が自らの実践知を高めていけるようなアプローチをとっている。普段の業務では，目の前の患者を支援することに忙殺されることが考えられる現場専門職に対し，自らの現場以外の実践知や制度的知識を付与することは，現場専門職が提供できる支援の幅が広がるという形で，患者や個別の事業所・機関に還元されるだろう。また，医療・介護の現場専門職は，情報の信頼性の高さや新たな知見の提供に期待しており，この点においても，県型保健所という高度な専門的知識を持つ公的機関が果たす役割は大きい。

現場を支援する方法と意味

　姶良保健所の実践は，(1)現場への事前調査／情報収集，(2)意見交換・議論の場の提供，(3)学びの場の提供，という3つの機能を持っていた。

(1)　現場への事前調査／情報収集

　姶良保健所は，会議のテーマに関連する現場の現状について，姶良・伊佐地域の医療・介護現場に積極的に出て行って，事前調査や情報収集を行っている。個別の事業所からはアクセスするのが難しい他の組織や地域全体の情報を，県型保健所という公的機関が収集し，提供する形となっている。また，姶良保健所は，地域の情報を集めるだけではなく，数量化したり，実践事例に内包される連携の促進要因や阻害要因の構造を分析したりすることにも努めている。現場に普段何気なく溢れている情報を，客観的に再構成して提示することは，現場の専門職に新たな気づきを促すことになるだろう。また，事前の情報収集を通して，県型保健所が地域とかかわりを持つということそのものにも意義がある。1983年の老人保健法では，保健と福祉の連携の実施主体は市町村であるとされ（前田 1990：8），1994年には，地域保健法の施行と同時に保健所法が廃止され，対人サービスは，保健と福祉の総合的な連携拠点として市町村保健セ

ンターが主に担うこととなった。2000年から施行された介護保険法では，地域に密着したケアシステムの体制整備の役割を，市町村が担うことが期待された。そのような背景のもと，県型保健所は広域的・専門的・技術的な業務を行い，管轄圏域内の市町村をサポートするという役割を担う機関として機能を変化させてきた（厚生省健康政策局計画課監修 1997：23）。しかし，そのことは，県型保健所の管轄圏域の地域との主体的なかかわりを，希薄化させる側面も持っていたと考えられる。高齢者をはじめ，地域住民の生活に最も密着した行政単位は市町村である。しかし，高齢者へのサービスの整備の責任を市町村がすべて担うには，資源上（人員数，業務量）の制約があることは明らかである。市町村単位では，二次医療圏単位の医療との連携に難しさがあることは，本章で確認してきた。高齢者が，ケアシステムのなかで，異なる単位の「地域」に移行しなければならないとき，そこでうまく支援の連携が行われなければ，個別の医療と介護のシステムの狭間に落ちて行ってしまう高齢者を生むことが考えられる。高齢者施策では，市町村行政の役割とともに，広域的な対応が可能となる県行政の果たすべき役割も，再度明確にしていくことが必要であると考える。その意味で，県行政の出先機関である県型保健所が，地域と主体的にかかわっていく姶良保健所の取り組みは，県の政策と現場をつなぐ役割とともに，県型保健所が地域において果たすことができる役割の再発見につながっていく可能性を示している。

⑵　意見交換・議論の場の提供

　姶良保健所の取り組みは，普段の業務のなかでは必然的に顔を合わせる機会が少ない，異なる組織に所属する現場専門職に，意見交換や議論の場を提供する役割を果たしていた。姶良保健所は，現場の実践に即したテーマを設定し，現場専門職が自らの支援の現状を振り返った上で，他との意見交換ができるようなアプローチをとっている。意見交換や議論を通じ，他の職種や他の事業所の取り組みを知ることで，専門職が個人単位では気づくことができなかった課題への実践的な選択肢が広がったり，個別の組織単位では対応ができない課題

に対して，地域の複数の組織で取り組み，解決していく方法があるという意識を醸成する。姶良保健所の取り組みは，現場専門職の支援を質的に向上させ，地域的課題に対しても，姶良・伊佐地域の地域特性に合った課題の解決をもたらす可能性がある。

(3) 学びの場の提供

ふたつ目の展開点から，姶良保健所の取り組みには，学びの場の提供という機能も加わった。同機関は，「地域包括ケアシステム」をはじめとする国の医療・介護政策の理念や法律・制度の解説，県や市町の施策の方向性の説明，(1)での現場への事前調査で集めた情報の提供などを行いながら，現場専門職が所有する制度的知識や地域の情報を豊かにするというアプローチをとっている。(1)(2)でも述べてきたように，普段の現場の業務ではアクセスしづらい情報を提供することにより，支援の選択肢が広がったり，支援の質が高まったり，新たな気づきを得るといった効果をもたらしている。また，医療・介護現場では，それぞれの職種が高度な専門知識と技術を保有していることが，逆に円滑な連携を阻害する要因となってしまうことがある。しかし，同機関の取り組みは，制度や地域の情報を現場専門職の共有知へと転換していくことで，各職種が持つ個別の専門知識がつながる基盤が形成されることが期待される。

県型保健所が果たす役割

姶良保健所の実践は，二次医療圏という広域な視点のもと，施設ケアから在宅ケアまでの連続的かつ継続的な，また，保健・医療・介護・福祉の多職種による包括的な連携システムを構築し，さらに，管轄区域の4つの市町がそれぞれに行っている「地域包括ケアシステム」の整備を支援しながら，地域全体の高齢者ケアシステムを連携させていく取り組みであった。このことは，県型保健所が，「地域包括ケアシステム」の具現化に貢献する取り組みでもある。姶良保健所は，県型保健所として本来から担っている役割や機能を強化することで，現場専門職の間に共有知を醸成したり，それぞれの職種や組織で異なる

「地域」への認識をつなげたりしながら，実践知を向上させ，連携が円滑化するように現場を支援していた。この取り組みは，個々の現場専門職の高齢者支援の質を向上させるだけでなく，地域の高齢者支援力を高めていくことにもつながっていくだろう。また，姶良保健所の「地域包括ケアシステム」の具現化に貢献する取り組みは，管轄区域である地域との関係性が希薄化し，地域における機関の役割が外部からは理解しづらい立ち位置になりつつあった県型保健所が，地域のなかでの役割を再発見していくことにもなる。姶良保健所が「地域包括ケアシステム」の実現に向けて担っている役割は，「地域における健康危機管理の拠点」としての役割の発揮を期待されている県型保健所が，地域において果たすべき公的責任を明確化していくことになるだろう。日本の高齢者施策の流れのなかで，保健所や福祉事務所といった地方自治体の保健・福祉施策の拠点の役割や機能は一貫して後退してきたが，「地域包括ケアシステム」の実現に向けては，これら公的機関の役割と責任がシステムの構想のなかで回復されていくことも重要である（京都府保険医協会 2011：93-94）。

　姶良保健所は，①国・県の方針の解説，調査に基づく現場に関する情報の提供，②意見交換・議論の場の提供，③学びの場の提供という，3つの機能を持った取り組みを行っていた。これらは，(a)姶良・伊佐地域における高齢者支援に関して，国のレベルから現場のレベルまでの共通認識をつくり，(b)その上で，異なる組織の現場専門職の間で直接的な意見の交流を行わせ，多職種連携の基盤を構築する，という実践的なアプローチとなっていた。このように，姶良保健所は，国・県・現場という縦軸，地域における医療と介護の横軸の交点で，「地域包括ケアシステム」の実現において重要な役割を果たしているといえる。これは，県型保健所であるからこそできることである。近年の日本における政策的議論は，官の役割をできるだけ小さくして，民の活力を生かす方向性にあり，そのなかで保健所の役割も一律に減らしていこうとする動きもある。しかし，姶良・伊佐地域の事例で検討したように，県型保健所がその役割を明確に果たすことにより，「地域包括ケアシステム」の具現化が進む場合があることをみてきた。政策を提案するものが行政である以上，その政策の実現において

も，行政が責任と実行力を持つこともまた重要であると考える。姶良・伊佐地域は非常に特殊な地域であるわけではなく，日本の地方の一類型であることを考え合わせると，「地域包括ケアシステム」のデザインには，県型保健所の役割を考慮に入れることが必須となると考えられる。ただし，現在の日本の政策的な議論の流れからは，県型保健所が黒子となって支援するというだけでは十分ではなく，今後はその効果を量的，質的に明らかにすることが必要となるであろう。その点に関しては，本章における議論がその基礎となることを願っている。

付記
　本稿は，筆者が東京大学大学院学際情報学府に提出した修士論文の一部を再構成したものである。

謝辞
　本研究は，鹿児島県姶良・伊佐地域でのフィールド調査において，調査対象者の方々からいただいた調査へのご協力のおかげで完成することができました。鹿児島県姶良・伊佐地域振興局保健福祉環境部の皆様，鹿児島県庁の皆様，姶良・伊佐地域の医療・介護現場の専門家の皆様に，深謝致します。

注
(1) 厚生労働省老健局長，2011，「介護サービスの基盤強化のための介護保険法等の一部を改正する法律等の公布について」/「改正の趣旨」（老発第 0622 第 1 号）。
(2) 中央社会保険医療協議会と介護給付費分科会との打ち合わせ会（2011 年 10 月 21 日開催）。
(3) 「地域包括ケアシステム」の概念は，2005 年の介護保険法改正時に，「制度の持続可能性の確保」，つまり財政的観点から制度の見直しを行った際に政策上で用いられるようになったという背景には，留意しておく必要があるだろう。2009 年以降の 2 回目の法改正に向けた政策の議論においても，2025 年の社会構造の変容への対応とともに，介護費用の増大への対応として，「地域包括ケアシステム」構築の必要性が説明されている。「地域包括ケアシステム」を構築することが，本当に介護費用の抑制を実現することになるかは，今のところまだ実証されているわけではない。しかし，都市での少子高齢化や地方での人口減少が深刻化・顕在化し始めた日本社会においては，高齢者ニーズの観点からも，医療・介護の現場の観点から

第**2**章　地域包括ケアシステムの死角

　　も，いずれは「地域包括ケアシステム」の構築が高齢者を支えるために不可欠になってくるであろうことが考えられる。
⑷　社会保障制度国民会議（2013）において，「医療・介護サービスの提供体制改革」のひとつとして，「医療と介護の連携と地域包括ケアシステムというネットワークの構築」が挙げられている。「『医療から介護へ』，『病院・施設から地域・在宅へ』という流れを本気で進めようとすれば，医療の見直しと介護の見直しは，文字どおり一体となって行なわなければならない。高度急性期から在宅介護までの一連の流れにおいて，川上に位置する病床の機能分化という政策の展開は，退院患者の受け入れ体制の整備という川下の政策と同時に行われるべきものであり，また，川下に位置する在宅ケアの普及という政策の展開は，急性増悪時に必須となる短期的な入院病床の確保という川上の政策と同時に行われるべきものである」としている（社会保障制度改革国民会議 2013：28）。
⑸　2010〜2035年までの総人口および後期高齢者人口の推移をもとに，二次医療圏が「大都市型」「過疎地域型」「地方都市型」に分類されている（高橋泰 2011：828-829）。
⑹　「2次医療圏データベースシステム」（ウェルネス http://www.wellness.co.jp/siteoperation/msd/）。
⑺　「つなぐ」という役割は，企画・調整機能を持つ県型保健所が担うべきことを期待されている役割のひとつである。全国保健所長会は，2006年に行われた医療制度改革を受け，保健所が「診る　方向づける　つなぐ」という機能を強化することを提言している（全国保健所長会 2008）。
⑻　保健師の能力を，「地域を『みる』能力，『つなぐ』能力，『動かす』能力」の3つに整理している（保健師の2007年問題に関する検討会 2007）。県型保健所に所属する保健師もこれらの視点を共有していると考えられる。
⑼　厚生労働省は，「医療ソーシャルワーカー業務指針」において，同職種の業務範囲を以下のように明示している。①療養中の心理的・社会的問題の解決，調整援助，②退院援助，③社会復帰援助，④受診・受療援助，⑤経済的問題の解決，調整援助，⑥地域活動。
⑽　医療法では，病床数が20床以上のものを「病院」，19床以下のものを「診療所」として，医療機関を区別している。姶良保健所は，「病院」を，医療機関側の主たるアプローチ対象とした。
⑾　姶良保健所の取り組みにかかわる関係者のなかでは，2006年の医療制度改革の際，療養病床の再編・削減にともなう患者の受け皿として示された「地域ケア体制」，2000年の介護保険制度の実施以降，市町村がその整備主体とされてきた「地域ケアシステム」，そして2012年の介護保険法改正において国の介護政策の理念となった「地域包括ケアシステム」という3つの用語が，それぞれ明確な定義はされ

ずに，類似する概念としてさまざまに使われていた。今後日本の医療・介護政策を一体的に考えていくためには，用語や概念の定義を明確にすることが必要であろう。

(12) 介護支援連携指導料は，患者の入院中から，病院と居宅介護支援事業所のケアマネジャーの連携が促進することを目的として新設された。現場の退院時連携を促進するための，政策による経済的インセンティブの付与であるといえる。報酬点数は300点。患者の入院中に2回算定できる。算定要件は以下のようになっている。①入院中の医療機関の医師又は医師の指示を受けた看護師・薬剤師・理学療法士，社会福祉士等が入院中の患者の同意を得て，居宅介護支援事業者等の介護支援専門員と退院後に利用可能な介護サービス等について共同して指導を行った場合に，入院中に二回に限り算定する。②退院時共同指導料の多職種連携加算を算定する場合には，同日に行った指導について，介護支援連携指導料は算定できない（厚生労働省保険局「平成22年度診療報酬改定関係資料（平成22年度3月5日改訂説明会資料）」）。

文献

始良・伊佐地域振興局保健福祉環境部（始良保健所），2009，『平成21年度　第2回地域包括支援センターネットワーク会議運営委員会報告』。

始良・伊佐地域振興局保健福祉環境部（始良保健所），2011，『在宅療養支援診療所等調査』。

朝倉美江・太田貞司編，2010，『地域ケアシステムとその変革主体』光生館。

荒田吉彦，2010，『保健所の有する機能，健康課題に対する役割に関する研究報告書』日本公衆衛生協会。

地域包括ケア研究会，2009，『地域包括ケア研究会報告書——今後の検討のための論点整理』（http://www.fukushihoken.metro.tokyo.jp/kourei/shakai_shien/genkikoureisya/dai7kaikyogikai.files/20090714sankosiryo1.pdf，2011.12.20）。

地域包括ケア研究会，2010，『地域包括ケア研究会報告書』三菱UFJリサーチ&コンサルティング（http://www.murc.jp/politics_c1/care/index.html，2011.12.20）。

中央社会保険医療協議会，2011，「総会（第185回）資料（総－6－1）」（2011年1月21日開催）。

恵上博文，2010，『地域医療連携体制の構築と評価に関する研究事業』（平成21年度地域保健総合推進事業　全国保健所長会協力事業）。

保健師の2007年問題に関する検討会，2007，『保健師の2007年問題に関する検討会報告書』。

医療経済研究機構，2008，『在宅医療移行管理のあり方に関する研究報告書』医療経済研究社会保険福祉協会。

鹿児島県，2008，『鹿児島県　医療費適正化計画』。

京都府保健医療協会，2011，『国がすすめる「地域包括ケア」を考える』かもがわ出版。
厚生省健康政策局計画課監修，1997，『地域保健法による新しい地域保健事業の進め方』日本公衆衛生協会。
黒田研二，1986，「難病患者の地域ケアと保健所の役割」『公衆衛生』50(7)：481-484。
前田信雄，1990，『保健・医療・福祉の統合』勁草書房。
三菱総合研究所，2010，『地域包括支援センターにおける業務実態に関する調査研究事業』。
日本医師会，2006，『療養病床の再編に関する緊急調査』。
小笠原浩一編，2010，『介護経営――介護事業成功への道しるべ』日本医療企画。
岡崎勲・豊嶋英明・小林廉毅，2006，『標準公衆衛生・社会医学』医学書院。
太田貞司編，2009，『医療制度改革と地域ケア』光生館。
太田貞司・森本佳樹編，2011，『地域包括ケアシステム』光生館。
社会保障制度改革国民会議，2013，『社会保障制度改革国民会議報告書――確かな社会保障を将来世代に伝えるための道筋』(http://www.kantei.go.jp/jp/singi/kokuminkaigi/pdf/houkokusyo.pdf，2011.12.20)。
澁谷いづみ，2003，「介護保険制度と県型保健所の機能」『公衆衛生』67(6)：429-433。
杉崎千洋・小野達也・金子努・太田貞司編，2009，『医療制度改革と地域ケア』光生館。
杉崎千洋，2011，「『地域包括ケア』における退院支援の課題――イギリスにおける高齢患者の社会的ネットワーク復帰研究から」太田貞司・森本佳樹編『地域包括ケアシステム　その考え方と課題』光生館，74-75。
鈴木邦彦，2011，「次期診療報酬改定に向けて」『病院』70(6)：419-423。
髙橋紘士，2011，『包括的支援事業と地域包括支援センターにおける総合評価に関する研究報告書』(平成21年度厚生労働省老人保健健康等事業)。
高橋泰，2011，「二次医療圏見直しの手順と課題」『病院』70(11)：828-829。
田中滋，2011，「地域包括ケアシステムの構築」『ジュリスト』1433：22-28。
山口亮，2003，「保健所の市町村支援」『公衆衛生』67(6)：426-428。
全国保健所長会，2008，『保健所の充実強化に関する提言』。

第Ⅱ部
専門家と非専門家の場づくり

第3章

高齢者の健康・介護問題をめぐるカフェ型ヘルスコミュニケーション
―― みんくるカフェと変容的学習 ――

孫　大輔

1 ヘルスコミュニケーションにおける対話的アプローチ

　健康や医療に関する医療提供者と医療消費者間でやりとりされるコミュニケーション，および医療従事者間のコミュニケーションや，医療消費者同士のコミュニケーションは，総称して「ヘルスコミュニケーション」と呼ばれている。これらは，よりよい医療を提供することのみならず，疾病予防や健康増進などヘルスプロモーションなどを進める上でも，近年重要な戦略と位置づけられている（池田 2012）。医療従事者と患者の間で行われるコミュニケーションは通常，診察室など医療機関で行われるが，情報の非対称性や主従関係，時間の制約などによって不十分とならざるを得ない。また，医療従事者としては，超高齢社会を反映したさまざまな問題，たとえば慢性疾患や生活習慣病とどう付き合っていけばよいか，在宅介護をどう普及させるか，終末期に向けてどのような準備をしておけばよいのか，などに関して市民・患者に向けた教育や，意見交換をしたいと考えているが，なかなかそのような機会や場が少ないと思われる。このようなヘルスコミュニケーションにおける課題を解決するひとつの選択肢として，ワールドカフェのような「カフェ型」の対話的アプローチによるヘルスコミュニケーション活動がある（孫 2013a）。ワールドカフェとは，カフェのようなリラックスした雰囲気の中で，小グループ（4〜6人）での話し合いを，メンバーの組み合わせを変えながら進めていく話し合いの手法である

表3-1　「みんくるカフェ」のテーマ例

実施日時	テーマ	参加者数
2011.10.13	ヘルスコミュニケーション	17
2011.11.26	賢い患者になろう！	10
2011.12.15	医療と社会の壁を超えるためには？	13
2012.2.23	びょういんではたらく人たち――医療職業見本市	16
2012.4.28	介護しやすい社会とは？――社会とつながり続けるために	21
2012.7.24	セカンドプレイスの健康	11
2012.9.21	Exercise Café――運動と健康の関係を考える・感じる	17
2012.10.14	生と死について対話しよう――死生学という視点	28
2012.11.3	LGBT Café――GBT の視点を通して医療と健康について考えよう	14
2013.2.24	今つづるエンディングノート	17
2013.4.16	医療コミュニケーションをどう学ぶ？　どう教える？	14
2013.5.21	家で看取るということ	11

（吉村 2010）。そうした小グループでの対話のデザインを組み込んだカフェ形式での健康や医療に関するコミュニケーション活動を，ここでは「カフェ型ヘルスコミュニケーション」と呼ぶ（孫 2013a）。

　筆者は，2010年8月より医療や健康をめぐる話題について市民・患者と医療福祉専門職がともに参加して対話を行い，互いに学び合うカフェ型ヘルスコミュニケーション活動「みんくるカフェ」を行っており，2015年4月までに計50回以上のイベントを開催し，のべ1000人以上の市民や専門職が参加した[1]。実際には，街中のカフェや会議室などに10～20人ほどの参加者が集まり，毎回「医師と患者のコミュニケーション」「介護しやすい社会とは？」「在宅での看取り」など医療や介護に関するさまざまなテーマをめぐって，学びと対話が行われる（表3-1）。最初に20～30分ほど，ゲストスピーカーによる話題の提供と基礎知識の共有が行われる。スピーカーは医療や福祉の専門職，あるいはテーマに関する当事者である。その後は1時間以上かけて，参加者同士が「対話」を行う。対話の形式はワールドカフェの手法を基本としている。参加者の年齢や職種もさまざまであり，市民・患者側と，医療系専門職側の双方が対等

に近い関係性で対話を行うため，相手の考えや価値観に対するより深い理解が得やすいと考えられる．

2　高齢者の健康・介護をめぐるテーマ

みんくるカフェでは，さまざまなテーマで対話を行ってきたが，高齢者の健康・介護をめぐる問題も繰り返し取り上げている．ここでは，そのいくつかを紹介したい．

第17回みんくるカフェ「介護しやすい社会とは──社会とつながり続けるために」
　介護が始まると，仕事を続けられなくなったり社会とのつながりが断絶されたりする．2012年4月に東京都日野市で開催したこの企画では「介護しやすい社会とは──社会とつながり続けるために」というテーマで，介護関係者，医療専門職，学生，会社員，NPO職員，主婦など約20名が参加して対話を行った（図3-1）．

　最初に話してくれたのは，突然父親が倒れ，そのまま寝たきりになってしまったことから介護生活がはじまり退職を余儀なくされた元会社員の男性である．社会とのあらゆる接点が断絶されたが，介護する「知恵」を授けてくれたのは，同じく親の介護をしている友人だった．「やっぱり介護はつらい．まず金銭的につらい，そして寝られないのがつらい」と語る男性は，介護における排泄物（尿や便）の問題による心理的負担，そしてそうした介護の問題を誰にも相談できないという葛藤を語った．

　その後，参加者も含め6～7人ずつのグループに分かれてカフェ型コミュニケーションを行った．対話のなかで出てきた意見や考えは，たとえば「いかに介護をサボるかも大事」，「男性も楽しめるようなバンド，囲碁，麻雀などエンターテイメント要素もある介護サービスを」という介護負担やそれに対するコーピング，また「事前にどう介護されたいか本人の意思を話し合ったり，伝えたりすることが大事なのでは」という事前指示とその家族での共有の重要性，

図 3-1　第17回みんくるカフェ「介護しやすい社会とは」での対話風景

「地域で自分なりのコミュニティや，主体的にネットワークを作っておくべき」，「介護を特別なものやプロに任せるものと考えるのではなく，日常のなかで普通に考えていくことが大事」など主体的に介護予防やアクションを起こしていく重要性など，さまざまな学びが得られた。さらに，「介護に関する情報が足りない」という介護関連の情報ニーズも語られた。

参加者からの感想では，「自分から患者の話を聞きにいくような，患者が気軽に相談できるような医師になろうと思った」という若い医学生の省察や，「医療者と患者の落差の話は衝撃だった」という医療者としての認知変容などが認められた。

第20回みんくるカフェ「生と死について対話しよう――死生学という視点」

死生学とは「人が死ぬまでにどのように生きるのか，死から生を捉えることから見えてくる命に関する問題を，さまざまな視点から深く考える学問」といえる。2012年10月に東京大学で行われた第20回みんくるカフェ「生と死について対話しよう――死生学という視点」には約30名の専門職や市民，学生が参加した（図3-2）。

ここでは延命治療を題材にした動画を見たあとにディスカッションを行い，

第3章　高齢者の健康・介護問題をめぐるカフェ型ヘルスコミュニケーション

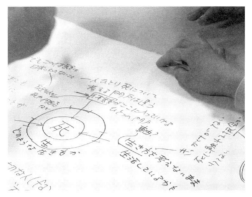

図3-2　第20回みんくるカフェ「生と死について対話しよう」での対話の記録

その後ワールドカフェ形式で「死をとりこみ，生を考えるというのは，あなたにとってはどのような生き方をすることですか？」というテーマで対話を行った。対話では「死を前向きに，普段から考えていく必要がある」，「身内や大切な人を失った後に，死について考える機会をつくる」，「死の話をタブー化せず，普段の会話のなかでもドナーカードなどをきっかけとして，自分の死についての話をすることが大事なのではないか」など，死について考えたり対話したりする機会の創出，「死を重く捉えずに，カジュアルにひとりひとりが考えられるようになることが大事」，「墓は怖いイメージではなく，そこにご先祖さんが眠る場所と考え，死に対しての気持ちを変える」など，死をめぐる認知やイメージの変容，また，「死ぬときに後悔しないように，自分の心の声を聴き，伝え，そして感謝すること」，「死を身近に感じるほうがよりよく生きていくことにつながるのではないか」，「時間を大切にして，しっかりと軸を持って生きていくこと」など，死を契機としたよりよき生の追求などの内容が語られていた。

　参加者の感想を見ると，「自分が思ったよりも『自分の死』について考えていないことに気づいた」，「死生観というと，死について考えるものとイメージしていたが，今日は『生きる』ということはどういうことだろう？ということをよく考えさせられた」など，死や生に対する向き合い方に対する省察，また，

89

「患者とかかわるときに，死をタブー視せずにいたいと思った」，「死に向かう人々に，どのように寄り添っていくかについて考えるきっかけになった」など，専門職としての患者や家族への接し方に関する省察が起きていた。

第 22 回みんくるカフェ「今つづるエンディングノート」

　2013 年 2 月に東京大学で開催した第 22 回みんくるカフェは「今つづるエンディングノート」と題し，参加者が自分の半生を振り返り，自分のエンディング（終末期）について考えるという内容とした（図 3-3）。20 代から 60 代までさまざまな職種の人が 17 名参加し，前半は個人でエンディングノートを書いてみるワークを行い，後半にグループごとに対話を行った。

　個人ワークでは，まず「楽しかったこと」「達成感を得たこと」「悔しかったこと」「熱心に取り組んだこと」「自慢したいこと」「思い出深い人との出会い」「大好きだった人との思い出」「大好きな映画」「大好きな本」「大好きな言葉」についてノートに書いてもらい，グループで共有した。次に，「大切な誰かに必ず伝えておきたいと思うことは？」，「身の回りのことを自分でできなくなったとき，誰に世話をお願いしたいか？」，「命にかかわるような重大な病気となったとき，そのことについて知りたいか？　また，どのようなことを知りたいと思い，どのようなことは知りたくないか？」，「延命治療についてどのように考えるか？」，「もしも，自分の意思をきちんと伝えることができないような状態になり，自分に代わって他の誰かが判断しなければならないとき，誰の意見を尊重してほしいか？」，「どのような場所で，誰と一緒に最期の時を過ごしたいか？」，「命を終える時が来たとき，どのようなことを考えていたいか？」などの質問を通して，自分のエンディングについて考えてもらう契機とした。最後に「生きている『今』について考えてください」という問いに答えてもらい，どんな生き方をしたいのか，自分の人生の目標は何か，自分にとって大切な人は誰かなどを考えてもらい，対話を行った。

　このエンディングを考えるワークと対話を通して，参加者は，「エンディングを考えることが，自分の今や過去を考えることになるということが新鮮な気

第3章　高齢者の健康・介護問題をめぐるカフェ型ヘルスコミュニケーション

図3-3　第22回みんくるカフェ「今つづるエンディングノート」の冊子

づきだった」，「『死』を通して，何が大切か，自分が今幸せかなど，生きることについて深く考えることにつながった」，「自分を愛せるように，家族のためにも『わがまま』に生きたい」など，自分の死の迎え方，エンディングについて具体的に考えてもらうことで，生き方についての認知の変容，自分の生に対する深い省察などが起きていた。

第24回みんくるカフェ「家で看取るということ」

　2013年5月に開催した第24回みんくるカフェは，在宅医療における「看取り」をテーマに，16名の医療介護関係者や市民・患者が東京都文京区根津のカフェに集い，対話を行った（図3-4，図3-5）。在宅での看取りを望む希望は約8割もあるのに，実際に在宅で最期を迎えられるのは約2割のみという現状，また在宅介護や在宅ケアの実際について，自宅で家族の看取りを経験したことのあるSさんと，在宅看取りを含む訪問診療を行っている家庭医（筆者）が最初に短いスピーチを行った。Sさんからは，在宅介護のサービスが整っていなかった1990年代に，介護での困りごとやコツ，自分の心境などを綴ったミニ情報誌を作成して周りに配布し，近所の人や親戚の協力を得て家族の看取りを自宅で行うことができたという話が，また家庭医からは，自宅での看取り

第Ⅱ部　専門家と非専門家の場づくり

図3-4　第24回みんくるカフェ「家で看取るということ」での対話風景

図3-5　第24回みんくるカフェ「家で看取るということ」での対話の記録

に備えるための重要なポイントや，自宅での看取りが「いのちを次世代につなぐ重要な儀式」となること，などの話が提供された。

最初の問いかけは「なぜ在宅での看取りはなかなか広まらない？」であったが，そこからテーブルごとに「自宅で身内の死を迎えるのが怖いと感じてしまう」，「知識があるだけではなく，気持ちを共有することが在宅看取りの備えになるのでは」，「自宅で死を迎えることは家族に迷惑をかけると感じてしまう」，

「死や看取りについて地域で気軽に，対等に相談できる場やコミュニティが必要なのではないか」といった内容に発展していった。また，在宅看取りに関する情報不足を解決するために「死を連想する『看取り』という言葉をタブー化しないことも重要では」という提案がなされたり，「現場や実際に経験した話が聞けて，在宅看取りが少しイメージできるようになった」などの声が聞かれたりした。

3 カフェ型ヘルスコミュニケーションにおける変容的学習

前節で見たように，高齢者の健康や介護をめぐるテーマは，高齢化が急速に進む社会を反映して非常に関心が高く，医療介護専門職のみならず，一般の参加者も多く，対話が活性化しやすい。とはいえ，カフェ型コミュニケーションという対話のスタイルが，多様な背景の参加者の間でも対話を円滑化するように影響している可能性がある。

カフェ型の対話的アプローチは，①参加者全員での自由で主体的な対話が行われること，②専門家と非専門家や異なる職種間など越境的な参加者の間でも対話が可能になること，などを特徴とする。医療や看護，福祉領域でもカフェ型対話的アプローチは応用されており，いくつかの報告がある。しかしながら，こうしたカフェ型の対話的アプローチが参加した個人にどのような効果を及ぼすのか，その効果を検証した報告はきわめて少ない。保育者（保育士，看護師，保健師など）の養成においてワールドカフェの効果を検証した音山らは，カフェでの自由な対話を通して，さまざまな角度から自らの体験の省察が行われ，参加者のポジティブな認知変容に影響を及ぼしている可能性を示唆している（音山・利根川・井上ほか 2012）。こうした自己省察による認知変容は，メジローの「変容的学習」(transformative learning) の理論で捉えられている（Mezirow 1991=2012）。

カフェ型ヘルスコミュニケーションが実践として広がりを見せるなかで，その対話の場が参加者にどのような効果を及ぼしているのか，いまだ検証や理論

化は十分に進んでいない。筆者は，カフェ型ヘルスコミュニケーションの実践例「みんくるカフェ」の参加者においてどのような学びが起きているのかについて，分析を行った。

2011年10月〜2013年5月に東京都内にて実施した計12回の「みんくるカフェ」参加者のアンケートをもとに，参加者の学びに関する記述について，質的分析を行った（孫・菊地・中山 2015）。カフェ型ヘルスコミュニケーションにおける医療系専門職および市民・患者側に共通する学びとして，「多様な価値観との遭遇」や「当事者のナラティブ」「越境的対話の意義」といった対話における経験を契機として，「自己省察」や「視座の変容」にいたる「変容的学習」のプロセスが起きていることが示唆された。またそれが，専門職側にも市民・患者側にも，新たな「行動への動機づけ」となっていることが示唆された（表3-2，表3-3）。

興味深いことは，カフェ型ヘルスコミュニケーションの場が，市民・患者側に対して健康・医療に関する教育・啓蒙の場として機能しているばかりでなく，医療系専門職側にも意識変容を起こし，自己省察や動機づけをもたらしていることである。たとえば医療系専門職の「自己省察」に相当する記述として「まったく当事者の立場になって行動できていなかったことに気づいた」，また「視座の変容」に相当する記述として「立場が異なる人との対話を通して，多様な視点や価値観を得ることができた」とあり，専門職としての自らの実践をふりかえり，視点や考え方が変容するような経験をしていることがうかがえる。また，市民・患者側にとっての学びの中心も「変容的学習」であり，専門的知識を獲得するような学びに関する記述はわずかしか見られなかった。「多様な価値観との遭遇」に関する記述で「小さなことでもいろいろな角度から見ると，さまざまな意見があることに気づいた」と記述されているように，市民・患者にとって知識を学習するだけの場ではなく，「当事者のナラティブ」を聞き「越境的対話」をすることで多様な価値観に触れ，自己省察を経て意識変容が起きていることが示唆された。

既存の市民・患者と医療者の対話の場でも，自由な対話が行われれば同様の

第3章 高齢者の健康・介護問題をめぐるカフェ型ヘルスコミュニケーション

表3-2 みんくるカフェに参加した医療系専門職の学びの内容

カテゴリー	テーマ	代表的な記述	記録単位数
変容的学習	視座の変容	・医療者と患者さんの間の落差の話は衝撃だった ・さまざまな視点からの意見を聞け，また違った価値観を得ることができた ・立場が異なる人との対話を通して，多様な視点や価値観を得ることができた	8
	自己省察	・自分の分野に偏った考え方をしていたことに気づいた ・偏見やスティグマが，自分の中にもあったと気づいた ・まったく当事者の立場になって行動できていなかったことに気づいた	10
対話における経験	多様な価値観との遭遇	・同じ話題を共有しても，それぞれ感じることはさまざまであった ・テーマに関する認識が人によってばらつきが大きかった	4
	共通性の確認	・参加者の共通認識が非常に近いことに気づいた	2
	当事者のナラティブ	・実際に経験されている方から話を聞けたのが良かった ・当事者の方の話を聞け，問題についてさらに認識できた	3
	越境的対話の意義	・一般の方と対等な関係を保ちながら対話することの重要性を感じた ・対話によって，本当に地域や多職種や社会全体で考えていくべき問題であると感じた	7
テーマに関する学び	テーマに関する洞察	・コミュニケーションは，医療者-患者に限らず，常日頃すれ違うものだと気づいた ・良い死を考えるためには，一緒に生きている人との関係が重要だということに気づいた ・介護は本当に大変なことなのだと改めて理解した	20
動機づけ	行動への動機づけ	・声にならない声を，どうしたら看護者側として社会に発信し，還元できるかということを常に考え続けたいと感じた	3

出所：孫・菊地・中山（2015）

表 3-3　みんくるカフェに参加した市民・患者の学びの内容

カテゴリー	テーマ	代表的な記述	記録単位数
変容的学習	視座の変容	・死ということを通して，何が大切なのか，自分が今幸せかなど，生きることについて深く考えることにつながった ・いろんな分野の方と対話することで，新たな気づきが得られた	9
	自己省察	・自分の現状や価値観をあらためて知った ・知らず知らずのうちに人を傷つけていないかと感じた	5
対話における経験	多様な価値観との遭遇	・小さなことでもいろんな角度から見ると，さまざまな意見があることに気づいた ・同じテーマでも，参加者によって意見にはらつきがあることを知った ・患者と医療従事者の考え方が違うことに気づいた	8
	当事者のナラティブ	・介護を実際にしていた方の話を聞いて，大変さを改めて知った ・現場の医療者の声を聞くことで，リアルに何が起きているのかを知り，とても参考になった	3
	越境的対話の意義	・さまざまな人と多様な意見を共有することが本当に大事だと感じた ・いろんな職業の枠を超えて視点を共有することの意義を感じた	16
テーマに関する学び	専門的知識の獲得	・延命処置やエンディングノートに示す現実的な側面が勉強になった	3
	テーマに関する洞察	・対等な良いコミュニケーションをとることの難しさを知った ・死を前向きにとらえたり，もっとオープンに話をしたりするべきだと感じた	23
動機づけ	行動への動機づけ	・つながり協働するなどして実効性のある何かができる，というインスピレーションを得た ・自分も患者としてやれることがあると感じた	3

出所：孫・菊地・中山（2015）

効果が認められると思われるが,そもそも両者の間の情報や立場の非対称性が大きいため,お互い自由に考えを述べることができる場とはなりにくい。カフェ型ヘルスコミュニケーションの場では,お互いの立場の非対称性を崩し,自由で主体的な対話の場にすることができるのが特徴である。

4 変容的学習を起こしやすくする対話のファシリテーション

メジローが提唱した「変容的学習」とは,学習を通じてそれまでの前提や価値観が批判的にふりかえられ,内面的な変容が起こるという成人学習の一形態である。メジローは学習を「経験を解釈したり,その経験に意味づけをおこなう」行為と定義した。彼が重視したのが,解釈や意味づけを行う際に習慣的に準拠している前提や価値,信念を構成している枠組み,すなわち「意味パースペクティブ」(meaning perspective)である。人は,この意味パースペクティブによって,経験の意味づけ方や,何を優先させ重要なものと考えるかなど,学習のあり方を決めている。新しく獲得した知識や技術,出来事といった経験は,省察的学習において,意味パースペクティブと照らし合わされることになる。一方,異文化に接し,これまで想像もしたことのない価値や思想に出会ったときは,価値観が揺さぶられ,それまでの前提や自明性に疑問を持つ「自己省察」を経て,「混乱的ジレンマ」(disorienting dilemma)とメジローが呼ぶ状態に至る。ここで人は自らの意味パースペクティブを問い直し,「パースペクティブ変容」が起こり再構成される。この一連のプロセスが「変容的学習」である(Mezirow 1991=2012)。

メジローは変容的学習に至る過程で「批判的省察」が起きるためには,他者との「対話」(討議,discourse)が重要であることを指摘しているが,カフェ型ヘルスコミュニケーションのような多種多様な立場の参加者が自由に意見を述べ,互いに傾聴する対話の場では変容的学習が起きやすいのではないかと考えられる。メジローは,変容的学習を援助しようとする教育者に求められる役割として,そうした批判的省察や討議の方法を学ぶことへの支援とともに,「学

習環境の整備」が重要であると述べている（常葉-布施 2004）。すなわち，ひとりひとりの討議への平等な参加が保障されるよう，学習の場での規範を設定したり，発言の少ない人に働きかけ自己表現を手助けしたり，討議が論理的に進められているかどうかや十分な情報が提示され検討されたかどうかに留意したり，学習者が心理的な防衛機制なしに自己の問い直しを行ったり，結論を急がずに十分に選択肢を探求したり，新たな考え方や生き方を試してみることができるような雰囲気をつくる，などである（常葉-布施 2004）。これは，対話の場における「ファシリテーション」の概念に非常に近い。すなわち，対話の場におけるファシリテーターの働きと学習環境の整備が，変容的学習を起こすための鍵であるといえる（孫 2013b）。

5　カフェ型ヘルスコミュニケーションによる地域での健康づくり

　市民・患者にとって，カフェ型ヘルスコミュニケーションという場は，医療系専門職や当事者（患者・要介護者・障害者・その家族など）といった普段出会えない人々のナラティブを聞き，対話を通した学習機会を提供できる。また変容的学習を含む対話的アプローチによる学習によって，ヘルスリテラシーの向上や当事者への理解が進むとともに，専門職への心理的距離を縮める効果があると思われる。これは医療や健康に関する意思決定の質を向上させ，理想的な協働的意思決定（shared decision making）へとつながるものである。

　また昨今，さまざまな地域でカフェ型ヘルスコミュニケーションによって健康づくりに取り組む医療系専門職が増えてきている。島根県浜田市の家庭医が始めた「みんくるカフェ浜田店」という活動では，行政と連携する形で浜田市内各地区においてカフェ型ヘルスコミュニケーションが行われている。「終のすみかについて」「地域医療」「健康で安心して暮らしていくためには？」などについて医療職と住民が対話を行い，健康づくりと地域医療に対して住民の意識啓発が行われている。また，島根県雲南市の保健師が始めた「みんくる cafe うんなん」では，行政，病院関係者，教育関係者，NPO，町内会など多

第3章 高齢者の健康・介護問題をめぐるカフェ型ヘルスコミュニケーション

図3-6 「みんくる cafe うんなん」での対話風景

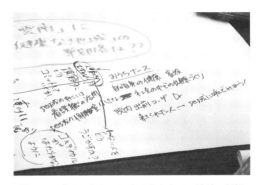

図3-7 「みんくる cafe うんなん」での対話の記録

くのステークホルダーを巻き込んで,「地域づくりと医療」をテーマにカフェ型ヘルスコミュニケーションが行われている。対話によって,住民と医療関係者の良好な関係づくりを促進するのみならず,生まれたよいアイデアを実践に生かすべく,NPOなどによる具体的な活動に発展している。2014年9月に雲南市立病院で行われた「みんくる cafe うんなん」では,医療従事者,行政職員,市民,学生など約40名が集まり,「雲南に求められる健康な地域づくりの戦略は？」,「健康な地域づくりを実現するためには,どのような対話が必要か？」,「医療従事者に必要な意識や行動は？」といったテーマでワールドカフェが行われ,非常に活発な意見交換が行われた（図3-6,図3-7）。

筆者の知る範囲でも，その他に北海道から九州まで全国20ヶ所以上で，カフェ型ヘルスコミュニケーションを生かした地域づくりや対話活動が行われており，主催者は医師，歯科医師，薬剤師，保健師，作業療法士，医学生などさまざまである。今後，各地域でこのような対話の場が広がることで，市民参加型の地域づくりとヘルスプロモーションが促進されることを願うものである。

カフェ型ヘルスコミュニケーションによって，市民・患者と医療系専門職の双方に変容的学習が起きるが，市民・患者にとっては医療者の立場を理解しつつ，健康づくりへの意識が向上するという効果が期待できる。未曾有の超高齢社会を迎える今後の日本社会において，市民・患者と医療者が協働して健康生成を目指す地域でのヘルスプロモーション活動につながるものとして，カフェ型ヘルスコミュニケーションが今後さまざまな場で活用されることを期待したい。

注
(1) みんくるプロデュースホームページ（http://www.mincle-produce.net/）

文献
池田光穂，2012，「ヘルスコミュニケーションをデザインする」『Communication-Design』6：1-16。

Mezirow, Jack, 1991, *Transformative Dimensions of Adult Learning*, San Francisco: Jossey-Bass.（＝2012, 金澤睦・三輪建二監訳『おとなの学びと変容——変容的学習とは何か』鳳書房。）

音山若穂・利根川智子・井上孝之・上村裕樹・三浦主博・河合規仁・安藤節子・和田明人，2012，「保育者養成における実習指導への対話的アプローチの導入に関する基礎研究」『群馬大学教育実践研究』29：219-228。

孫大輔，2013a，「新しい患者-医療者関係の構築に向けて——カフェ型ヘルスコミュニケーションの可能性」『日本ヘルスコミュニケーション学会雑誌』4：13-17。

孫大輔，2013b，「省察的実践家入門——対話の場作りをすすめるファシリテーターと省察的実践」『日本プライマリ・ケア連合学会誌』36：124-126。

孫大輔・菊地真実・中山和弘，2015，「カフェ型ヘルスコミュニケーション『みんくるカフェ』における医療系専門職と市民・患者の学び」『日本ヘルスコミュニケーション学会雑誌』5：37-45。

常葉-布施美穂，2004，「変容的学習——J・メジローの理論をめぐって」赤尾勝己編『生涯学習理論を学ぶ人のために』世界思想社．
吉村輝彦，2010，「対話と交流の場づくりから始めるまちづくりのあり方に関する一考察」『日本福祉大学社会福祉論集』123：31-48．

第4章
演劇を通じた介助・介護経験の再解釈と伝達の試み
―――「地域の物語 2014, 2015」の実践から―――

花崎 攝

1 応用演劇の実践報告

目的と方法

 本章は，東京都世田谷区の公共劇場，世田谷パブリックシアターが毎年実施している事業「地域の物語」において，2年間（2014〜2015年）にわたって取り組まれた介助・介護をめぐる応用演劇プロジェクトの報告である。公募で集まった参加者が，高齢者あるいは障害者の介助・介護をめぐる自身の経験をふりかえり，身体で表現し，議論し，舞台化し発表する過程で再発見されたこと，参加者にもたらされた変化について述べる。

 参加者のコメント等からは，介助・介護経験についての新たな視点の獲得，経験の意味の明確化，過酷な経験を経た自己と仲間への率直なねぎらいとその共有などがうかがえ，プロジェクトへの参加が，参加者のエンパワーメントにつながった例が見られた。

 ここで報告する応用演劇プロジェクトは，筆者ともうひとりの進行役，山田珠実および学芸スタッフがチームを組んで，時間の許す限りの討論と打ち合わせを重ねて，進行方針と内容を決定しながら進められた。筆者は企画者，進行役として中心的にかかわったスタッフのひとりである。演劇を実践する自身の関心に沿った仕事として，企画の提案，プロセスの設計，ワークショップの進行，舞台発表の構成演出まで，すべてのプロセスにかかわった。

しかしながら上記のような本章の目的や研究のために事前準備をしていたわけではなく，記録方法もあらかじめ定めたり計画したりしてはいなかった。この報告は，ワークショップのプログラムのなかで参加者によって書かれた文章やメモと，筆者自身が必要に応じてとっていた個人的なメモや記憶，スタッフがとった記録等に依っている。ただ，本章を準備するにあたって，ワークショップ終了後，2015年の参加者4名に対面インタビューを行い，1名には筆者が考えた質問にメールで答えてもらい，ワークショップへの参加経験がどのような影響を与えたかについてリサーチを行った。なお，「地域の物語」2014，2015本体のほかに，関連企画として「プレ『地域の物語2015』」等が行われたが，本章では紙面の関係もあり取り扱わなかった。

また，本プロジェクトは世田谷パブリックシアターの事業のなかで「演劇ワークショップ」と呼ばれている企画だが，近年の演劇研究および実践における動向を踏まえて，本章では応用演劇のプロジェクトとして扱う。

応用演劇とは？

「応用演劇（Applied Theater）」は，1990年代から演劇の研究と実践領域として広く提唱されるようになった比較的あたらしい動きだ。ジョエル・プロトキンの「芸術・娯楽『以外』の目的性をもつ演劇」（熊谷 2009：49）というゆるい括りから，現在は，慣習的な「メインストリームの演劇実践の外部にあって，かつ／あるいは周縁化されたコミュニティとおこなう」「パフォーマンス実践のウエッブ（web）」（花崎 2012：17）を指すのが一般的だ。民衆演劇，教育演劇，コミュニティ・シアター，ドラマ・セラピーなど，それまでも行われていた研究および実践を含み，それらの領域を横断し，美術や音楽など他の芸術とも連携する新たな活動として，近年ますます研究，実践両面において拡がりを見せている。

高齢者の介護にかかわる領域でも，海外ではすでに研究と実践が数多く報告されており（Prendergast & Saxton eds. 2009，Blatner ed. 2007，など），国内でも応用演劇とは呼んでいないことも多いが，高齢者を対象とするさまざまな事例

(吉本 2011, など) や介護者向けのワークショップ (老いと演劇 OiBokkeShi の活動など) も行われている。

2 「地域の物語」の特徴とテーマ

「地域の物語」の概要

「地域の物語」は，一般公募で集まった参加者が，進行役とともに取材し，取材から得たこと，取材を通して感じたこと，思ったこと等を構成して舞台 (シアタートラム) で発表する。したがってあらかじめ上演台本は用意されない。スタッフのひとり，学芸の恵志美奈子は，「地域の物語」における取材について，「参加者自身があらためて自分自身に問うたり思い出したりする自分自身への取材，参加者同士がききあう相互取材，さらに参加者以外の外部の人にきく取材が含まれている」(恵志 2014) と述べている。進行役はプロセスをデザインし，参加者に寄り添い，必要な提案やアドバイスを行い，劇場のスタッフとともに舞台発表に向けて，構成演出も含めた必要な支援をし観客に伝達可能な表現に汲み上げる。

「地域の物語」における取材テーマは，スタッフ間であらかじめ決める場合もあれば，まち歩き等のきっかけを用意した上で，参加者による話し合いで決める場合もある。2014 年と 2015 年は，スタッフが事前にテーマを介助・介護と設定し，2 年連続して実施した。同じテーマを 2 回連続して扱ったのはこれが初めてであった。

介助・介護というテーマは，超高齢化社会を向えたこの国の喫緊の課題であるが，テーマ提案時の個人的な関心は，むしろ障害者の介助にあった。これには，障害者の自立生活運動が盛んな世田谷という地域性と，筆者の個人的な背景がかかわっていた。

「地域の物語」2014，2015 のテーマの背景

世田谷は，日本で最初の公立肢体不自由児学校である光明養護学校 (現東京

都立光明特別支援学校）が置かれ，その卒業生のなかから障害者運動を牽引した「青い芝の会」（1957 年発足）(3)が生まれたことからも窺えるように，障害者の自立生活運動の盛んな地域であり，小田急線梅ヶ丘駅スロープ化運動をはじめとして地域でさまざまな運動を展開してきた歴史がある。世田谷パブリックシアターが，地域の劇場として，地域の歴史の一翼を担う障害者問題を取り上げるのは当然のことだとさえいえるだろう。

　もうひとつの理由は，筆者の個人史にかかわる。筆者は熊本県水俣市での胎児性水俣病患者と障害者，市民との演劇づくり(4)がきっかけとなり，世田谷在住の障害者を中心メンバーとして，障害のあるメンバーのライフヒストリーを演劇にして発表する活動をはじめた。そのグループ，「みなせた（水俣世田谷交流実行委員会）」での演劇づくりの過程で，メンバーの「自立」をめぐる考え方や生活の組み立て方に，いわゆる「健常者」の自立観とのちがいを感じ，そこに障害者の問題だけにとどまらない高齢者の問題，さらにひろく現代の課題につながる大きなヒントがあると考えた。もうひとりの進行役である山田珠実も，障害者とダンスを通じて活動してきた実績もあり，最終的にスタッフ会議でテーマを「介助」とすることになった。

「自立」と介助・介護

　主に脳性麻痺者のいう「自立」は，たとえひとりではできないことも，自ら介助者に指示するという形で実現し，生活全体をデザインしていけば，それで自立しているといっていいはずだという「既存の［自立／依存］の意味への批判」（前田 2009：19-20）を含んでいる。彼らの自立生活を支える「介助」をテーマにすることで，自己責任論が叫ばれる社会にあって「自立」をどう考えるか，さらに「自立」を支える「介助」についても参加者と考えてみたいと思ったのだ。実際，後述するように，そのような問題意識をもって作業を続けるなかで，介助・介護の現場で健常者の抱える「助けてって言えない」という現状のひとつが指摘され，課題として共有されることになった。

進行について──身体活動に重きをおく

　演劇活動なので当然といえば当然であるが，その2年間，からだとその動きに深い関心をもって探求している山田珠実とともに，いわゆるウォームアップというだけでなく，あるいは演じるからだ，踊る身体といった表現方法から考える身体のあり方や技法というよりも，自己の身体と他者の身体に関心を持って触れていくこと，さらにそのことが関係性に及ぼす影響を考えながらプログラムを進行した。特に身体が介在する関係性が介助・介護の質に大きく影響するという基本的な了解を，山田をはじめ全スタッフと共有し，身体活動のプログラムにかなりの時間を費やした。ここでは詳しく論じないが，そのことが，全体の進行と舞台発表に大きな影響を及ぼしたと考えている。

3　「地域の物語」2014
──「介助すること，介助するひと」の概要──

参加者について

　「地域の物語」は本来だれでも参加できる市民参加の事業だ。しかし，2014年と2015年には，あえて公募に際してゆるやかな条件を付し，何らかの介助・介護経験のある，あるいは具体的な関心を持った参加者を募集した。

　2014年には，20代から70代まで，女性12名，男性8名，計20名の参加者でスタートした。このうち障害者の介助にかかわっている／かかわったことのある人が9名，家族を含む高齢者の介助・介護関係者が10名，ひとりは自身が介助を受けた経験者だった。職種としては介助者，介護職，訪問介護ヘルパーなどの現職／元職の人，会社員，主婦など，現在あるいは以前に家族介護に従事している／したことがある人などが含まれていた。このうち過去に「地域の物語」に参加経験がある人が8名いた（表4－1）。

進行プログラムについて

　「介助」，「自立」，「地域」をキーワードに，期間は2014年1月から3月まで

表4-1　参加者の属性

	20代	30代	40代	50代	60代	70代	合計
男	0人	3人	3人	2人	0人	0人	8人
女	1人	0人	4人	5人	0人	2人	12人
合計	1人	3人	7人	7人	0人	2人	20人

とし，土日の午後（13：00—17：00）を中心に計15回のワークショップと2回の舞台発表を世田谷パブリックシアターのシアタートラムで行った。1回目から6回目までは，コミュニケーション・ゲームと呼んでいる演劇的要素を取り入れたアクティビティや身体を動かす活動によって参加者相互が知り合うこと，ゲスト講師や障害者へのインタビューを通じて介助の理念と歴史，その実際を知ることを中心に活動した。

具体的には，世田谷で介助をしながら自立生活運動にかかわり，介助者の組合も立ち上げている菅原和之さんをリソースパーソンとしてお呼びし，次に「みなせた」のメンバー（脳性麻痺者）へのインタビューを7回目に6回までの経緯を踏まえて「舞台で伝えたいこと」を参加者に提案してもらい，内容を絞り込んだ。8回目と9回目で，7回目で提案された内容をグループ作業のなかで検討し，10回目で進行役から全体の構成を提案した。そこから各パートのテキストを精密にする作業や演劇として立ち上げる作業をし，12，13回目以降は，舞台発表に向けて技術スタッフも加わり，リハーサルを経て舞台発表に至った。

上演の内容と構成

上記のようなプロセスを経て上演に至った内容と構成は以下の通りで，上演時間は約75分だった。なお，次ページのプログラム4の説明で「介護」は「（ケアプランにしたがって）援助する人の判断で必要に応じて援助すること」であるのに対し，「介助」は「援助される人の意思と判断で，その人が実現したいこと，必要としていることを援助してもらうこと」とし，「どんなに重い障

害を持っていたとしても,『介助』を受けることで，自分の生活を自分で選ぶ『自立生活』を送ることができるようになります。今回の『地域の物語』ではそのことを企画の出発点に考えました」(『地域の物語2014　上演台本』)と明らかにした。

1　開演のあいさつ
2　ある参加者の参加動機
3　参加者紹介1
4　介助と介護についての説明
5　3人の障害者への取材報告
6　排泄シリーズ
　　　介助者による排泄介助の実際の指導
　　　高齢の父親の排泄にまつわるエピソード
　　　参加者の闘病経験と排泄の大切さ
　　　排泄ダンス
7　助けてって言えないこと
　　　障害者の性の介助（含むNPO法人ホワイトハンズへの取材）
　　　自閉症の息子の性の悩み
8　訪問介護のエピソード
9　高齢の母の胃ろうをめぐる息子家族の話し合い
10　参加者紹介2
11　高齢者の施設介助のエピソード
　　　高齢者のグループホームの日常からのエピソード（徘徊に寄り添う）
　　　特別擁護老人ホームの一日（人手不足のため排泄と食事介護等で1日が終わる）
12　参加者紹介3
13　「自立」をめぐる談義
14　参加者の介助の仕事に対する思い

第Ⅱ部　専門家と非専門家の場づくり

　15　おわりのあいさつ
　16　エンディングのダンス

　上演後，第2部として観客とのアフタートークが行われた。観客からは，「普段は目に触れることのない介助・介護の世界に出会った」「自分以外にも介助・介護で悩んでいる人がいるんだなと安心した」などの発言や，表現方法についての質問など，1時間を超える質疑応答が行われた。

参加者によるふりかえりと記録
　この年は，主にふりかえりとして，参加者全員にほぼ毎回「五行詩」（その日最も印象に残ったことについての五行前後の詩のようなもの）を書いてもらった。一応のガイドラインを示した上で，あとは自由に書いてもらった。ガイドラインは以下の通り。1行目：タイトル（テーマ），2行目：テーマを描写することば，3行目：テーマの動き，機能，役割などに関すること，4行目：テーマから連想すること，イメージ，記憶，比喩など，5行目：自分自身の思い，気持ち，感想，意見など。なお，遠慮なく思い切って書いてほしいとの思いから無記名でも可とした。
　さらに日直当番を決めて，その日の日誌を（1回から12回まで）交替で書いてもらった。何らかの事情で欠席した人にその回のワークショップの概要を伝えるためと，参加者自身による記録として提案した。基本的に1日につき2名ずつ，個々にその日やったことを個人的な視点で書いてもらった。したがって記述方法はバラバラで，それぞれ個性的な記録となった。日誌は参加者全員に配布して共有した。

4　「地域の物語2014」で表現されたこと
――「助けてって言えないこと」と高齢者施設の厳しい介護環境――

　ワークショップ9回目の参加者による日誌に「一人一人いろいろな人生があ

り。個人個人いろいろな意見がある。他者の想いをきく。自分の想いを表現する。知らなかった世界を取材する。う〜ん頭がパンクしそうだぁ。でも楽しいです」(「地域の物語2014日誌」)とあった。毎回，とても中身の濃い時間で紹介しきれないが，ここでは以下3つを取り上げる。

「助けてって言えない」

　前述のように，8回目に3つのグループに分かれ，グループとしてのテーマを再設定して作業をした。そこで挙げられたテーマが「性の問題」，「介助する人とされる人の気持ちの距離」，「介助する人とされる人の間に生じるさまざまなズレ」だった。なかでも，障害者の「性の問題」を取り上げたチームから，性の問題に限らず，介助・介護を必要としているにもかかわらず「助けてって言えない」ことが，大きな課題ではないかとの発言があった。外から見れば助けを必要としている事態にもかかわらず，自分では状況を認識していない場合もあれば，認識はしているがどこに助けを求めたらいいかわからない，あるいは助けを求めることをよしとしないなど，「助けてって言えない」状況にもさまざまな場合がある。

　この「助けてって言えない」というキーワードは，「自立」の考え方とも関係している。一般に自立のイメージは「自分でできること」であるが，そのような自立観に縛られがちな「健常者」は，往々にして「助けてって言えない」のではないか？　人に助けを求めることができることこそひとつの力であり，「自立」のもうひとつのあり方だと考えることがむずかしいのではないか？あるいは納得したとしても，助けを求めたことがなければ行動に移すことは簡単ではない。自立生活を送る障害者が，基本的人権の行使として，自らが望む生活をするために積極的に介助という助けを求め，自らの「自立生活」を成立させ維持しているのと対照的である。

　「性の問題」を取り上げたチームは，介助において「助けてって言えないこと」の最たるものが性の問題ではないかと，障害者の性の問題に焦点を当てることになった。リサーチの結果，障害者の性の介助を行っているNPO法人ホ

ワイトハンズに行き着き，取材をすることになったが，ホワイトハンズは新潟に事務所を置いているため，電話で取材を行った．

Aさんの葛藤――「助けて」と言ってみる

　前述のグループの作業に触発されて，参加者のAさん（女性，50代）が「助けて」と言ってみることになった．彼女には20歳になる自閉症の息子さんがいる．そのことをオープンにして，ワークショップのなかで，息子が登場する場面を他の参加者とともに表現したりしていた．彼女は別のグループ（「介助する人とされる人の間に生じるさまざまなズレ」グループ）で作業をしていたが，障害者の「性の問題」グループの作業に強い関心を持ち，舞台発表では息子の性の問題についてモノローグを書き発表した．

　　私の息子は自閉症です．20歳になったばかりの男子です．うちの息子の場合は，コミュニケーションが苦手で，会話の力が弱いんです．今，母親として困っているのは「息子の性」のことなんです．息子が性器さわりを始めたのに気がついて，「あーとうとうきちゃったか！」とショックを受けました．覚悟はしていたものの「どう教えたらいいんだろう？」「どこに聞いたらいいんだろう」と悩んでいます．健常の男子なら，本やネットや友人に聞いたりして，ある程度自分の力で情報を得ることができるでしょう．でも息子の場合，それは無理なんですね．現状では親がやり方まで教えて介助するしかないのかなぁ，でも自閉症の息子に，こういうことを教えて介助してくれる人や団体はないものでしょうか？

　このテキストは，Aさん自身が書いたものだが，彼女は大いに悩み，その筆はなかなか進まなかった．ワークショップの時間外でも作業はつづき，何度も書き直し，ようやくこのような形に落ちついた．
　その間，彼女は息子をワークショップの懇親会に連れてきたこともあった．そのときのことをBさんは，日誌に以下のように書いている．「Aさんの息子

さん，C君が遊びに来てくれた。とてもハンサムで，ものおじしなくてカワイイ。C君の登場が，Aさんの訴えをとても身近なものにしてくれた。なんとかしたい。」彼女の葛藤と格闘を他の参加者も気にかけ，なんとか受け止めようとしていた様子がうかがえる。彼女自身も他の参加者の話を真摯にうけとめ作業をしていた。「今日はまわりの人のことばかり／伝える，感じる，さぐるなどなど／この人はどう思ってるのかな？／全神経をはって感じた」（A5回目の五行詩）。このように参加者がお互いの状況や経験に関心を持ちながら作業していったことで，しだいに参加者の間に信頼感が生まれ，ここでなら，この人たちとなら大丈夫という場やグループに対する安心感が，どこまで認識されていたかはともかく，Aさんの格闘を支えたと考えている。

　舞台で息子の性の悩みについて発表することは，とても勇気のいることだ。最もプライベートな話題であり，どのように受けとられるか予測がむずかしく，彼女自身もその点を危惧していた。しかし，アフタートークで観客からは，よくこの問題を取り上げてくれた，との非常に好意的な発言があった。介助・介護の重要な課題でありながら，なかなか語られないこと，いつもは触れる機会のないことを，知識としてではなく当事者のことばで届けることができたことで，Aさんもほっと安堵の胸をなでおろした。

Dさんの介護現場――自分自身の経験をふりかえる

　Dさん（男性，40代）は，高齢者施設の介護職員として10年以上働き，思うところあって職を辞し，充電中だった。7回目のワークショップで，特別養護老人ホームで働いていたときのことを話してくれた。そのときの日誌に彼の話を聴いたときの印象がEさんによって記録されている。「認知症の人との意思疎通は大変だけど楽しい。人がたりない。丁寧にしたいジレンマ。職員同士の人間関係も大事。入所者の人の人間としての尊厳を大事にできているのか。だんだん暗い気持ちになってしまった」（「地域の物語2014日誌」）。最終的には以下のようなモノローグになった。

Dです。高齢者にかかわる仕事をしたくて，今から14年前，介護の仕事を始めました。10年間は施設でやってみようと思い，特別養護老人ホームに就職しました。この施設では，1フロア40人近い入居者を，日中は3人から5人，夜間は2人から3人のスタッフで対応しました。食事介助は，1人で少なくとも3人から5人を担当。入浴は，流れ作業のようにして，10人ずつを介助しました。おむつ交換は，定時の交換が7回。1人で15人くらい取り替えました。もうとにかく，毎日がバタバタでした。おむつ交換，おむつ交換，入浴介助，昼食介助，おむつ交換，入浴介助，おやつ介助，おむつ交換，夕食介助……，気が付けば夜になっていました。食事，入浴，排泄を時間内に終えることが本当に精一杯で，1人ひとりの利用者の顔が見えなくなっている自分がいました。その後，2ヶ所の施設で働きましたが，職員中心のバタバタした介護には変わりなかったです。お年寄りとかかわる仕事は変わらず好きですが，今は少し，仕事から離れています。これからは別の形で介護に関わる仕事を続けていきたいと思っています。

　図4-1にあるように，発表では，実際に1日にDさんが介護する高齢者ののべ数と同数の人が舞台に立ち，最後には彼が多くの人のなかに埋もれていくような動きになった。ひとりの施設職員がこれだけ多くの高齢者の介護をしていたのだという驚きと，この環境で質の高い介助・介護は無理だと思わずにはいられなかった。たくさんの人が立っているなかで，「おむつ交換，おむつ交換，入浴介助，昼食介助，おむつ交換，入浴介助，おやつ介助，おむつ交換，夕食介助……，」ということばが静かに響く。お年寄りとかかわる仕事が好きだという彼の思いが，人手不足をはじめとする過酷といってもいい労働条件によって傷つけられているように筆者には感じられた。

　Dさんは7回目の個人のプレゼンテーションを終えたとき，「今までの介護職としての出来事を振り返り，発表し，エネルギーを少し消費した感のある今日のWSでした。この十年間ぐらいの振り返りをまともにしたのは今回のWS

第4章　演劇を通じた介助・介護経験の再解釈と伝達の試み

図4-1　これだけの入居者を数人で介護…!?
撮影：鈴木真貴

が初めてかもしれないです。良い機会になってます」と日誌に書いている。

5　「地域の物語」2015
——『あっちはこっち　こっちはあっち——介助・介護を考える』——

2年目の参加者

「地域の物語」2015は，20代から70代まで，女性17名，男性4名，計21名の参加者でスタートした。このうち障害者の介助にかかわっている／かかわったことのある人が10名，家族を含む高齢者の介助・介護関係者が12名（障害者，高齢者ともにかかわったことのある人もいたため重複あり）。ひとりは自身が病気療養時に介助を受けた経験者，ひとりは病気の知人の介護にかかわる人だった。職種としては介助者，訪問介護ヘルパーなどの現職／元職の人，元理学療法士，会社員，保育園勤務，主婦など，現在あるいは以前に家族介護に従事している／したことがある人などが含まれていた（表4-2）。このうち2014年よりひきつづき参加した人が10名いた。体験参加のため番外で実施したプレ「地域の物語」参加者が4名だった。

表 4-2　参加者の属性

	20代	30代	40代	50代	60代	70代	合計
男	2人	0人	1人	1人	0人	0人	4人
女	2人	1人	5人	4人	3人	2人	17人
合計	4人	3人	6人	5人	3人	2人	21人

スケジュールと進行プログラム

　2015年の1月から3月まで，発表当日を含めて全15回だった。2年目は，「介助・介護で最もきつかったこと／よかったこと」について，参加者が2人組で相手の話を書き起こす聞き書きワークショップからスタートし，外部への取材は行わず参加者相互の取材を軸に進行した。1回目から6回目は，聞き書きから気になることをピックアップして，グループ作業を行い，グループごとに，「介助する側される側」，「死に際」，「人の本質」，「コミュニケーション」のテーマが浮上した。7回目に，発表会で伝えたいことを各自発表し，そこからグループを再編しながら，発表に向けて演じながらシーンを起こしたり，テキストを書いたりした。11回目に進行役から構成案の提案を行い，調整とリハーサルを重ねて15回目に発表した。

　1年目に引き続き身体活動を重視し，この年は野口体操の動きも取り入れ，糸を使ったエクササイズも再度行った。糸のエクササイズは，関係性への思考をひらき，2年目の発表上演では発表にも取り入れられた。

上演タイトルと構成

　2015年は発表公演のタイトルを，募集時のタイトルのままではなく，より発表の内容に即したものにした。そのタイトルは「あっちはこっち　こっちはあっち——介助・介護をかんがえる」である。そこには，介助・介護する側（こっち）とされる側（あっち）の関係は，片方が与え，もう片方が与えられるという一方向的なものではないのではないか？　そもそも，あっち（障害者／高齢者？）とこっち（健常者？）の線引きとは？などの問いが込められていた。

『あっちはこっち　こっちはあっち——介助・介護をかんがえる』構成

1　オープニング
　　口上
　　オープニングダンス
　　介助・介護はだれのもの？（替え歌）
2　食事介助ってどこまでする？
　　なんちゃってディベート——ポテトチップス編
3　今は笑える介護（高齢の父の排泄をめぐるエピソード）
4　おしもの話（病院での排泄介助）
5　あっちとこっち——タイトルの話
6　家族と介護をめぐるモノローグ集（子どもが親の介護をすること，親子間の葛藤，「助けてください」と言うこと，他）
7　なんちゃってディベート——家族介護編
8　ある民生委員の話
9　僕がみた（高齢者の）デイケアの現場
10　（障害者の）介助の現場——エビチリ編
11　（糸を使用した）距離についてのエクササイズ
12　ある家族の話（高齢の父とガンを発症した統合失調症の妹）
13　エンディング
　　あっちはこっち
　　「誰も見殺しにするな」ゲームより

6　参加者の経験

「おしも」の話——「あれはやめてよかったな，っていう気持ちにもなれた」

　Fさん（女性，30代）は，現在障害者の就労支援の現場でやりがいを感じながら働いている。ワークショップでは，以前看護師を目指し病院での実習に臨

んだときのことを語った。看護実習で、認知面は低下していたが尿意はあった終末期の男性の介護をいきなり任された。その患者は他の職員には笑顔を見せるのに、彼女とはコミュニケーションを取ろうとしなかったという。そのときに感じた困惑について、当初は「人だし、合う、合わないってあるんじゃないかな」(「地域の物語2015聞き書き」)と、相性の問題として捉えていた。

　4回目で彼女の話が演じられ、そのシーンをめぐって質疑応答が行われたとき、参加者の間でさまざまなやりとりがあった。一部を紹介すると、

　　G「ちょっと衝撃だったんですけど。いまの方は尿意があったけど、我慢をしていて、(オムツを)替えに来た時にまだ出てなくて『しちゃってください』と言われて、したということですか？」
　　F「患者さんははじめからオムツをしていたので、だからそこにおしっこをするもんだと思っていたんです。だから私は『そのまま(オムツに)しちゃってくださいよ』という風にポロっと言ってしまったんです。『オムツしているので大丈夫ですよ』という感じで。それをいま考えると、人って普通はトイレに行ってするじゃないですか、だからちゃんと尿器を使ってあげて、当てて『セットしましたからどうぞ』と言えればよかったのかなと。」
　　H「男は漏らすということ自体が恥なんですよ。実の父親が失禁した時にそうとう落ち込んでいました。そもそも男は下が濡れるということがないですから。外に出ていますから、用を足しても指でちょんちょんとするくらいで」
　　G「男の人はちょんちょん文化なんですね」
　　A「私、思ったんですけど、女性は生理とかがあるから、もらすことに少しは大丈夫」
　　I「でも女の人もいやですよね」
　　J「私、医療スタッフとして働いていたんですけど、たとえば、手術された方って、絶対に一番最初尿カテーテルがはいってるんです。それで自分

で立てるようになったら，それが抜けますということになるんですけど，男性の患者さんの方がチョー痛がりなので動きたがらないのですけど，『立てたら抜けますよ』と言ったら，立とうとする確率は男性の方が断然高いですね。」

K「それが原動力になるんだ。」

(「地域の物語 2015 上演台本」)

　患者の自尊感情の問題，オムツについての感じ方に男性，女性で違いがあるのかないのか，他にも病院での患者の排泄への一律の対応についてなど活発なやりとりがあった。排泄の問題は，1年目にも話題になっており，特に継続参加している人たちには以前にも考えたことのある課題だった。Fさんは「勉強になって，もう一度やり直した感じでよかった。びっくりしました。あんなふうになるなんて」(「Fインタビュー」)と述べ，さらに「みんな(他の参加者)がいろいろ突っ込んでくるから，それで，私もこういう気持ちだったんだとか，自分の気持ちに気づかないでやってることももちろんあったし，あのときこういう気持ちで私やってたんだとか，すごく気づきました」(同インタビュー)。その後のシーンの練習で，Fさんの役を他の参加者が演じるのを見て，はじめての実習で「私もこんなにてんぱってたんだな」とか，「こんなにおどおどしてたら，やっぱり(患者は)いやだろうな」など具体的な発見があったという。

　上演後のふりかえりのとき，目に涙をためて，「どんなセラピーよりもよかったです」と言っていたFさんにその真意を聞くと，「いろんな意味で浄化されたっていうか，自分の気持ち，腑に落ちないこともあったけど，あれで気持ちが，それで今いいんだなって思えた，あれはやめてよかったなっていう気持ちにもなれたんで，よかったです。」と述べ，さらに「もしかしたら，ほかの失敗したこととかも，こういうふうに演技でやったりすると，もしかしたら，客観的に見えたりして，反省したりとか，あれはよかったんだって思えるようになるのかもしれない」と語っている。

　実は彼女は，教員の指導方法に対する違和感や，看護の世界に感じた「階級

制度」や，彼女が思っていた「人に寄り添いたい」というイメージと違うように感じられたなどの理由もあって，この出来事の後，看護学校をやめたという。経済的にも，時間的にも，身体的，精神的にも力を注ぎ，「病気のこととかわかってると，その人をもっと理解できる」と考えてはじめた勉強だった。だから，やめることは，相当大きな決断だったと思われる。練習のなかで繰り返しエピソードを反芻し，自分の気持ちを再発見したり，排泄介助の患者に与える影響に思いを馳せたり，やめることになった背景をあらためて整理したりして，自分の選択は間違っていなかったと再確認することができたという。

自分の経験を舞台で発表することに，最初は戸惑いもあったというが，家族の感想を紹介しながら，「排泄の介助は大変なんだなっていうのは伝わったって」，介護（排泄介助など）にまつわるさまざまなことを「みんなに知ってもらいたいって思って，（発表できて）よかったです」と述べている。

ある民生委員の話――「私の人生が変わりました」

Lさん（女性，40代）は民生委員・児童委員を引き受けて2期目になる。引き受けることになったいきさつを次のように話した。

> 実は5年前のある日，前任の民生委員のおば様から「Lさん，あなた民生委員やらない？」って声をかけられました。正直はじめは「私なんかがとんでもない」と思いました。だけど，近所で雨の日に杖をついてゴミ出しされている方とかを見ていて，何かお手伝いできることがあればしてあげたいと思って。それとその当時，不妊治療をしていて，仕事もしていなかったので，社会的に何か役にたちたいとの思いもありました。任期が3年という事なので「子どもができたらその時は辞められますか」ってその方に聞いたら「その時は一緒に後任を探すから安心して」って言ってくれて。それで思い切ってやってみることにしたんです。

（「地域の物語 2015 上演台本」）

第4章　演劇を通じた介助・介護経験の再解釈と伝達の試み

そして，1期目のまだ不慣れな時期，民生委員・児童委員（以下，民生委員と表記）としてどこまでどうかかわるべきか悩んだエピソードを紹介してくれた。担当したのはひとり暮らしの80代の女性で，パーキンソン病を患っており，次第に病状が悪化して，幻覚も現れるようになっていった。Lさんは，頻繁な呼び出しにもできるだけ応じていたが，ある日，

　　(救急車の音。救急隊員がくる。Lさん役は他の参加者が演じた。)
　　救急隊員「どうしました！」
　　高齢女性「Lさんがストーブの中に入っちゃったの!!!　助けて〜」
　　(L，救急車の音を聞いて駆けつける)
　　L「どうしたんですか!!!」
　　救急隊「Lさんという方がストーブの中に入ってしまったとおっしゃってるのですが」
　　L「私がそのLです」
　　救急隊，L，一瞬で事態を把握。高齢女性の方を見る。
　　　　　　　　　　　　　　　　　　　　　　（「地域の物語2015上演台本」）

このような事態に至り，その後，その女性は施設に入ることになったという。その頃のことをふりかえりながら，現在の心境についてLさんは以下のように発表した。

　民生委員になって5年目。あの頃に較べれば，ひとりで抱え込まずにまわりの力をかりたり，早めに関係機関につなぐことができるようになりました。それでも，どこまで関わればいいのか？　その線引きは個人の裁量に任されている部分が多く，いまだ悩みながら続けています。個人と丁寧に向き合いながら，必要なところへつないでいくには，地域で力を合わせることが必要だと思うようになりました。自分の適性ややりたいことも見えてきて，その第1歩として，今は地域で気軽に集まれるコミュニティカフ

ェをつくろうと友人と奮闘中です。

(「地域の物語2015上演台本」)

　Ｌさんは，グループの人たちに当時の状況を説明し，いっしょにシーンをつくりながら，少しずつテキストを完成させていった。その過程で，民生委員を引き受けた背景に，不妊治療のために仕事を辞め，社会的に立場が不安定であると感じていたため「地位がほしかった」という理由もあったことや，発表には含めなかったが，母親に「あなたがやるような仕事じゃないし，無理だろう」と言われて悔しかったことも思い出していた。言葉は悪いが，押しつけられて引き受けたという気持ちが強かったが，彼女自身の選択の側面もあったことを再認識したという。

　パーキンソン病を患った高齢女性への対応についても，「自分が未熟だから」前述のような事態を引き起こし，結果的にその人が意に反して施設に入ることになったのだと5キロも体重が減ってしまうほど「自分を責めていた」が，その出来事をワークショップに「実際だしてみたら，冷静な目で見てみたら，自分のせいじゃないんだっていうことに気がついた」という。民生委員の現場に限らず「介護の現場って，そもそもひとりじゃどうにもならない」が，特に若いと「自分ががんばらないし，自分がだめだからこういう状況に」と思いがちなのではないか，それで民生委員を辞めてしまっている人もたくさんいるのではないかと語っている（「Ｌへのインタビュー」）。

　そのことに気づけたことで，2期で民生委員を辞して，コミュニティカフェに力を注ぐことにしようと決断できたという。「やめることにも罪悪感がなくなったんですよ。自分のなかで，整理ができて。私にはこっち（民生委員）はむいてなくて，コミュニティカフェとかで（地域を）つなぐ方をがんばっていくのは，別になんら逃げることでもないし」と。もし自分が辞したことでどうしても後任が見つからなかったとしたら，それは制度の問題として考えるべきことなのだ。「ああいう（自分の経験をふりかえり発表する）チャンスがなかったら，たぶん今でもぼんやりしたまま民生をやっていたと思います。あと任期1

年半でやめる決断もできないままになっちゃってたような気がします。最悪なパターンですよね。気持ちも整理できないまま，また後任みつからず3期目突入……。私の人生が変わりました。」

それまでは，他の民生委員に迷惑をかけるし，欠員を出すと地域の恥になるという考え方に縛られていたが，地元の民生委員の会合でも整理できたことを思い切って話してみたところ，他の委員からも無理矢理がんばっている人もいるのに「欠員を出さないことがいいことでもないのよね」という発言が出たり，「言いたかったけれど言えなかった」と話す人も現れたという。さらに，特に2期目以下の委員たちの間では，「今までオブラートにくるんで新しい民生委員を募り，引き継いでいたところがあるが，支給される経費のことや，仕事の内容もきちんと話した上で民生委員を募るべきだ」という意見も出されたという。長く続けている人のなかからも，「十年前とはまったくちがうので，仕組みを変えていかないと」という発言が出たという。

少子高齢化，貧困等さまざまな問題をかかえる地域で，民生委員の負担は増している。一方で，民生委員の存在は知っていても，何をしているのかわからないという市民の声も聞かれる。ましてや，民生委員のなかには過重な負担に悩む人がいることや，成り手不足の問題等があり，制度的な課題を抱えていることは，一般にはあまり知られていない。民生委員の仕事と現状の一端を伝える機会になった。それ以上に，Lさんの気持ちが整理され，これからの彼女の選択がはっきりしたこと，さらに彼女が民生委員の会合で発言したその行動が，他の委員の「本音」を引き出し，制度の課題に向き合う現場の話し合いにつながったことはとても意味のあることだ。

介助の仕事――その魅力と意味

Mさん（20代・女性）は，障害者の介助をしている。重度訪問介護制度のもと，自立生活センターからの派遣で障害者の個人介助を仕事にしている。2014年の参加動機に「介護職とくくられるだけで終わってしまうか，何かしんどい，献身的な仕事ととられてしまうジレンマが常にあります。介助が特別なことで

もなんでもないと，誰もが思えるようになればよいと思います」と書いていた。そのことば通り，彼女は2年継続して参加するなかで，介助の現場で感じていることを丁寧に言語化し伝えた。2年目，彼女は6歳の娘を連れてワークショップに参加した。やりくりしながら，介助という仕事に誠実に向き合い，思いを表現しようとする姿は，ワークショップの場に大きな影響を与えた。

2年目，彼女は最初の聞き書きワークショップで，あるエピソードを紹介してくれた。

> 利用者，介助者何人かで食事をしていたとき，一人の障害者が，「例えば私は口の端についた食べ物をペロッとなめることがしたかったのに，この前介助者に，サッとふかれてしまってイラッとした」っていったことから，「ポテチを口の中にいれてもらっててその時介助者の指についたポテチの塩をなめたいという気持ちについて」の話題になって，それをどういうふうに考えるのか？　障害者は，そのとき介助者の指をなめられたら満足なのか？　介助者はそのとき指をなめられてもいいのか？など意見がポンポンポンポン出て，「そーいう状況も起こりうるよねー」とか，「障害者のそういう気持ちも一緒に考えてくれるってことも含めて食事介助だよねー」とか，「介助っていうと下の世話とか食事の支度ってイメージがあるけど，それだけじゃない」とか，いろいろな話が出て，その話がちょーおもしろくて。自分が介助の仕事をしていて感じるおもしろさって，そーいうことを一緒に考えるっていうところにあるなーと思って。
>
> (『地域の物語2015上演台本』)

この話から，参加者の間で，介助の仕方以前に，ポテトチップをどのように食べるかもそれぞれで，お箸で食べる，専用のトングが販売されているなどの話も飛び出し，ひいては「食べる」という行為とは？という問いにまで話が拡がった。習慣や好みのちがう個人を介助・介護する仕事は，どこまで，どのように行えばよいのか？介助・介護の奥深さに想いを致すきっかけとなった。ま

第4章　演劇を通じた介助・介護経験の再解釈と伝達の試み

た，2年目のワークショップで「距離」と「境界線」というキーワードが浮上したひとつのきっかけともなった。

発表では，利用者宅で彼女が（介助者）待機している場面を設定し，利用者とそのパートナーがいるとなりの部屋からハッピーバースデイの歌声が聞こえてきたときのことを回想して，

> 人が人を愛すること，何かを大切にする気持ちは誰の胸の中にもあると，その営みが，介助というささやかな距離を通してダイレクトに伝わってきました。本来知るよしもない誰かの日常に他人が入っていく介助。その人の当たり前を察しながら，そこに流れる時間をゆっくりと丁寧に見ることが，私の仕事です。その時間を丁寧に過ごすことで，自分に立ち返って，人を思いやることや人を案じること，前向きにトライすることを諦めずに続けようとできます。もちろんトラブルとかはあります。（中略）日常のなかで人間的な関わりが求められる仕事なので，どこまで入っていいのか，ここはやりすぎた？など悩むことはあるんですけど，利用者さんも介助者もどうすればうまくいくのかを一緒に考え，提案していく責任がお互いにあると思っているので（中略）相談しています。

ここでは明示的に表現されていないが，作業の過程では，重度訪問介護に含まれる待機の時間の意味，その重要性についても話題になった。細切れの時間で決められた介護を行う介護保険のモデルとは違う介助・介護の在り方が，よりのぞましいのではないか，との思いである。そして，2年目で焦点化された介助・介護における「距離」と「境界線」について，彼女もその難しさを日々感じながら，「相談しています」と語っている。利用者に相談するのは，基本中の基本であろうが，諦めずに続けようとする態度が示されている。

終了後のアンケートでも，「ケアが必要とされる人との関わりは，自分の立つところと地続きにあるということ」，そして「誰かへの感謝とか，助けてもらったという思いの輪の，見えないくらい遠いどこかで，ケアという行為やそ

125

ういった立場の人と繋がっていると感じるので、その関わりの中に私もいる、というのが、私にとっての介助・介護です」と語っている。

　慢性的な人手不足、賃金の安さ、離職者の多さに現れているように介護、介助職の労働環境は十分整備されているとはいえない。一方で、介助という仕事の価値や可能性についても十分には語られてはいない。彼女の労働環境が、障害者運動の成果や自立生活を送る利用者の意識等によって比較的恵まれているという前提の上でだが、そしてまた性別役割分業に縛られがちな家族介護に簡単に横滑りさせることはできないが、彼女が日常の仕事のなかから丁寧に紡いだ借り物でないことばと、そのまっすぐな語りは、彼女の仕事への向かい方、仕事を通じて見いだした価値を語り、介助・介護とは何かという問いへの思考に誘ってくれた。

妹と父を看取って――「ぼくたちはよくやったね」

　Nさん（男性、40代）は俳優を志し、演劇活動を続けていたが、妹が21歳で精神を患い（後に統合失調症と診断）、母とふたりで入退院を繰り返す妹の介護を続けた。父は仕事でなかなか家に帰らず、俳優としての仕事はコンスタントには続けられなかった。妹が40歳のとき乳がんであることが判明した。精神症状は治まり、ホルモン治療で小康を得るが、抗がん治療を望まなかった妹は5年後に死去。相前後して、這ってでも自力でトイレに行き、歩けないのに車を運転して通院したという破天荒な父もその生涯を終えた。

　Nさんは自身の壮絶ともいうべき経験を、実に率直に語った。彼の率直さは他の参加者にも影響を与えた。たとえば、Lさんも「そういうの（彼の話）に引きづられて、自分も民生委員の話をやってみようと思った」（「Lへのインタビュー」）と語っている。彼自身は「俳優だから、さらしてなんぼだから」と。しかし、それはすでに妹も父も亡くなったからで、生前は「隠していた」と発表後のインタビューで述べた。

　ちなみに「民生委員っていうのはあるのは知ってたけど、民生委員をどう使っていいのかもわからないし、民生委員がなにをしてくれるのかもわからな

い」状態だったという。「妹がともかく気が違っちゃったから，どうにかしないとしょうがないっていう，世話するしかしょうがない……（中略）母親と俺しか面倒みられない」という気持ちだったという。1年目のキーワード，「助けてって言えない」状況が，ここでも生じていた。

　彼の経験を舞台で発表するにあたっては，もうひとりの参加者Ｉさん（女性，50代）の存在が大きかった。彼女は介護福祉士として働きながら，両親の介護をしている。彼女はＮさんの話を聞き，「愛情深さを感じ」，もっと話を聞いてみようと思ったという。「あの率直さ。一切なんにも加えずにほんとうのことを言った。（中略）その率直さは普通ないの。こんなにやったとか，こんなにこうだったとか。いろんな感情があまりにもありすぎて」とその印象をインタビューで語っている。

　実は彼女の兄も統合失調症を患っていた。彼女はＮさんとの関係においては「気持ちを聞いてくれる。この自分の現実をフラットに，すべて話を聞いてくれるっていう関係」が結べたと思うと述べている。「Ｉさんのインタビューは相当しつこかった。でも，いいものを書いてくれた」とＮさんも述べ，そして，「ものすごく似てるんだと思うんですよね，たぶん経験が」と語っている。

　同じグループのＥさんとともにインタビューを重ねてＩさんが書いたＮさんのモノローグ。

　　俺はね，今でも父をすごいと思ってる。
　　家族の為に，働いて。働いて。
　　動けなくなっても，人に頼らず，這ってトイレに行って。
　　いよいよ困ったら怒鳴って母を呼びつけて。
　　でもね，本当のこと言えば，いい加減にしてくれよって思ってた。

　　お父さん，Ｏ子はどうなっちゃうんだろう。
　　このままで，俺は，どうなっちゃうんだよ。
　　親だろう。自分の子どもだろう。おやじ，面倒見ろよ。

第Ⅱ部　専門家と非専門家の場づくり

　もちろん，そんなこと言えませんでしたけどね。

　O子が生きているとき，俺はびくびくしていた。
　O子の病気が怖かった。
　そして，O子は善良な人間でした。

　O子，お前の病気には，振り回されたなあ。
　お前も大変だったけど，家族みんな大変だった。
　お前を死なせないように一生懸命だったよ。
　俺たちはよくやったね。O子。

　Iさんは「自分が言いたいことになっちゃった」というが，Nさんは，「ものすごく読みやすかったです。もう考える必要もないっていうか，おまえなんでこんなに俺のこと知ってるんだよ，もうあたらしく準備するとかっていうことがなんにも必要ないぐらい，もうおれのことが書いてあるだけっていう」と述べている。一方，Iさんは，Nさんがこのモノローグを舞台で読んだとき，客席にいて，舞台（参加者）と観客が「つながっている」と感じたという。そして特に最後の「俺たちはよくやったね」と読まれた声が，「演劇的でもあり，あの人（N）のことばでもあり，（中略）しっくりきた」と述べている。彼女は統合失調症の兄弟をもつ家族としてこれまで介護にまつわるさまざまな経験をし，当事者の兄弟会などの自助グループやセラピーにも参加していた。「自分の問題として片付けなければならない」と感じたセラピーは，助けになったが，孤独でもあったという。孤独ななかで，聡明な彼女は「よくやったね」と自分自身に語りかけてもきたのだという。けれども，もうひとつ「しっくり」しなかった。しかし，今回のプロジェクトで，Nさんと経験を分かちあい，モノローグを書き上げ，そのテキストをNさんが舞台で読んだとき，「こういう感じなんだ出会うって，（中略）こんなところにいけるんだ」と述べている。
　筆者の解釈では，ひとつには，自分たちの経験が表現として観客に届いたと

実感できたということではないかと思う。「わかりっこない」とＩさんの表現する過酷な経験が当事者でない他者に「わかりっこない」こと自体は変わらない。Ｎさんの家族の年譜と抽出されたエピソードと，Ｉさん作のモノローグが語られただけなのだ。けれども，そのとき演じ語る彼のたたずまいや声，さらに彼を見守っていた舞台上の他の参加者の存在や舞台効果などの諸要素が総合されて，演劇的に凝縮された形で家族への思いと自分たち自身への思いが「俺たちはよくやったね」ということばで伝えられ，観客と「出会った」。どんなに語っても語り尽くせない「わかりっこない」経験がそのことばに籠められて。観客が受け取ったと感じたことで，Ｉさん自身も自分はほんとうに「よくやった」のだと納得がいったのではないだろうか。

むすびにかえて

　今回ふれることのできたのは，2年間にわたる「地域の物語」のプロセスのごく一部である。介助・介護をめぐるパーソナルな事柄を，参加者相互の支えを梃子に，観客に伝達可能なテキストの形にして，伝えようとした試みである。参加者のなかには，自身の参加経験を語るとき，セラピーということばに言及していた人もいたが，このプロジェクト自体はセラピーを目的としていない。しかし，ある個人の経験をできるだけ丁寧に，多角的に聞こう，表現してみようとするなかに，そのような効果が発生しうるということは認識している。個人的な経験をひらくことで，当事者自身のある経験についての理解や認識が変更されたり，深まったりするだけでなく，その経験を伝達可能な形，演劇にして伝えることで，その経験が社会的な意味を獲得する。参加者はそのことを，発表を通じて実感することになる。そこに応用演劇としての本プロジェクトのひとつの鍵があると考えられる。まだまだ考察すべきことは多いが今回はひとまずここで筆を置く。

　注
　(1)　対面インタビュー，Ｅメールとも質問は以下の通り。なお，対面インタビューの

場合は，はじめに質問を提示し，答えやすいものから自由に答えてもらった。①このワークショップでもっとも印象にのこっていることはなんですか？ ②ワークショップだけでなく，舞台で発表することについてどう思いますか？ ③観にきてくださった方の感想はどのようなものでしたか？ ④このワークショップに参加することで，自身の経験についての理解・認識に変化はありましたか？ それはどのような変化ですか？ ⑤他の参加者の経験を聞いたり，そのことをめぐって作業したりしたことは，介助・介護を理解する上でどのような影響がありましたか？
(2) 「自立生活」とは「日常生活に介助が必要な重度の全身性障害者が，その生活を，基本的に，施設においてではなく，また家族や家族による雇用者によらず営む生活」（立岩 1999b：520）であり，「自立生活運動」とはそれを実現するために障害当事者によって取り組まれた運動。
(3) 現在の正式名称は，「日本脳性マヒ者協会　全国青い芝の会」。脳性マヒ者の当事者団体。詳しくは会の HP 等を参照（http://w01.tp1.jp/~a151770011/donna.html）。
(4) 水俣病公式確認 50 年事業において，胎児性水俣病患者・障がい者の想いを伝える創作舞台芸術「水俣ば生きて」を製作上演（2006 年 10 月，水俣文化会館）。
(5) 野口三千三によって創始された独創的な体操。野口には『原初生命体としての人間』（1975，三笠書房）などの著書がある。

文献

Blatner, Adam ed., 2007, *Interactive And Improvisational Drama : Varieties of Applied Theatre and Performance*, New York : iUnivers.
恵志美奈子・花崎攝・山田珠実，2014，「地域の物語 2014 発表会アフタートーク」（DVD）。
花崎攝，2013，「応用演劇の観点からの「演劇ワークショップ」再考」『言語・音声理解と対話処理研究会』66，17-20。
花崎攝，2015a，「I へのインタビュー（2015 年 4 月 23 日，キリンシティ横浜モアーズ店）」。
花崎攝，2015b，「F へのインタビュー（2015 年 5 月 17 日，シャノワール千歳烏山店）」。
花崎攝，2015c，「L へのインタビュー（2015 年 4 月 22 日，東京ウイメンズプラザ）」。
花崎攝，2015d，「N へのインタビュー（2015 年 4 月 28 日，SY の自宅）」。
川口有美子，2009，『逝かない身体――ALS 的日常を生きる』医学書院。
厚生労働省，2013，『平成 25 年度介護従事者処遇状況等調査結果の概要』。
熊谷保宏，2009，「応用演劇の十年――概念史的検討」『日本大学芸術学部紀要』49：45-56。
倉本智明編，2005，『セクシュアリティの障害学』明石書店。

前田拓也,2009,『介助現場の社会学——身体障害者の自立生活と介助者のリアリティ』生活書院。

McNamee, S., and Gergen, K. J. eds., 1992, *Therapy As Social Construction*, SAGE Publications.(＝2014,野口裕二・野村直樹訳『ナラティブ・セラピー』遠見書房。)

小山内美智子,1995,『車椅子で夜明けのコーヒー——障害者の性』文藝春秋。

Prendergast, Monica and Juliana Saxton eds., 2009, *Applied Theater : International Case Studies and Challenges or Practice*, Bristol : Intellect.

坂爪真吾,2012,『セックス・ヘルパーの尋常ならざる情熱』小学館。

坂爪真吾,2015,「ホワイトハンズ」(http://www.whitehands.jp/menu.html,2015年5月27日)。

世田谷パブリックシアター,2014a,「地域の物語 2014 五行詩」。

世田谷パブリックシアター,2014b,「地域の物語 2014 上演台本」。

世田谷パブリックシアター,2014c,「地域の物語 2014 上演当日パンフレット」。

世田谷パブリックシアター,2014d,「地域の物語 2014 日誌」。

世田谷パブリックシアター,2014e,「地域の物語 2014 発表会に向けての感想シート」。

世田谷パブリックシアター,2015a,「地域の物語 2015 上演台本」。

世田谷パブリックシアター,2015b,「地域の物語 2015 上演当日パンフレット」。

世田谷パブリックシアター,2015c,「地域の物語 2015 聞き書き」。

菅原直樹,2015,「老いと演劇 OiBokkeShi」(https://www.facebook.com/oibokkeshi/info,2015年5月24日)。

杉田俊介・瀬山紀子・渡邉琢編著,2013,『障害者介助の現場から考える生活と労働——ささやかな「介助者学」のこころみ』明石書店。

立岩真也,1999,「自立」庄司洋子他編『福祉社会事典』弘文堂。

上野谷加代子,2014,『民生委員・児童委員の活動環境の整備に関する検討会』報告書,厚生労働省。

吉本光宏,2011,「高齢者の潜在力を引き出すアートのポテンシャル——アートが拓く超高齢社会の可能性」『ジェロントロジー・ジャーナル』No. 11-009,ニッセイ基礎研究所。

自立生活センター HANDS 世田谷,2015,「世田谷の当事者運動の歴史 世田谷区当事者運動(1974年～1990年)」(http://hands.web.wox.cc/novel5/cate1-1.html,2015年5月30日)。

第5章

超高齢社会におけるメディエーションの可能性
―― 高齢者・家族・介護従事者を守るコミュニケーション ――

田中圭子

1 わが国の高齢者をめぐる課題

　2011年（10月1日現在），日本の総人口は1億2780万人，65歳以上の高齢者人口は2975万人となっており，その比率は前年（2010年）に比べて0.3％増加し23.3％となった。そのうち第1号被保険者（65歳以上）の要介護者等認定者数は平成21年度末（2010年3月）で469万6000人であり，平成13年度末（2002年3月）から181万9000人増加している。「治る見込みがない病気になった場合，どこで最期を迎えたいか」についての回答は，「自宅」が54.6％で最も多く，「病院などの医療施設」が26.4％で，両者で全体の8割を占めている（「平成24年版高齢社会白書」）。一方で65歳以上のひとり暮らし高齢者の増加は男女ともに顕著であり，昭和55（1980）年には男性約19万人，女性約69万人，高齢者人口に占める割合は男性4.3％，女性11.2％であったが，平成22（2010）年には男性約139万人，女性約341万人，高齢者人口に占める割合は男性11.1％，女性20.3％となっている（「平成24年版高齢社会白書」）。ひとり暮らしの高齢者を支える地域包括的なしくみも政策の中には視野に入れられ，平成18年度以降の地域包括センターの設置，拡充などが図られている。

　「日常生活を送る上で介護が必要になった場合に，どこで介護を受けたいか」についてみると，男女とも「自宅で介護してほしい」人が最も多いが，男性は50.7％，女性は35.1％と，男性のほうが自宅での介護を希望する割合が高く

なっている。自宅以外では、「介護老人福祉施設に入所したい」(男性17.0％, 女性19.5％)、「病院などの医療機関に入院したい」(男性13.6％, 女性19.6％)、「介護老人保健施設を利用したい」(男性9.9％, 女性12.7％)が多いが、いずれも男性に比べて女性の割合が高くなっている。要介護者等からみた主な介護者の続柄をみると、6割以上が同居している人が主な介護者となっている。その主な内訳をみると、配偶者が25.7％, 子が20.9％, 子の配偶者が15.2％となっている。また、性別にみると、男性が30.6％, 女性が69.4％と女性が多くなっている(「平成24年版高齢社会白書」)。

つまり、わが国の高齢者はひとり暮らし世帯の増加にもかかわらず、今のところ介護は自宅希望が多く見られることになる。しかし、今後ひとり暮らしの世帯増加を考えると現在の介護老人保護施設希望の増加は、考えるべき課題になるであろう。もちろん、自宅介護、地域サービスの拡充が十分にはかられれば、「終の棲家」としての自宅という選択肢を大きく支えるサービスになる。しかし、その一方で、介護老人保健施設の利用の増加も今後視野に入れていかなければならないであろう。

上述のように高齢者自身も自らの生活実情と人生の終わり方についての希望との間に葛藤が生じる現象がある。またそこには、家族もかかわり、介護サービスを利用すれば多様な介護従事者がかかわってくる。高齢者本人と家族のニーズが必ずしも一致していないことは十分に予想できる。また高齢者介護の分野においては、ヘルパー、ケアマネジャーなどいわゆる介護職として認知されている職業のほかに、理学療法士、作業療法士など専門職、医師、看護師など医療関係者、そして時には行政関係者など、多様な職種がかかわることになり、職種での合意形成が利用者のニーズとどこまで一致しているのかという点は大きな課題になる。

本章では超高齢社会における高齢者、家族、そして介護利用者間の紛争や対立の視点を取り上げ、葛藤や対立を解決・予防する方法のひとつであるメディエーションの可能性を考察する。

第5章　超高齢社会におけるメディエーションの可能性

表5-1　要介護度別のサービス利用状況（受給者数）

(単位：千人)

	計	要介護1	要介護2	要介護3	要介護4	要介護5
総数	3440.9 (100.0)	793.2 (100.0)	858.2 (100.0)	668.3 (100.0)	597.9 (100.0)	523.3 (100.0)
居宅サービス	2407.4 (67.2)	706.5 (87.2)	712.6 (80.1)	448.0 (63.3)	314.3 (50.0)	226.0 (41.4)
地域密着型サービス	303.7 (8.5)	56.2 (6.9)	74.4 (8.4)	80.1 (11.3)	55.3 (8.8)	37.6 (6.9)
施設サービス	870.7 (24.3)	47.2 (5.8)	102.2 (11.5)	179.6 (25.4)	259.2 (41.2)	282.5 (51.7)

資料：厚生労働省「介護給付費実態調査月報」（平成24年1月審査分）より内閣府作成。
(注1)　（　）内は要介護（要支援）状態区分別の受給者総数に占める各サービスの受給者の割合（単位：％）
(注2)　総数には，月の途中で要支援から要介護又は要介護から要支援に変更となった者を含む。端数処理等の関係上，内訳の合計が総数に合わない場合がある。
(注3)　「介護予防支援」または「居宅介護支援」のみの受給者は，「総数」には含むが「介護予防居宅サービス」または「居宅サービス」には含まない。
出所：「平成24年版高齢社会白書」。

施設サービス利用

　表5-1のように，ひとり暮らしの高齢者が増加している一方で，要介護となった場合の施設サービス利用者は介護度が高まるほど利用状況が増加する。また，自宅で最後まで療養をすること実現困難な理由として「介護してくれる家族に負担がかかる」との回答率が最も高く，次いで「症状が急変したときの対応に不安である」とつづき（「平成24年度高齢社会白書」），自宅での介護を理想としては掲げながらも，実際には実現が困難であることは自覚しつつ，施設サービスの利用を視野に入れながらのライフスタイルの計画をしていく必要があることがわかる。「人生90年時代」[1]のいま，介護施設サービスの選択肢について考える必要がある。

介護者の離職

　上述のように，今後介護施設サービスの必要性につい述べてきた。介護施設の必要性を考える一方で，介護職の状況も視野に入れる必要がある。平成23年度の離職率については表5-2を見てわかるように，宿泊業・飲食サービス

第Ⅱ部 専門家と非専門家の場づくり

表5-2 介護職離職理由

(％)

	回答数	法人や施設の理念や運営のあり方に不満があったため	職場の人間関係に問題があった	他に良い仕事・職場があった	収入が少なかったため	自分の将来の見込みが立たなかったため	新しい資格を取ったから	結婚・出産・妊娠・育児のため	人員整理・勧奨退職・事業不振等、法人解散のため	家族の介護・看護のため	病気・高齢のため	自分に向かない仕事だったため	定年・雇用契約の満了のため	家族の転職・転勤、又は事業所の移転のため	その他
全　体	5,433	24.4	23.8	19.4	18.1	16.7	9.7	8.9	6.3	4.7	4.1	3.7	3.7	3.5	13.3
正規職員	3,713	26.8	24.6	21.2	20.4	19.6	10.8	6.4	6.4	3.9	3.9	3.6	2.6	3.2	14.1
非正規職員	1,558	18.9	21.3	15.2	13.5	10.5	7.1	14.8	6.2	6.4	4.4	4.0	6.1	4.4	11.9

注：無回答は省略。
出所：介護労働安定センター（2012）。

業が27.8％と最も高く，次いで生活関連サービス業・娯楽業22.8％，医療・福祉15.9％となる。介護職の離職理由についてみると，「法人や施設の理念，運営に不満」が24.4％と最も高く，次に「職場の人間関係に問題があった」が23.8％，「他に良い仕事があった」19.4％，「収入が少なかった」18.1％と収入や待遇といった物理的な面よりも，職場の考え方や人間関係といったどちらかというと内面的な面での離職理由が上位にある（介護労働安定センター 2012）。

有料老人ホームの実情

　ここまで主に，行政政策としての介護サービスについて状況を見てきた。利用者にとって資金的な不安は残るところは否定できないが，有料老人ホームという選択肢も考える必要がある。そこで，次に，自宅以外の選択場所である有料老人ホームに焦点をあてて現状を考えてみる。

　2008年には有料老人ホーム数が老人保健施設を超えることになった（全国有料老人ホーム協会 2010）。また施設によってはデイサービスなどと併設されている施設も多いため，デイサービス利用者が，その施設の内情を見ながら，将来

的に選択しているという可能性もある。一方でサービスの質あるいは基準については，厚生労働省の基準に基づき，各地方自治体の設置運営標準指導指針が作成され，各自治自体に任せられている部分が多く，定期立ち入り調査以外では，実際には自治体に苦情や相談があった際に，指導監督などを行っている状況である。

利用者と家族の住み替えニーズ

　有料老人ホームの利用者ニーズを考えるとき，現在の居住から老人ホームへの住み替えのタイミングを考えることができる。有料老人ホーム協会の調査では本人の大半が「元気なうちの住み替え」を希望しているのに対し，家族等は「介護が必要になってから」が70％を占め（全国有料老人ホーム協会 2010），本人と家族での考え方のギャップが露出している。図5-1のように，高齢者にとっては住み慣れた自宅を離れたくないという意識が働くものの，自分が元気なうちに，将来を選択したいという自己決定への要求が高まる反面，家族にとっては資金，その他いろいろな面からできるだけ自分で介護する必要があるという要求がでてくることになる。

　一方で有料老人ホームをためらう理由として，それぞれの施設の特徴がわかりにくい点が挙げられ，事業を信頼するのに有効だと思う取り組みについては，「財務諸表などの情報公開の姿勢や内容」が55.6％と最も高く次いで，「第三者評価結果の公表や結果」「有料老人ホーム協会加盟の有無」「オンブズマン制度利用の有無」など有料老人ホーム施設以外の第三者の関与への希望が高くなる（全国有料老人ホーム協会 2010）。

入居の状況

　本章では有料老人ホームでの高齢者の入居状況については詳細には述べられないが，入居前に想像もしなかったことなどで，困りごとが発生した段階で誰に相談するかというといのはホーム職員が25％と最も多く，「子ども」20％，配偶者19％と続く。また判断能力が低下した場合，自分の意見を代弁しても

第Ⅱ部　専門家と非専門家の場づくり

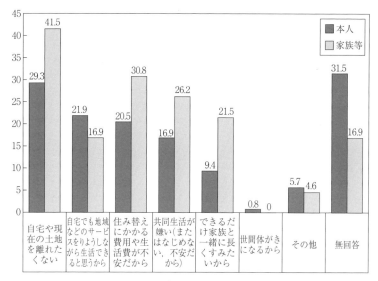

図5-1　自宅に住み続ける理由
出所：全国有料老人ホーム協会（2010）「多様化する有料老人ホームに関する実態調査報告及び利用者等に関する調査報告」のデータに基づきグラフ化。

らいたい相手を尋ねたところ，配偶者および子どもがいない人では「家族」は10％にとどまり，「身元引受人」が50％弱と高くなっている。また「ホーム職員」も17％と他よりも2倍高くなっている[4]（全国有料老人ホーム協会 2010）。

一方サービス提供側の管理者から見た場合，ホーム職員の働く意欲工場や職員定着に向けて重要だと思うこと，またそれらの取り組みを行う上での課題等についてでは，「給与・賃金・評価・雇用環境の充足などの処遇・待遇改善」についての意見が多く見られ一方で，「管理職と職員の関係性の構築」や「職員同士の連携やチームワークづくり」など人間権関係やコミュニケーションに関する意見もあり（全国有料老人ホーム協会 2010），上述介護職の離職理由である「人間関係」と一致することになる。

以下では，わが国の有料老人ホームにおける人間関係の課題への対策方法を考えてみる。

2 超高齢社会におけるメディエーション

メディエーションとは

　対立，あるいは葛藤について当事者同士で話し合いをし，双方が納得できる解決策を見出さればベストな解決方法と言えよう。しかし，対立に直面すると，それぞれが表面に見えている事象ばかりを話題としてしまうことになったり，感情が表面化し自分たちが本当に求めていることを議題として話し合うことが難しくなる。特に，議論が激化するにすれ，起こっている事柄以外の，背景や感情的な部分はそぎ落とされやすくなり，たとえ表面的には問題は解決したかに見えても，満足いくものでなくなり，将来的に両者の人間関係を深く傷つけることも多い。

　そこで，第三者を交えて話し合おうという手段がメディエーションである。中立的な第三者の存在そのもので両者の関係は大きく変わっていく。第三者であるメディエーターは両当事者がメディエーションで問題を解決したいと考える話し合いの出発点から両当事者の自己決定を支援する。両者がそろった話し合いの中では，両者の表面的な事象ではなく，両者が本当に大切にしたいことを議題としていくことを支援しながら，両者が満足する解決が得られるように話し合いを促進していく役割を担う。

ファシリテーティブメディエーション

　現在においてメディエーションに代表的な理論として，ファシリテーティブメディエーション，トランスフォーマティブメディエーション（安藤・田中 2015：25-34），ナラティブメディエーションなどが挙げられる。メディエーションでは両者の間に介入するメディエーターが利害両当事者双方のコミュニケーションを促進することで両当事者の自己決定と合意を促進する方法である。

　多く活用されているファシリテーティブメディエーションは構造的に以下のプロセスで成り立つ（田中 2012：27-30）。

①ステージ1　片方当事者との最初のコンタクト
②ステージ2　もう一方当事者との最初のコンタクト
③ステージ3　両者が小田井の意見や気持ちの衝突に向き合う準備をする
④両者の話し合いの席でそれぞれの課題をお互いに聴く
⑤メディエーターと両者，参加者全員がお互いの課題について一緒に考えていく
⑥合意を一緒に創っていく
⑦終了とフォローアップ

　メディエーションは紛争解決方法のひとつであり，すべての問題がメディエーションで解決できるものでもなく，両当事者がメディエーションという方法を選択し，両当事者がその方法で解決したいと思わなければスタートしない。そのなかでのメディエーターの介入のねらい，構造化などにより，上記理論が大きく異なる。しかしながら共通しているねらいは，「紛争」や「対立」に対して，当事者の気持ちや，自己決定のプロセスを支援していくことにある。
　ここで考えなくてはならないのは，その対立を経験した「人」によって，それぞれの「対立」の定義が異なるため，介入する者はクライアントが期待する紛争の定義を明確に見極めることが必要であり，また，その「見極め」こそ，介入者であるメディエーターがクライアント自身の定義と「思い込んでいる」という点である（Baruch 2010：15）。つまり，両当事者の意見が異なるのと同様に，介入者であるメディエーターもまた「人」として意見が異なっていることを深く自覚し，いかに，両当事者が自分で決定するというプロセスを経て，合意を作成していくかがメディエーターとしての最重要な役割になるのである。

イギリスの取り組み

　イギリスの高齢化は日本ほどのスピードはないものの，1984年から2009年の過去25年で65歳以上の人口比率は15％上昇の反面，16歳以下の人口は減少し，2023年には65歳以上の人口が23％になるのに対し，16歳以下は18％

となることが予想され，人口の両極化が問題視されている（Older People's Day 2010）。一方で「ゆりかごから墓場」までに代表されるような福祉政策は，国家財政の傾向とともに見直しが繰り返されてきており，自治体運営と民間サービスの競争的存在が高齢者福祉サービスを支えているといっても過言ではない（エイジング総合研究センター　1999）。

　この状況のなか，イギリスの Elder Mediation Project（以降 EMP）は 1991 年に形づくられた運動で（Graig 2000：203），高齢者のための self-help social empowerment project 運動の一環としてメディエーションが進められてきた（Graig 1997：147）。運動初期は高齢者の問題に高齢者自身がかかわる要素が重要視されてきていた（Graig 1997：147）。EMP が他の機関と連携することで，メディエーション案件が 40％増加したといわれている（Graig 2000：210）。その後，当時イギリスのメディエーション組織を管轄していた Mediation UK が[5]この EMP モデルを採用したことで，イギリス国内に EMP モデルが広がる契機になった。しかしながら，まだ当時はプロジェクトとしての認識が高く，組織が提供するサービスとしての認識は定着しきれなかった。理由として，Graig は，3つ挙げている。第一にエンパワメント運動として展開されてきた背景にともない，個人に注目され組織決定としての運動になりづらかった点。第二にいくつかのチャリティ組織や財団が助成は行ったものの，組織として活動するには資金不足であったこと。第三に高齢者のためのメディエーションのコンセプトが新しいため，広く認知し，利用されるまでにはかなり理念的，哲学的なギャップの存在（Graig 1997：147）である。

　従来メディエーションは，裁判以外の紛争解決方法として，廉価で迅速であることをメリットに掲げられ推進されてきた。そこで想定されているケースは，家庭の問題（夫婦・家族など）あるいは，民事の問題であるため，高齢者の，しかも事件になっていないようなことで，これからの将来について関係者で話し合うというコンセプトは，メディエーションが推進されてきたイギリスでも定着には時間がかかったのである。

　定着化がされにくいなかで組織的に高齢者のメディエーションに取り組んで

きたのが Age UK になる。

Age UK の取り組み

EMP を組織的にサービスプログラム化してきたのが Age Concern England[6]になる。

AIMS（Advice, Information, and Mediation Service）のメディエーションモデルは図 5 - 2 のように，AIMS のアドバイザーがお互いにその対立をどのように見ているのか，そしてどうしたいのかということを中心にそれぞれの話を聴き，両者の話し合いをセッティングしてく。

Age Concern England が提供しているサービスプログラムが AIMS により，システム的にメディエーションが組み込まれていた。Age Concern England は 2009 年に Help the Aged と合併し Age UK となった。また，AIMS のシステムは 2011 年に，終了している。

Age Concern England は実際の介護施設などと，業務提携をこのサービスを展開していた。このサービスプログラムにはスタッフ向けのトレーニングも含まれており，メディエーションの理念を施設全体に統一的に啓発していくことは，上述，新しい概念の定着化を補うものとしてのフォローアップとして体制づけられていた。提携施設からコンサルタント費用を会費として徴収するシステムである[7]。業務提携には少なくとも 1 回のメディエーションは無料であり，その後は割引価格になるものの，1 回ごとに料金を請求できるため，上述費用の面の懸念も補えるシステムとなっていた。

実際筆者が現地で 2010 年にヒアリングを行った際，年間 20〜30 件のケースが両者がそろってメディエーションでの話し合いをする段階まで至っており，介護施設との業務提携によるメディエーションはシステム的に機能している。また，パッケージに付随されたトレーニング以外にも，施設側からメディエーションのトレーニングを依頼され，高齢者のメディエーションの普及という点でも AIMS は大きな役割を果たしていた。

実際現地のヒアリングで利用者の声を聞くと[8]，利用者と施設の間でのトラブ

第5章 超高齢社会におけるメディエーションの可能性

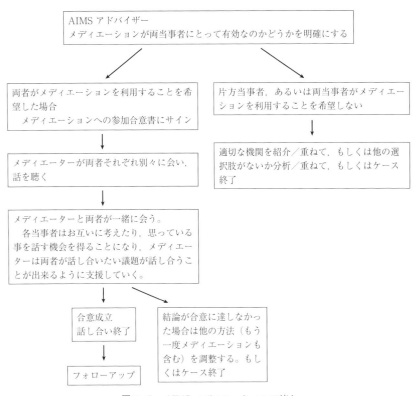

図5-2　AIMSメディエーションの流れ
出所：Aims (2006：153)

ルでメディエーションを経験した利用者側（高齢者）はメディエーションを経験しての満足度は高く，その後当該施設での生活満足度もより向上したと話していた。また施設側も当初は利用者があまりに感情的になっていて，本当は何を望んでいるのかがわからなかったのが，第三者であるプロのメディエーターが入って話し合うことによって，利用者の意図することがわかり，今後のサービス提供の改善にもつながったと話している。

第Ⅱ部　専門家と非専門家の場づくり

高齢者メディエーションの実例

　実際のメディエーションは非公開であるため，事例や実際の解決方法がどのような具体的なプロセスをたどったかを実態的に把握することは難しい。そこで，イギリスに限らず，現在刊行されている著作，および著者がヒアリングなどで見聞した，実際に高齢者がかかわる対立や苦情が，どのようにメディエーションされているのか事例を通して考えてみよう。

事例1　高齢者施設のマネージャーへの苦情（Aims 2006：156）

　高齢者施設に入居しているAさんは，マネージャーがいつも事務所にいないことに不満を持っていた。Aさんと仲間たちはマネージャーが事務所にいる時間を記録としてつけていて，AIMSが調査を行った時，すでにマネージャーにはそのことに関して直接苦情を言っていた。その一方でマネージャーは，入居者たちにたびたび苦情を言われることに，恐怖を感じ，おびえていた。この事態はマネージャーと施設経営者との関係も悪化させ，入居者に対して法的措置もやむを得ない方向にさえなっていたのである。AIMSは関係者全員（入居者，マネージャー，施設経営者）に連絡をとり，全員がメディエーション参加し，話し合いが進められた。スムーズな話し合いが行われ，それぞれの話が進められるなか，マネージャーは一日の何時間かは，事務所ではなく，現場実務に携わることが求められており，実際には必要性に追われて現場にいる時間が長くならざるを得ない状況になっていることがわかった。そのために，事務所を離れなくてはならないことが理解できたのである。入居者もその事実をマネージャーが事務所にいないときは現場に出ていることと，仮に現場に出ているときでも何か必要があれば対応できることが確認でき，安心することができた。一方マネージャーも入居者たちから自分が必要とされている人材として受け入れられていることを理解できた。

事例2　高齢者が居住する集合住宅での近隣紛争(9)

　B社（住宅管理組合）からの依頼で，高齢者Cさんの最近の言動について相

談。Cさんは最近ものを破壊したりする行動に出始め、同じ建物の住人たちを、虐待的な行動やことばで脅かすようになってきた。B社はCさんが認知症を発症しはじめたのではと考えていた。Cさんの兄弟は同じ集合住宅に居住する弟のみ。Cさんの状態は悪化し、彼女の言動の影響で恐怖のあまり住人の数名は退去するという状況が生じてきており、Cさんの退去を依頼せざる得ない状況である。また、この住居から転居しないかぎり、福祉的なサポートなどは受けられない状況にある。B社は他の適切な住居を紹介するなどしているが、Cさんはそれを受け入れず、その建物に居住することを希望し続けている。

　メディエーションでは、最初にどうしてメディエーションが必要なのかをB社からCさんに説明をした。この段階で、Cさんは自分の健康状態についての不安を話し、どこかに転居する必要があることを自分で自覚していることを話した。Cさんが最も心配していることは弟と離れて暮らすことであり、それが転居したくない最大の理由であることが明らかになったのである。そこで、B社はCさんが望む時いつでもビジターとして来ることを歓迎する旨を伝えた。合意書にはCさんが希望する移住先（福祉施設）の名前と、住居の大家が転居を手伝うことが記載された。

　このメディエーションでは、B社側にとっては自分たちの意見が尊重されたことと、メディエーションに利用価値があったことが記録されたことになり、また同時に、決してCさんが弟から見捨てられると感じることなく、Cさんが自分自身の尊厳を持って自分で決定しながら適切な福祉施設に転居するというプロセスをとることができた。

事例3　成年後見がかかわる家族の葛藤（Backlund 2010：313-314）[10]

　裁判所からメディエーションをするように指示された事例。裁判官は後見人候補にヒアリングを行い、Dさんの臨時の共同後見人にDさんの子どもふたりを指名した。このふたりの子どもは法的権限を持つ手続きを行わなかった。裁判所のヒアリングに先立ち、Dさんは医療診断で認知症中期にさしかかっていると診断され、その際、高齢者福祉施設で生活するように意見されていた。共

同後見人のひとりに指名された子どもは，父親が介護を受けながら生活できるように父親を転居させた。一方で，認知症の診断と転居の前に，Dさんは弁護士に権限を持つ後見人を依頼し，裁判所はひとりの子どもを指名した。そのひとりは共同後見人ふたりのうちひとりだった。

　5人の子どものうち4人は，この後見人が他の家族に考えなどをまったく無視してひとりで勝手に行動しているように思え，怒りをぶつけていた。というのも，子どもたちそれぞれが父親の今後のための考えを持っていたからである。

　メディエーションプロセスがスタートするとまず弁護士，5人の子どもたち，Dさんのインテークが行われた。この家族がまず決定したことは，メディエーションに参加するということ，そして父親自身がこのメディエーションに参加できる可能性についてもそこには含まれていた。自分たちの「親」として過ごせる時間も限られていること，そして継続的にメディエーションにすべて参加することも難しいことも認識していた。Dさんはその弁護士を信頼しており，自分の大事にしていることや大切に考えていることを代弁してくると信じている。そこでメディエーションは父親の参加しやすい場所で行われることになった。

　まずメディエーターからどのようにこの話し合いを進めていきたいかをたずね，家族はまず父親から話を聞きたいと答えた。父親は説得力のある口調で，自分には後見人が必要であるにもかかわらず，なぜ共同後見人のアイデアが好きでないのかを話し始め，そして誰にどういった理由で後見人になってもらいたいのかを明確に話した。その後メディエーターが父親の話した内容を確認するために繰り返したところ，子どもたちから父親にその結論について質問が出始めた。父親はその質問に困惑し，「この部屋の中では，けんかしたくない」と言って立ち上がり，「このままの状態が続くようであればこの部屋を出て行く，そしてもし今後欠席するような場合は代理人が代わりに話してくれるはずだ」と話始めた。

　このDさんの話が子どもたちが自分たちが強く思っていること（疑念に思っていることや残念に思っていることなど）を話を始めるきかっけとなった。そこに

はもちろん,自分自身が大切に思っていることや,子どもたちの不信感,過去に家族内で起こったことについての嫌だったことなどについてもお互いに話すことになった。話し合いのなかで,メディエーターは,話された内容,部屋の中で語らえたそれぞれの気持ち,合意できる点や合意できない点などについて要約した。激しい話し合いにはなったものの,そのなかでお互いに新しい情報を得うることができ,過去の家族関係についてそれぞれ異なる理解をしていることも徐々にわかってくることにより,それぞれが自分たちの状況を自覚し,関係性を見直し始めるきっかけとなっていたのである。

ターニングポイントは父親が依頼した弁護士が5人の子どもたち全員を不快にさせるような行動をしたことを思いおこさせたことにあった。このことで,子どもたち全員が今後,各個人として,あるいは家族全員として何が必要なのかが明確になり,父親の今後の生活のため,そして父親の状況を悪化させないためには,どうすればよいのかを決めていきたいと思うようになるきっかけになったのである。

メディエーションを通して,子どもたちは自分たちの強みやそれぞれが建設的に,前向きに協力することを理解することができるようになった。そして結果的に誰が後見人になるべきか,それをどのように裁判所に報告するのか,父親の今後の介護についてお互いに協力しあうことになった。

事例4 在宅ケアサービスプランへの苦情(Backlund 2010:315)[11]

Eさん夫婦の家族からの在宅ケアサービスについてのメディエーション依頼。Eさん夫婦は切迫しているような危険な状況はなく,自分たち自身で決定もできる能力を十分に持っている夫婦である。そもそもの対立の始まりは,提案されていたある在宅サービスプランを打ち切り,サービス会社から薦められたプランを拒否したことが発端。メディエーションに参加したすべての当事者たちが,いらだち,混乱している状態で,お互いにそれぞれが「相手は話を聴いていない」と話している状態であった。

Eさん夫婦が話し合いに出向いていくには困難な状態にあるため,Eさん夫

婦の家でメディエーションが行われた。メディエーションにはEさん夫婦，子ども，ケアサービス会社から2名の職員合計4名が参加。Eさん夫婦は自分たちが受け入れられるサービスや受け入れられる理由について明確であり，サービス会社から提供されたケアプランについて抵抗感があることを話す機会になった。Eさん夫婦の主訴は「見知らぬ人」が家に押し入ってくるような感覚であること，そのためEさん（夫）は今後さらに提供されるサービスを受け入れようとは思えないということであった。

　Eさん夫婦が同席するなか，2名の職員は子どもに家族としてできるEさん夫婦へのサポートについて話し，その子どもが自分が家族として現実的に出来ることについて考えることができるきっかけになった。Eさん夫婦も誰からどんな助けをうけたいのかを話すことができた。サービス会社は，仮に新たなサービスを提案して，Eさん夫婦が拒否したような場合，今後は家族と一緒に話し合うことができることがわかった。メディエーションの結果として，Eさん夫婦が信頼していたスタッフがケアプランを作成すること，そしてそのサポートには家族も協力することが出された。

　その他文献で公開されているものおよび筆者が現地ヒアリングなどで調査した事例では，たとえば，以下のような事例がある。

① 高齢者が出すテレビの音をめぐる苦情（耳が遠くなり，さらにテレビが古いためイヤホンも使えない高齢者と若者（Graig 2000：206-207）

　当初はお互いに似ている経歴であることで親しい関係性を持っていたふたりだが，テレビの音をめぐり関係性が悪化した。メディエーションを通し，お互いのライフスタイル，そしてそれぞれの考え方を理解し，騒音の問題も音を出す時間を調整することで合意できた。

② ある高齢者が別の高齢者やケアハウスの管理人に虐待的な言動をとることについての苦情（Graig 2000：207-208）

　身体的な障害を持つ高齢者や，学習障害の息子がいる管理人に虐待的な言動

にでる高齢者がケアハウスで問題になりメディエーションが実施された事例。虐待的な行動をしている高齢者自身にも息子が自殺したことから生じるメンタル的な問題があることがわかった。また，お互い高齢者同士はお互いに顔を合わせたくないとの希望があり，メディエーターが当事者間を行き来しながら合意を得た事例。

③　高齢者施設の駐車場が施設から離れているという苦情[12]

　メディエーションのなかで入居している高齢者から，駐車場が離れていること自体が問題なのでなく，車椅子で出迎えや見送りがしにくいということが言及され，施設側から施設のドアを車椅子でも出やすいように付け替えることと，施設から駐車場までの通路を車椅子で通りやすくすることで合意ができた。

④　施設内での事故の苦情[13]

　施設管理が不徹底のため，事故が起こったのではないかと家族が疑心暗鬼になり，施設側に感情的に苦情を申し出ていたが，話し合いができる状態ではなく，膠着状態が続いていた。話し合いのなかで，苦情の背景には，施設の管理体制と今後再発しないための施設側の対応を聞きたいというニーズが隠れていたことがわかり，施設側が管理体制と再発防止を説明する機会が得られた。

　その他上述以外では，たとえば，介護サービス者による高齢者への暴力的発言とその背景など，施設に苦情としてあがってきた事例を，施設側が解決するひとつの方法としてメディエーションの活用し，施設や提供者にとっても今後の対策を考えるひとつのきっかけとなる事例が挙げられる。

3　高齢者現場におけるメディエーションの可能性

　上述のようにわが国の現状と実際のメディエーションの事例を見てきた。特に実際のメディエーションの事例を見るとわかるように，メディエーションをシステム化しようとする場合，苦情・相談とメディエーションをどのように結

びつけるかという点は，その後メディエーションを展開する上で，重要なステージとなる。

高齢者現場のメディエーションとは

　高齢者がかかわるメディエーションを鑑みると，それは単なる事件や事故への解決ということのみならず，高齢者やそこにかかわる人すべての人生観を語る場であることも否定できない。特に介護の現場では高齢者や家族のみならず，多様な人材がかかわることになる。介護現場の中でも他職種の人がかかわるだけでなく，福祉，後見人など法律関係者，住宅関連の職種などが挙げられよう。一方，高齢者の家族にとっても今後必要なケアやサポートなど介護のレベル，高齢者のみならず自分たちの今後の人生，人生の終幕の仕方（Backlund 2010：308）など多くの葛藤を抱えることになる。そのなかで，メディエーターを含め誰が何のためにかかわるのかという視点をそれぞれが持つことができるまでには時間がかかる。そのため，メディエーションは図5-2のようにそれぞれにじっくり話を聴く時間が必要になるのである。

　一方，施設内での事例を見てもわかるように，管理会社やマネージャーに苦情として挙がっている例がメディエーションにどのように通じていくのかを考えてみよう。たとえば，騒音，スタッフの対応などについて苦情として上がってきているものの場合，その事象だけにとらわれずに，それぞれが抱える気持ちや，その事象が起こっている背景を深く考え，当事者それぞれが結論を出せるようにしていくのがメディエーションになる。AIMSがある高齢者施設などに行った調査では，多くの「施設マネージャー」などは「私どもには一切トラブルや苦情はない」と回答し，入居者の60％に対して「うまくいっている」，「概ねうまくいっている」と回答している。しかしその一方で入居者は，「緊張やストレスを感じる」（72％），「個人的に動揺，不安，いくつかの活動に出たくない」（32％），「他の入居者不適切な方法で話しかけられた」（60％），「安全ではない」（8％），特に対管理者に対しては48％が「不満足」と回答し，20％は「スタッフに不適切な方法で話しかけられた」としている。

つまり，苦情という視点で考えると，一見苦情が見えない状況でも，そのなかには苦情を正確に「伝えきれない」「伝えられない」状況が潜在化していることが読み取れる。つまり，苦情を適切に述べる場があり，それを解決できる選択肢があること自体が，メディエーションの存在に大きくかかわる。逆に，苦情からメディエーションに適切につながらなければ，高齢者の現場のメディエーションは存在すらできないといっても過言ではないだろう。

適切に伝えることができる状況と場

では，両当事者間でそれぞれの気持ちや事情，背景を適切に伝え合える状況とはどんな状況なのであろうか。それは，ただ単に第三者であるメディエーターが存在するということではない。まずはそれぞれの当事者が自分たちの状況をそれぞれ自身の中で理解し，どのように相手と向かい合うかという，最初の自己決定が行われることが必要となろう。そのためにも，両者がそろった話し合いの前のそれぞれの話を適切に聴き，それぞれの自己決定をサポートする体制とシステムが必要になる。

上述のように苦情が申し出される体制では，まずはこの段階が難しい。なぜならば，苦情を言われる方にとっては，組織全体に対しての苦情の部分と，自分への気持ちの表れとが混在することになるからである。この時点で，仮に第三者に苦情を申し出る場や機会があれば，この状況は前向きに捉えることが出来る場となりうる。

4　メディエーションがもたらす日本への示唆

システムとしての問題

高齢者のため福祉サービスやNPO，あるいは成年後見制度など，わが国の超高齢社会を見据え，多様なサービスが展開されている。しかし，それが縦割りの制度になり，それらをつなぐシステムが実現しにくい。理由として，残念なことだが高齢者のためのサービスは，年齢的なものもあり，どうしても一過

表5-3 苦情を考える場合の内部関係者と外部関係者の長所と弱点

	内部の関係者	外部の人
長所	状況が身近 状況を理解しやすい アクセスが容易	中立的な立場になりやすい 事実を客観的にとらえることができる
弱点	組織の件と個人の気持ちが混同しやすい 中立的な立場になりにくい	状況把握に時間がかかる アクセスがしにくい

出所：筆者作成

性となってしまうことが挙げられるであろう。しかしながら，超高齢社会のわが国において，一過性にとどまらず，いかに品質を向上しながら継続していくかという点は，今後のわが国の行く末に大きく影響するものであろう。

特に，高齢者関連の苦情というものを考えた場合，施設内のことであれば苦情はまず内部の人間に伝えられることが多い。しかし，この時点で内部の人間に言い出しにくい話は，埋もれてしまい，それが何かをきかっけに激昂したときに，大きな事件や事故につながるといっても過言ではない。つまり，内部の関係者，外部の人がそれぞれどの部分で中立，公平な立場でそれぞれの長所と弱点があるかを明確にしたシステムが必要になろう。表5-3のように，苦情を申し出るということを考える場合，それぞれに長所と弱点がある。それを以下に有機的に結びつけていくかということが重要になるのである。

メディエーションの認知

それぞれのシステムや人を有機的に結びつけるためにも，メディエーションの認知は必要不可欠になる。AIMSがメディエーションのシステムの中に，施設内でのトレーニングを組み込んだのもこのために他ならない。しかしながら，わが国での状況を鑑みると，施設側のスタッフや管理者のみならず，利用者にも認知を広げる必要があるであろう。

メディエーションへの有機的な連携が利用者にとっても入居の際，選択項目のひとつとして考えられるような工夫が今後必要になる。そのためにも，施設

とメディエーション組織，そしてメディエーターが継続的に連携していく体制とともに，利用者にメディエーションを啓発的に伝える機会や場が必要になる。

注
(1) 「平成24年版高齢社会白書」では従来の対応や制度設計が「人生65年時代」を前提としてされてきている中で，今後は「人生90年時代」へ備えと世代循環を推進する必要があると解説している。
(2) 「平成24年版高齢社会白書」では60歳以上の高齢者の暮らし向きについて見ると，『心配ない』(「まったく心配ない」と「それほど心配ない」の計)と感じている人の割合は全体で71.0％であり，年齢階級別に見ると，「80歳以上」は約8割と高い割合となっている。60歳以上の高齢者の支出に関する意識(優先的にお金を使いたいと考えているもの)をみて見ると，「健康維持や医療介護のための支出」(42.8％)，「旅行」(38.2％)，「子どもや孫のための支出」(33.4％)の順になっている。またまた，貯蓄の目的についてみると，「病気・介護の備え」が62.3％で最も多く，次いで「生活維持」が20.0％となっている。
(3) 当該調査によると2008年度，有料老人ホームは4086件，老人保健施設3500件となる。
(4) 全体的な数値としては，「家族」が40％と最も高く，次いで「身元引受人」28％，「ホーム職員」9％となっている。配偶者がある人，子どもがいる人では「家族が」50％以上と高くなっている。「家族」が40％と最も高く，次いで「身元引受人」28％，「ホーム職員」9％となっている。
(5) Mediation UK は2006年に解散している。
(6) Age Concern England は2009年に Help the Aged と合併し Age UK となった (http://www.ageuk.org.uk/about-us/who-we-are/our-history/)。
(7) 提携する施設のベッド数により会費が段階的に引き上げられるシステム。
(8) 2010年11月 Age UK と業務提携をしている高齢者施設でのヒアリングに基づく。
(9) 2010年11月 Age UK ヒアリングの際に入手したパンフレット資料の事例。
(10) 事例3はイギリスだけでなく，日本の高齢者にもあてはまると考え，引用している。
(11) 事例4はイギリスだけでなく，日本の高齢者にもあてはまると考え，引用している。
(12) 2010年11月現地(ロンドン)でのヒアリングにおいて語られたケース。
(13) 2010年11月現地(ロンドン)でのヒアリングにおいて語られたケース。
(14) 2010年3月 AIMS 担当者とのメールでのインタビューによる資料(AIMS Questionnaire Report 2007)。

文献

AIMS, ARHM EAC, 2006, *Choices in retirement housing : your guide to all the options*, London, Age concern.

エイジング総合研究センター，1999，「先進国における最新の高齢者対策——フランス・イギリス」（http://nippon.zaidan.info/seikabutsu/1999/00300/mokuji.htm，2012.12.25）

安藤信明・田中圭子，2015，『調停にかかわる人にも役立つメディエーション入門』弘文堂。

介護労働安定センター，2012，「介護労働実態調査」（http://www.kaigo-center.or.jp/report/pdf/h23_chousa_kekka.pdf，2012.11.24）

厚生労働省，2012，「雇用動向調査の概要」（http://www.mhlw.go.jp/toukei/itiran/roudou/koyou/doukou/12-2/index.html，2012.11.24）

内閣府，2011，「高齢社会白書」（http://www8.cao.go.jp/kourei/whitepaper/w-2011/zenbun/23pdf_index.html，2016.11.30）

内閣府，2012，「高齢社会白書」（http://www8.cao.go.jp/kourei/whitepaper/w-2012/zenbun/index.html，2016.11.30）

Office for National Statistics, 2010, "Older People's Day 2010"（http://www.ons.gov.uk/ons/rel/mortality-ageing/focus-on-older-people/older-people-s-day-2010/index.html, December 25, 2012）

Robert A. Baruch Bush and Joseph P. Folger, 2010, "Transformative Mediation : Theoretical Foundations", Joseph P. Folger, Robert A Baruch Bush, and DJ. Della Noce eds., Transformative mediation : A source book, Hampstead, Institute for the study of conflict Transformation, 15-30.

田中圭子，2012，『聴く力　伝える技術——人間関係の誤解を解くメディエーションの極意』日本加除出版。

Backlund, Winne, 2010, "Elder Mediation : Why a Relational Model Works" Joseph P. Folger, Robert A Baruch Bush, and DJ. Della Noce eds., Transformative mediation : A source book, Hampstead, Institute for the study of conflict Transformation, 307-318.

Graig, Yvonne Joan, 1997, Elder Abuse and mediation Exploratory studies in America, Britain, an Europe, Aldershot : Ashgate Publishing Company.

Graig, Yvonnne, 2000, "The Multicultural Elder Mediation Project (EMP) EMPowerment for Older, Disabled and Mentally Frail Persons" Marian Liebmann eds., Mediation in Context, London : Jessica Kingsley Publishers.

全国有料老人ホーム協会，2010，「多様化する有料老人ホームに関する実態調査報告及び利用者等に関する調査報告」。

第Ⅲ部
専門家の実践

第**6**章

介護活動を表現する身体
——介護者のカンファレンスにおける身体相互作用——

細馬宏通

1 介護は身体的で創造的な行為

　認知症高齢者の介護現場に訪れた人は，そこがいかに身体相互行為に満ちた場所であるかを痛感させられる。

　認知症が進行した高齢者は，立ち上がること，座ること，体を横たえること，入浴，食事，排泄，口腔ケアといった基本的な日常生活動作で困難を抱えている。介護者は，高齢者の身体に手を添え，あるいは抱きかかえ，目的となる行為へと相手を誘導し，ゆっくりと腰を下ろしてもらう必要がある。しかも，誰もが同じやり方でうまくいくとは限らない。身体機能じたいが衰えている人もいれば，日常生活で求められるちょっとした注意の向け方に困難を抱えている人もいる。認知症の症状は多様で，同じ診断名を下されていても，実際にどんな介護が必要かについてはさまざまな個人差がある。介護者は，認知症高齢者の一般的な症例に通じるだけでなく，それぞれの高齢者がどのような個性を持っており，何に困難を感じているかを知った上でパーソナライズされたケアを行わねばならない。また，ときには既成のマニュアルにはない方法を「創造」しなければならない (McCurry 2006)。こうした方法は，周到にテキストとして表されているわけではなく，しばしばはっきりとは言語化されない形で，現場で産み出され，伝播されていく。

第Ⅲ部　専門家の実践

グループホームのカンファレンスを観察する

　この，既成のマニュアルからこぼれ落ちてしまう問題を扱う重要な場のひとつが，カンファレンスである。

　認知症対応型共同生活介護施設，いわゆる「グループホーム」では，介護者どうしが入居者の状態を把握し，対応策を話し合うべく，定期的に「カンファレンス」が行われている。カンファレンスでは，入居者についての基礎データ（体温，血圧など）や日誌に書かれた報告が読み上げられるだけでなく，個々の介護者が観察した入居者の状態やエピソードが語られる。いくつかのグループホームのカンファレンスを観察すると，介護者たちが，ただじっと報告を聞いたりペンを走らせたりしているだけでなく，話をしながら身体を盛んに動かしているのに驚かされる。褥瘡の軽減の仕方，食事，入浴の方法，入居者間の人間関係など，多岐にわたる話題において，介護者たちはしばしば，入居者の行為や自身の介護行為を，ジェスチャーを含む身体動作を用いて会話の中で巧みに再現してみせる。

　身体を介したコミュニケーションは，ただ介護行動を模すときだけに起こるのではない。施設内のさまざまな空間配置を表すとき，あるいは言語化しにくい利用者の状態やちょっとした工夫を表すときにも，身体動作を用いた表現がしばしば行われる。言語に対してジェスチャーの持つ意味を論じた喜多壮太郎のことばを借りるなら，介護施設のカンファレンスは，「からだ的思考」に満ちあふれた場だといってもよい（喜多 2002）。

　さらに，こうした身体動作は単に個人内で閉じているとは限らない。ほとんど同じ身体動作を複数の介護者が同時に行ったり，ある介護者の行った身体動作を他の介護者が真似ることもしばしば観察される。これらの現象は，カンファレンスにおいて，身体動作による介護行為の表現が個人間でやりとりされていることを示唆している。

　ではこうした身体動作による介護行為の表現は，日誌などですでに言語化されている表現とどのように異なり，カンファレンスでどのように導入され，どのような介護者間の相互行為を引き起こすのだろうか。本章では，事例の微細

な分析を通して，これらの問題を考える．まず，カンファレンスにおいて，日誌などのテキストによる報告とそこに記されていない身体的な報告とが，目に見える形で対比されていることを示す．次に身体による介護行為が，いかに言語化しにくい現象を表現しているかを，事例を挙げて示す．さらに，こうした身体的な記述が，個人内に閉じているのではなく，個人間でやりとりされ，更新されていることを示す．また，こうした記述は，グッドウィンの言う「職業的な視線 (professional vision)」(Goodwin 1994) のような経験が制度化された視線とは異なり，その場で編み出され，身体表現によって相手に一気に状況をわからせる創造的な視線 creative vision であることを示す．最後にこうした創造的視線によって産み出され介護行為を記述する身体動作を「身体的解釈法」(細馬 2012) として位置づけ，エスノメソドロジーやジェスチャー研究においてどのような意味を持つかを論じる．

2 観察場所と分析方法

観察場所と記述方法

　事例を見る前に，簡単に今回取り上げる介護施設を紹介しておこう．観察したのは滋賀県下の高齢者向けグループホームKである．入居している高齢者は8～9人で職員数は全部で20人である．毎月，1時間ていどの定例カンファレンスがダイニング・ルームで行われ，6～12人の介護職員が参加する．施設長Lと副施設長C1の座席は決まっているが，他の職員の座席位置は毎回変化する．以下の事例では便宜的に，介護職員名を座席の配置順にC2, C3……のように番号で呼ぶ．ひとつのカンファレンスを通じて，同じ職員は同じ番号で呼ぶが，異なるカンファレンスどうしでは異なる番号が付されていることがあるので注意されたい．

　わたしたちは2009年8月から2011年12月にかけて，この月例カンファレンスを計17回観察し，3台のデジタルビデオカメラにより撮影した．これらの映像の中からの中から，以下に述べるような日誌に現れない介護行為が表現

されている箇所を抽出し，データコレクションとした。抽出した映像と音声には，ELAN 4.0 (Max-Planck-Institute for Psycholinguistics, Nijmegen) を用いてコーディングをほどこした。発話トランスクリプトの記法は串田（2008）に準じた。[1]

連鎖分析と投射

　取り上げる事例を分析するにあたってはシェグロフの言う「連鎖分析」(Schegloff 2007) の手法を応用する。もともと連鎖分析は，会話分析で長らく用いられてきた方法である。

　連鎖分析では，起こっている行為の連なりをひとつひとつ時間を追って検討する。そして，ひとつの行為から，次にどんな行為が起こることが予測されるかを考える。この，ひとつの行為が次の行為を予測させる力のことを，会話分析では「投射 projection」と呼ぶ。たとえば，AがBに向かって発する「こんにちは」ということばは，次にBが「こんにちは」と返すことを投射する。ひとつひとつのことばの持つ投射の内容を追っていくことによって，わたしたちが，一見自由に行っているかに見える会話のなかで，いかなる規則のもとにいかに行為の可能性を絞り込んでいるかが明らかになる。

　会話分析では主に会話の参加者が発することばの連なりに注目するが，ここで行う連鎖分析では，身体動作も含めた行為の連なりに注目する。観察された発語と身体行為の組み合わせが，次にどんな行為がくることを投射しているか，その結果どのように行為の連なりは絞り込まれていくかに注意しながら，分析を進めていこう。こうした分析によって，わたしたちの意識からはこぼれ落ちやすい，身体動作の連なりの微細な構造が明らかになる。

3　日誌には現れない身体表現

物質としてのテキスト

　このグループホームではカンファレンスでは，かごに入った入居者別の日誌

がテーブル上に用意される。参加者である介護職員は，報告にあたっておのおのの担当する入居者の日誌を開き，その内容に基づいて報告を行う。また，聞き手はこうした報告を耳で聞きながら，ノートを取っている。日誌を中心としたカンファレンスは，いわばテキスト化されたものを声にする行為と，声にされたものをテキスト化する行為とで構成されており，参加者はそれぞれのかかわるテキストに視線を落としている。

しかし，興味深いことに，カンファレンスは終始こうしたテキストだけに依存して行われるわけではない。各報告者はしばしば，日誌から目を離し，身体動作をまじえて報告を行うことがある。聞き手もまた，ノートから目を離し，報告者に注目する。以下では，この身体動作をまじえた報告について分析を行おう。

分析にあたって，身体動作以外に注目したい点がある。それは，物質としてのテキストである。わたしたちのやりとりは，やりとりを取り巻く物的世界 material world に大きく依存しており，環境内のさまざまな物質なしにそこで何が起こっているかを理解するのは難しい (Streeck et al. 2011)。では，カンファレンスにおける報告のように，一見，テキストに依存したできごとにおいて，わたしたちは物質としてのテキストとどのようにかかわっているだろうか。以下の分析で論じるのは，抽象的なテキストではなく，日誌という分厚いファイルであり，ノートであり，それらを開く手，閉じる手，押しやる手である。日誌を扱う手つき，ノートを扱う手つき，そしてそれらに落とされる視線を考え，それが参加者間でどのように調整されるかを考えていこう。

日誌から身体へ——遠ざけられる日誌

事例1「こっちの足」は，入居者のひとり，カワハラさん（仮名）についての報告の開始部分である。報告者の副施設長C1が日誌をめくり始めてから12秒後に発話01が発せられる。

　　事例1　「こっちの足」

第Ⅲ部　専門家の実践

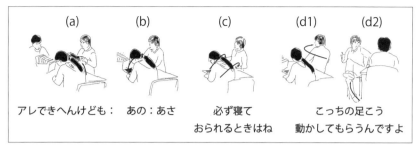

図6-1　事例1のC1によるジェスチャー

注：右端のd1, d2は同じ瞬間を別のカメラで撮影したもの。

　　（カワハラさんの日誌を両手で開く）
　01 C1　あのね：このごろカワハラさんて（（広げた日誌に目を落とす））
　02 C1　足を痛がられるときに朝(.)まぁとくに朝やけどね（（Lを見て））
　03 (0.7)（（日誌に目を落として再びLを見る））
　04 C1　痛がられる：ときが多いんですよ：（（日誌に目を落としてから正面を見る））
-〉05 C1　んで：ワタシは：ワタシは：言うたらほんなことはまあ皆さんにはアレできへんけども：（（日誌に両手をかける：図6-1 a））
-〉06 C1　あの：朝必ず寝ておられるときはね：：（（図6-1 b, c））
-〉07 C1　こっちの足こう(.)動かしてもらうんですよ（（図6-1 d1, d2））

　この事例で注目したいのは，C1の日誌の扱い方である。C1の行為が次のどんな行為を投射しているかを，時間を順に追って見ていこう。事例で用いられる記号の意味については，注(1)を参照。
　まず，発話01の冒頭で，C1は「あのね：このごろカワハラさんて」と言いながら，いったんは日誌に目を落とす。しかし，「あのね：」は，日誌の中に書かれるような語ではない。「あのね」はエピソード語りの開始時にしばしば用いられる表現で，ここからC1の語りが始まることが投射されている。
　発話02から発話4にかけては，C1の視線は日誌と他の参加者との間を往復

第6章 介護活動を表現する身体

しており，日誌は形の上では用いられている．しかし，発話05でこの往復に変化が見られる．まず，発語内容を見よう．「んで：ワタシは：」と，主語が一人称になる．これは明らかに，日誌の叙述形式である三人称的な記述とは異なる語りだしである．さらにC1はこの「ワタシ」という表現を「ワタシは：言うたらほんなことはまあ皆さんにはアレできへんけども」と言い直して，「ワタシ」の視点から他の参加者に語りかけることを逡巡する表現を発している．おもしろいのは，このあいまいな表現の最中に，C1が日誌に両手をかけ，持ち上げ始めているところだ（図6-1 a）．「皆さんにはアレできへんけども」と自分の視点で語ることをあいまいにしながらも，実際の行為は，明らかに日誌という第三者的な記述から離れていく．

　発話06になると，C1は，「あの：朝」と言いながら，ついに日誌を前方奥へと遠ざけてしまう（図6-1 b）．そして「必ず」で，C1は日誌を遠ざけたまま，両手を手放してしまう（図6-1 c）．これらの動作は，いずれも「あの：朝，必ず」という発語の内容とは一見関係がない．しかし，これらが，C1が入居者カワハラさんに関する語りを始めながら行われたことは，決して無意味ではない．カワハラさんのことを語り始めながら，そのカワハラさんの報告が書かれている分厚い日誌をわざわざ遠ざけたことは，決してこれから始まるC1の語りが「日誌には書かれていない」こと，すなわち，日誌というテキストを参照しない，日誌の記述とは異なる表現であることを，投射している．

　日誌を遠ざけることは，もうひとつ別のこともも たらしている．それはC1は身体を動かしやすくなったことである．まずC1の前に日誌のない空間ができた．さらに，C1の両手は，それまでめくっていた日誌から解放され，自由に動かすことができるようになった．日誌を遠ざけるというさりげない動作によって，あ，C1はこれから両手を使って何かを始めるな，と，見る者は容易に予測できる．

　さらに発話06の続きを見よう．案の定，C1は「必ず寝ておられるときはね」と言いながら，両手を手前に引いて，ちょうどベッドの高さに構え，捧げ持つようにする．介護行為に通じているものなら，利用者の体の下を両手で支

えるベッド介助の動作だなと即座にわかる形である（図6-1c）。そして，これは，さきほどまでテーブル手前を占拠し，C1の両手をふさいでいた日誌が遠ざけられたからこそ可能になったジェスチャーでもある。この時点で，C1の語りは日誌の読み上げからはまったく離れたものになっている。

　次に発話07を見てみよう。「こっちの足こう動かしてもらうんですよ」。発語に指示語が入っているときは，その指示語の指し示すものを表すべく体が動き，発語と身体動作が巧みに協調作業を行っていることが多い（喜多2002）。そして，このようにことばの外部を指し示す記述は，テキストのなかで記述を完結させる日誌ではありえない。実際，この発話07でC1が行う動作はいささか大胆で，ことばの内容からは決して推測できない。C1は，大きく体軸を回転させて，片足をゆっくり曲げ伸ばしする介護法を参加者に見せるようにするのである（図6-1 d1, d2）。

テキストから身体へ――参加者の視線の再編

　動作を見ずにことばだけを聞く者にとって，発話07はどのように響くだろうか。「こっち」「こう」という表現は，何かを指示していることはわかるが，それが何を示しているのかは，ことばだけではわからない。それを理解するには，発話07にともなってC1がどのような動作をしているかを見なければならない。発話07のようなことばの使い方は，聞く者に，C1の動作を見ることをうながすだろう。

-〉07 C1　こっちの足こう(.)動かしてもらうんです｜よ((｜：図6-2上))
-〉08 C1　ちょっと動かさないと
-〉09 C1　そ：ろ｜っど やったげること°絶対 ((｜：図6-2下))
　　10 C1　きつくしたらあかんねんで痛いから
　　11 C1　ふ：：っとまげてのばして：って

第6章　介護活動を表現する身体

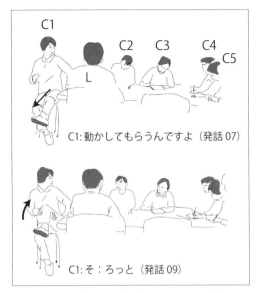

図6-2　事例1, 発話07-08でのC1の動作

C1が発話07を終えようとする時点では、C2, C3はまだノートに目を落としている（上図）。しかし、発話08が始まると二人は視線を上げてC1を見る。C1もまた二人に顔を向け直す。発話09が始まったときにはC2, C3はC1の動きをモニターしている（下図）。なお、C4, C6（画面の外）は発話01からC1を注視している。また、Lは発話07ですでにC1の動作を見ており、発話09ではノートを取っている。C5はこの時点でまだノートをとっており、発話11でC1を見る。

　実際、発話07の直後、C3, C4は発話08を聞きながら、それまで手元のノートに向かっていた視線（図6-2上）をC1へと向け直す。C3, C4がC1に視線を向けると、C1もまた視線を正面からC3, C4寄りに移動させる（図6-2下）。そして発話09では、「そ：ろっと」両手で足の動きを指し示しながら、それまでの動作をさらにゆっくりと行う。

　日誌による報告とノートによる記録が中心となるカンファレンスでは、参加者はそれぞれ手元に視線を落としている。日誌を読み上げる者は日誌に視線を向けているし、聞き手は読み上げの声を聞きながら手元のノートを取っているからだ。しかし、いったん日誌から離れた身体表現が行われ始めると、報告者

も聞き手も，視線の向く先を変える必要が出てくる。報告者は聞き手を見ながら，自分の身体表現がはたして聞き手にうまくモニターされているかどうかを見る。一方聞き手は，指示語などに注意をうながされ，報告者の行う身体表現を参照しながらその語りを理解する。この事例からわかるように，日誌の読み上げから身体表現へと移る過程では，視線が組織化し直される。表現のメディアを変更することは，参加者の注意のあり方を再編することでもあるのだ。

非日誌的表現をうながす

事例1「こっちの足」では，C1が自発的に日誌には現れない身体的表現を開始した。一方，カンファレンスでは，司会者である施設長Lや副施設長C1が，日誌による報告とは異なる報告をうながすことがある。

事例2 「どうですか？」
(C1がカワハラさんに関する報告を終え，「まあよろしくお願いします」と日誌を閉じた直後，施設長Lが全員にカワハラさんの立ち上がりについて問いかける)
-〉01 L　どうですか？((図6-3左：C1は次の入居者の日誌ファイルを探している))
　02 L　床で：
　03 L　まあ(.)ちょっとこけてから((C1はLに視線を向け，日誌ファイルを正面から脇に移動させる))
　04 L　健康になって
　05 C1　ふ：ん
　06 L　立ち上がるとか大丈夫ですか今？((図6-3右：C1-C9の視線がLに集まる))
-〉07 C1　あんね：自分でモワ：：：：っと
　08 C1　たっ立ってはるときが[あるんですわ]
　09 L　　　　　　　　　　　[うんうん　]
　10 C1　んで ベッドがありますやろ横に向けて(.)ん

第6章 介護活動を表現する身体

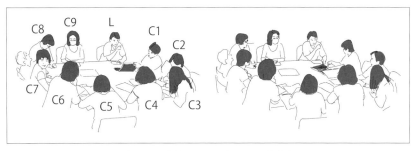

図6-3 事例2でのL1とC1のやりとり

左：施設長Lが発話01「どうですか」を終えたところ。C1は次の入居者の日誌を探しており，C2-C6，C8，C9はノートを書き続けている。C7は部屋にいる別の入居者の様子を見ている。C7，C8の間にいるのは入居者（睡眠中）。
右：施設長Lの問いかけの後半，発話06の「立ち上がるとか」の部分。C1は積み重なった日誌をいったん右手で押し出して机に置き，Lを見る。C3はノートをとり続けているが，C2，C4-C9の視線はLに向け直されている。

11 C1　　　でベッドのこう端を持[ちながら]
12 L　　　　　　　　　　[あ：：手を]ついて

　施設長Lは，C1が報告を終えて日誌を閉じたタイミングであらためて「どうですか？」（発話01）と聞く。Lの発話はさらに02-06まで続くが，この間にC2，C4-C9が次々と視線をLに向け直す。C1は次の入居者の日誌を探していたが，Lが発話を続けるのを聞きながら（発話02-06），Lに視線を向けるとともに，日誌を探すのをやめて日誌を自分の正面から押しだす。
　そしてC1はLの問いかけ（発話01-06）に続けて，「あんね」とエピソード語りに特有の語によって発話を開始する（発話07）。これは事例1の冒頭でも見られた現象である。この発話では「モワ：：：：っと」というオノマトペとともに，頭部をぐっと下げ，身体動作を用いた表現が行われる（図6-4左）。さらにこの後，C1は，発話10以降，カワハラさんのベッドを両手で表現してから（図6-4中央），カワハラさんが「モワ：：：：っと」立ち上がる様子をあらためて詳細に動作で示す（図6-4右）。ここではその詳細には立ち入らないが，「こういう風な感じで」と，またしても指示語が用いられ，身体表現への指し示しが行われていることを指摘しておこう。[(2)]

第Ⅲ部　専門家の実践

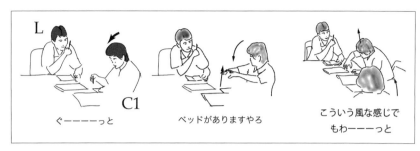

図6-4　事例2，C1の動作

左：C1は発話07で「もわーーーっと」と言いながら頭部をぐっと下げて，オノマトペを強調する。右：C1は発話10で「ベッドがありますやろ」と言いながら，ベッドの稜線を両手で示す。このあともC1は入居者の立ち上がる様子を詳細にジェスチャーで示し続ける。

　以上のように，カンファレンスでは，報告を終えるというタイミングを捉えて，さらに「どうですか？」という問いかけが為される。この問いかけに答えて，日誌には現れないできごとが，その場で語られる。そしてそこでは，日誌を参照していないことが視覚化されるとともに，身体動作をともなった表現が見られる。このような例をもうひとつ挙げよう。

さまざまなメディアによる報告
　次の事例3で副施設長C1は，情報源をいくつも挙げながら，これまで報告されていない経験を披露するよう巧みにうながしている。

　事例3　「湯船その1」
　（イシクラさんについての報告をC1「ま，いま，いまんとこそれくらいだと思います」といったん終結した。その直後，C1は日誌を見ながら発話01を開始する。）
　01　C1：　ん：と(.)お風呂の湯船になんか(.)またがれる：(.)日もあるし
　　　　　　またがれない日もあるとかいうことで(.)ほいで(.)浴槽のなかにも：
　02　　　：　(0.6)
-〉03　C1：　すわられない(.)ときもあるということをひかえてもうてるんで
　　　　　　すね

第6章 介護活動を表現する身体

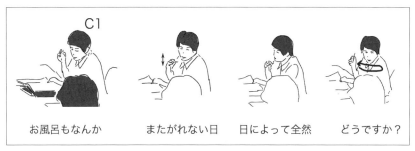

図6-5 事例3，C1の発話01-07での動作
参加者の配置は図6-3と同じ。詳しくは本文参照。

```
04   ：（0.3）
-〉05 C1： 日によってぜんぜんちがうんですわということをわたしもきか
         せてもらってたんですけれども
06   ：（0.5）
-〉07 C1： どうですか？　お風呂入ってはって
```

　C1は発語の中で，3つの情報源を対比させている。ひとつは発話03「(日誌に）ひかえてもうてる」に表れる，日誌というテキストの情報源，もうひとつは5行目「きかせてもらってたんですけれども」に表れる，過去にあった介護スタッフからの個人報告という情報源，そして発話07「どうですか？」という問いに表れる，この場で問われつつある報告という情報源である。さらに，テキストとこの場の報告とは，ジェスチャーによっても対比されている。発話01から07にかけて，C1は左手を報告書のページにかけたまま話し，「またがれない日も」と日誌に書かれた内容を話すときには，ペンを持つ右手を上下させる。一方，視線は01の途中でページから他の参加者へと向け直され，さらに，07「どうですか」で，C1は左右に顔を向けると同時にペンを持った右手を左右に振って，参加者全員に問いかけを行っている（図6-5）。ここにいたってペンはもはやノートを離れ，書くことではなく他の参加者への指し示しの道具となっている。また，日誌には手をかけているものの，そこにはもはや視

第Ⅲ部　専門家の実践

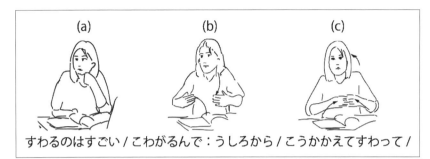

図6-6　事例4「湯船その2」でC5が発話20-21で行ったジェスチャー

線は投げかけられていない。

介護者と入居者の相互作用を表す身体

　C1は，発話07でC1が発話を終えると，C8，C9間のひそひそ話とC4の簡単な応答（発話08-16：ここでは省略）を約6秒はさんで，17行目からC5がジェスチャーをまじえた発話を開始する。

　事例4　「湯船その2」
　　（事例3「湯船その1」のあと，発話08-16で，C9，C8による小声の会話とC4の簡単な応答（ここでは省略）が起こる。その直後。）
-〉17　C5：　あたしのときは：：
　　18　C5：　あったまはんねんけど：
　　19　C1：　［ふ：ん］
-〉20　C5：　［すわるの］はすごいこわがるんで：
-〉21　C5：　［うしろか］らこうかかえてすわってもらって
　　22　C1：　［う：ん］
　　23　C5：　［やってました］
　　24　C1：　［ふ：：：ん］
　　25　C1：　ふ：ん

170

第6章　介護活動を表現する身体

26　　：　（1.72）
27　C1：　ふんふん

　C5は，「あたしのときは」（発話17）と前置きすることによって，これからなされる発話を，先行するC1の発話に含まれていた情報源とは異なる自分の経験であることを予告する。事例1，2の場合にも，日誌を離れてその場で動作が生成される前に「あのね」「あんね」といったエピソード語りの開始を示す標識が観察された。こうした標識は日常生活でもしばしば見られるものだが，カンファレンスでは，語りだしを示すだけでなく，それが日誌には表現されていない，非テキスト的な語りの開始を示していることに注意しよう。C5の語りの非テキスト的性質は，ことばのみに表れているのではない。C5の視線はそれまで向けられていた手元のノートからC1へと移り，読み書きの次元から離れる。さらに，発話20から21にかけて，ノートに触れていたC5の右手は，ノートを離れ，両腕と上体を使って，入居者に「後ろから」「抱えて座って」もらうときの介護動作を表現するのである（図6-6 b, c）。このとき，先の事例1と同じく，「こう」という指示語が入っていることに注意しよう。C5の行為は，ことばの指示語だけではいったいどんな動作を参照しているのかわからない。指示語とともに行われるジェスチャー（図6-6 c）を見てはじめて，C5の介護行為はどのようなものかが明らかになる。
　もう一点，C5のような介護行為を表すジェスチャーが，しばしば介護者だけでなく，利用者の身体をも表してしまうことに注目しよう。介護行為のなかには，起き上がり介助や立ち上がり介助など，介護者が利用者と身体を接しながら，お互いの身体の位置や姿勢を調整していく場合が多い。C5が表そうとしている入浴介助の場合もそうである。C5のジェスチャーは，過去に行われた介護者の身体動作を想起させるだけでなく，そのとき介護者の腕に抱えられていたであろう入居者の身体をあたかもネガのように想起させる。C5はシンプルなジェスチャーによって，テキストには現れない介護者と入居者の身体相互作用を，一気に表現しているのである。

以上，この節では，カンファレンスにおいて，日誌には表されていない介護に関するできごとが，施設長や副施設長の促しによってもたらされたり，自発的に行われることを示した。そこでは，日誌が目に見える形で「参照されない」対象として示され，それと対比されるように参加者による身体表現が行われる。また発話内容にはしばしば指示語がともない，言語内から言語では表現されえない身体動作への指し示しが行われることがわかった。では，こうした表現は，単に個人による日誌への補足として扱われて終わるのだろうか。そうとは限らない。次の節では，ひとりの身体表現がより複雑な相互行為へと発展する例を取り上げよう。

4 介護行為を表す身体の相互行為

相互行為に向けて投射される身体

　ここまでは，主に日誌報告から非日誌報告へと切り替わる過程を追いながら，カンファレンスにいかにして身体表現が導入されるかを見てきた。しかし，ここまでの事例は，あくまで，報告者による身体表現の場面だけを取り扱ってきたため，こうした報告が報告者個人から一方的になされて終わるような印象を与えたかもしれない。

　実際には，カンファレンスで行われる身体表現は，単に個人内で閉じているとは限らない。動作は他の参加者に見られており，参加者同士はお互いの身体動作を参照したり改変したりしながらお互いの身体的思考を展開することがある。この節では，よりダイナミックで相互行為的な身体動作のあり方を考えよう。

　以下で取り上げる事例は，介護でしばしば用いられる「尿パッド」についての議論である（細馬・中村・城・吉村 2010）。議論の背景は以下のようなものである。

　副施設長 C1 から，カワハラさんの尿パッドを夜間は二枚重ねにするよう提案がなされた。冬の時期になると尿が多くなるので，尿パッドを二枚重ねにす

第6章　介護活動を表現する身体

図6-7　事例5での参与者の配置図
C4が発話09を行っているところ。

ることであふれた尿を受け止めようというのである。この提案の間，C1は両肘をテーブルにつき両手を組む「レストポジション」(3)をとっており，ジェスチャーは特に行っていない。C1はこの提案を「まあできたら二枚：ぞ(.)は(.)ずっと続行でしていただきたいと思います，はい」と，ですます調の通達口調でしめくくったあと，ペンを持っていた右手をノートに移動させ，何かを書きつけようとする。以下の事例はその直後のできごとである。

事例5　「二枚の尿パッド（その1）」
01　(0.5)
02 C2　夜だけ：：？（C1を見て）
-> 03 C4　う今日あたしいおっ[かなあの　　]
04 C1　　　　　　　　　　　[うん夜だけ]（C2を見て）
05 C1　ひる[まはしなくてもいい　　]（C2を見て）
06 C4　　　[カワハラさんのパッド：]
-> 07 C4　あ：↓ほかのかたどうしたはんのかな：と思うんやけど
08 C4　あの二枚重ねたとき
-> 09 C4　あの一枚目の(.)穴あけてはります：？

C2がC1の通達に対して簡単な確認を行っている最中に，C4が「う，今日

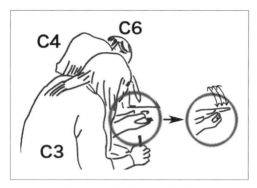

図6-8　事例5，C4の動作

右：C4は発話08で「あの二枚重ねたとき」と言いながら，左掌を右掌の上に重ねる。さらに発話09で「あの一枚目の」と言ったあと，左掌を上下させて右掌に重ね直す。左：三度目に右手の人差し指は，鍵のようになる。

あたし言おっかな，あの」（3行目）と新たな話題の開始を予告する。それはどうやら「カワハラさんのパッド」（6行目）のことらしいのだが，C4 はすぐに詳しい内容に入らずに，「あ：↓ほかのかたどうしたはんのかな：と思うんやけど」と，これから話す方法が「他のかた」の方法とは違うかもしれないことを付け加える。このように，自分の語りが，あくまで自分の私見であることを断りながら話を切り出すやり方は，事例1，4にも見られたものである。ここから，いよいよ C4 の身体動作が始まるのだが，それはいささか謎めいたものである。まず C4 は左掌を「あの二枚重ね」と言いながら右掌上に重ね下ろす（図6-8左）。さらに，左掌を2度上下させたあと「穴あけてはります？」という問いとともに右手の人差し指を鉤型に変化させる（図6-8右）。この発語とジェスチャーを理解するには，少し背景知識を足しておく必要があるだろう（少なくとも，筆者は最初何のことを言っているのかわからなかった）。まず，一枚の尿パッドは，吸水シートと撥水シートの二層構造になっている。これを二枚重ねにすると，尿の量が多い場合，一枚目で吸収しきれなかった尿があふれ出る可能性がある。したがって，それを解決するためには，何らかの方法で一枚目で吸収しきれない尿を，下に敷かれた二枚目のパッドにうまく逃がす必要があ

る。そこで，一枚目の撥水シートの部分に「穴をあけ」ると，この穴から二枚目のパッドへと余分な尿が漏れ出してうまく吸収されるというわけである。

以上の知識を持った上であらためて C4 の身体動作を見てみよう。まず「二枚重ねたとき」と言いながら合わせられた両手は，二枚のパッドの重なりを想起させる。その重なりが強調されるように左掌は何度も上下される。そして，「穴あけてはります？」の問いとともに，上側の掌の真ん中が，鉤型になった人差し指によって示される。これが一枚目のパッドの下側から開けられる「穴」を想起させる。

このように C4 の発語と身体動作は，お互いの表現を補い合いながら，複雑な知識を空間的に表現している。しかし，動作はただ個人の思考を表しているだけではに。C4 の動作が個人間の表現に開かれていることを次に示そう。

延長されるジェスチャー

ジェスチャー研究では，会話内で行われるジェスチャーは，「発語とぴったりと寄り添う」(Kendon 2004) ことで，その意味を明らかにしていると考えられることが多かった。しかし，実際の会話では，ジェスチャーは必ずしも個人の発語とタイミングを一致させているだけではない。ジェスチャーはしばしば発語のあとも延長され，次の話者の発語やジェスチャーと相互作用を起こす。こうした，複数の発話にまたがって持続するジェスチャーのことを「延長ジェスチャー（グランド・ジェスチャー）」と呼ぶ（細馬 2009）。実は，上に示した C4 のジェスチャーは，まさにこの延長ジェスチャーにあたる。以下，C4 のジェスチャーが延長されることで，どのような相互行為が生じるかを見ていこう。

　　事例6　二枚の尿パッド（その2）
　　10 C9　どうしてたかな
　　11 C9　○○○[○あけてない（首を振る）
　　12 C5　　　　　[あけ[てない]
　　13 C4　　　　　　　　[あけてない]

第Ⅲ部　専門家の実践

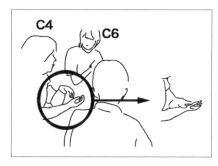

図6-9　事例6，C4の発話23での動作
右手の鉤型人差し指が解消されるとともに左手は手前に引き寄せられ（左），右手の手前でたたき合わされる（右）。C6はこの動きを注視している。

```
14 C1         ［あなあけ ］てな↑い
15   (.)
16 C4　な［：い？］
17 C6     ［うん ］［ちょっと＝
18 C1             ［うん
19 C4     ［ふ：：：：ん
20 C6  ＝［ずらしてん［ねんあたし］
21 C2           ［ずらしてこう］［してしてる［ねや
22 C5           ［あたしずらして［してるか　［な：
23 C4  ［ずらして　［してるねや　　　［ろ
24 C1                     ［うん　　［うんうんうん
```

　まず発話09で「穴あけてはります？」と鉤型の人差し指を提示したC4のジェスチャーは，ひっこめられることなく差し出され続ける。このC4の問いかけに対して，C9,5,4,1が次々に「(穴を)あけてない」と否定的な応答を行う（発話11-14）。この間も，C4はジェスチャーを引っ込めず，逆に人差し指の鉤型を維持しながら，発話16で「ない？」ともう一度問いを発する。

この直後,発話20-22で,C6,C2,C5は「ずらす」という新たなやり方を主張している。二枚の尿パッドをずらすことで,上のパッドからあふれたものを下に浸透させるという工夫を示しているのである。このアイデアを受けて,C4の両手の形が変わる。すなわち,「ずらしてしてるねやろ」と言いながら(発話23),維持されていた人差し指をいったん広げて,左掌が右掌の手前を上から叩くのである(図6-9左)。C4は掌を叩いたあと,ふたつの掌を前後にずらす(図6-9右)。これは,パッドのずれを表していると考えられる。

 ここまでのC4の延長ジェスチャーの動きをまとめておこう。ジェスチャーは,単なる否定に対しては終了することなく発話09以降維持された。そして他の参与者から「ずらし」という具体的な方略が示されると(発話20),その方略をなぞるように表し始めた(発話23)。C4がジェスチャーをひっこめることなく発話23で「穴あけ」(鉤型の右人差し指)と,ずらし(前後で合わせられた両手)とを連鎖させたことによって,ふたつの方略は,C4による一続きのジェスチャーのなかで対比させられたことになる。

 C4の身体動作は,単に方略をばらばらに表しただけではない。同じ掌を使うことでふたつの方略の違いのありかを明確に視覚化し,さらにふたつの方略を時間的に途切れることなく隣接させ,比較をより容易にしている。C4の身体は,いわば,その場で表された複数の思考を視覚化するプラットフォームとなっているのである。

延長されたジェスチャーはいかに受け手によって観察されるか

 C4は,発話23で両掌をずらせ合わせることで,他の参与者の「ずらし」方略を表象した。このジェスチャーに視線を向けていたC6(図6-9)は発話25以降,C4とは少し異なるジェスチャーによってC4に応じる。それが何を問題にしているかを検討しよう。

 事例7 二枚の尿パッド(その3)
 25 C6 こう

第Ⅲ部　専門家の実践

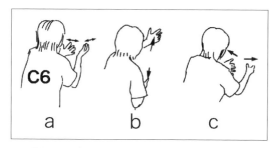

図6-10　事例7，C6の発話25-32のジェスチャー
a：25-26行目の「こう横にずらして」にともなうジェスチャー。b：「こうずらさんと」で前後に手を配置し，c：「こうずらして」と両手をそろえて両側に広げる。前後にずらすのではなく横にずらすことを表象することで，図6-9のC4によるジェスチャーに対する訂正となっている。

```
26 C6 ［横にずらして
27 C4 ［うん
28 (.)
29 C4 ずらして［して］るねやろ
30 C6          ［こ ］
31 C6 こう：ずらさんと
32 C6 こうずらして
33 C2 あ：：：［ん
34 C1          ［ふん［ふんふん
35 C3              ［°ふ［ふ：：：：ん°
```

　発話25以降，C6はC4に視線を向けて，ジェスチャーによって「横」にずらせる動きを行う（図6-10a）。しかし，C4は発話27，29であいづちを打ちながら，前と同じく，両手を「前後」にずらせて合わせる。この直後，C6は大きく両腕を前後に広げて「こうずらさんと（こうずらさないで）」と言い（図6-10b，図6-11），さらに両腕を左右対称に移動させて「こうずらして」と対比させる（図6-10c）。発語とジェスチャーのタイミングから考えて明らかにこの

第6章 介護活動を表現する身体

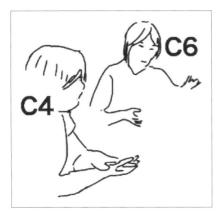

図6-11　事例7，C6発話中のC4の動作
図6-10bを別アングルからみたもの。C4が前後に掌をずらせて重ね合わせているのを見てC6は前後に腕をずらせて見せている。

動きはC4の直前のあいづちに反応したものである。しかも，単にあいづちの発語に対する反応ではなく，C4のジェスチャーで表象されている「前後のずれ」を対象にして，それを訂正しているのである。C4はここまでひとこともずれの前後左右については言及していない。C6はC4の発語ではなく，ジェスチャーに表れている「前後」という性質に目をつけ，それをリソースにして「ずれの方向」という新たな問題を提起しているのである。

ここでおもしろいのは，C4のジェスチャーに表れているずれの方向性を，C4自身は問題にしていないことである。C4はC6の最初の訂正（発話25-26）に対して，あえて前後にずらす動作を行い，C6の二度目の訂正（発話31-32）に対しても「あーーん」とあいまいなあいづちを打つのみで，自身の両掌をずらしたまま維持し続けている。なぜC4は，C6によって示されたずれの方向性について反応しないのだろうか。次のトランスクリプトを検討して，この問題を考えてみよう。

第Ⅲ部　専門家の実践

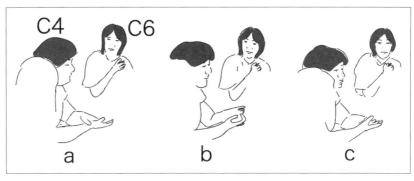

図 6-12　事例 8，発話36, 37での C4のジェスチャー

「たま：に」と言いながら C4は前後に合わせていた両掌(a)を動かし，「あなあけとるこ」右手人差し指を鉤型に変化させる(b)。「もいるけど」で再び両掌は合わさる。

ひとつのジェスチャー単位の中で対比し続けられる方略

　　事例 8　二枚の尿パッド（その 4）
　　36　C4　　　　　　　　［たま：：：に＝
　　37　C4　＝あなあけとる子も［いるけど］
　　38　C1　　　　　　　　　　　［うん穴　］
　　39　C1　あけたある人もある［うん
　　40　C4　　　　　　　　　　［うん＝
　　41　C4　＝たま：：に［あけたあるでど］っちか［な：：どうなんや＝
　　42　C2　　　　　　　［うん
　　43　C1　　　　　　　　［穴あけとくと：］　　　［下へ落ちるから＝
　　44　C4　＝［ろうな：：：：と思うけど：
　　45　C1　＝［うんそうそうそうそうそうそう

　発話 36-37で再び C4は「たまに穴あけとる子もいるけど」と「穴あけ」方略を発語するとともに，人差し指を鍵型にし（図 6-12a, b），再び両掌を合わせる（図 6-12c）。このことで，C4はジェスチャーの開始以来，単一のジェスチャー単位のなかで「穴あけ」方略と「ずらす」方略とを対比し，いま再び

180

「穴あけ」方略との対比を行ったことになる。そしてこの直後，発話 39 で副施設長の「あけたある人もある，うん」という発言によって，初めてこの「穴あけ」方略の存在が承認されると，C4 はそれに合わせていま一度鉤型のジェスチャーを行う。そして，発話 41 のひとつのターン内で，鉤型ジェスチャーを繰り返して「穴開け」を強調したあと，最後に両掌をぴったり重ね，それをスライドさせて再び重ねることで「ずらし」を表象する。このあと，長かった C4 は，ようやくレスト・ポジションへと引っ込められた。

　発話 36-45 行目の C4 のジェスチャーでは，先の発話 25-31 で C6 が取り上げたずれの方向性は検討されず，あくまで「穴あけ」か「ずらし」かの対比がジェスチャーによって繰り返し表象されてきた。このことによって，C4 は，問題の所在を，ずれの方向性ではなく，穴あけか否かに集中させたといえるだろう。C4 の身体動作は，二枚の尿パッドの位置配置の，特定の性質だけを浮かび上がらせることによって，何が問題となり，比較の対象となっているかを明らかにしたのである。

　このあと（発話 45 以降），いくつかのやりとりを経て，副施設長 C1 が「（一枚目を）破っとく（穴をあけておく）ことにしようか」と宣言し，尿パッドの話題は終結した。結果的には，C6 の提案したずれの方向に関する工夫（横にずらすこと）ではなく，C4 が話題にした穴をあける方法がとられたことになる。しかし，結果に反映されなかったからといって，C6 の提案を無駄なものと考えるのは早計だろう。C4 の身体動作は C6 によって観察され，C6 のとった新しいやり方を引き出した。これらのアイデアは，具体的な形をともなって視覚化された。身体を介したこのようなやりとりは，日々の介護で起こるさまざまなできごとに対して，方略の可能性を広げてくれる。C1 はその可能性のひとつを取り上げたに過ぎない。

5 身体的解釈法
―― 身体を介した相互行為 ――

複数の話者による身体相互行為

　前節では，「尿パッド」をめぐる身体的相互行為を論じ，特に，C4 の行ったジェスチャーの時間構造を詳細に追った。その結果，一連なりのジェスチャーが，ジェスチャー産出者 C4 自身の発話のみならず，他の参与者の発話も取り込みながら，論理的な比較対照を行いながら表象を変化させていく過程が明らかになった。また，他の参与者は（ときには C4 が問題視していないジェスチャーの性質にまで）観察を行き届かせながら，C4 のジェスチャーに注意を向け，共に思考していたことがわかった。

　細馬（2009）は，延長されたジェスチャーが，相手の応答に応じた時間構造をとることを明らかにし，さらに，介護という現場では，延長されたジェスチャーは，単なる相手への反応として用いられるだけでなく，複数の話者の考えを比較し，さらなる思考を展開するための道具として用いられていることを指摘している（細馬 2009, 2012）。この章で挙げた事例でも，そのことは確認できた。

　一度行ったジェスチャーを，発語が終わっても差し出し続けることで，話者は身体を用いた議論の場を提供する。そこでは，お互いの身体によって，論じられるできごとが視覚的に比較される。冒頭に述べたように喜多壮太郎は，言語による「分析的思考」に対しジェスチャーによる思考を「空間的思考」と呼んでいる（喜多 2002）。喜多は，もっぱら個人の思考表現のあり方として空間的思考を述べているが，前節で見た尿パッドをめぐる議論は，喜多のいう「空間的思考」が相互行為にとってどれだけの可能性を持っているかを明らかにしている。いったん身体動作によって表象された空間的思考は，そこにいる他の参加者によって見られ，他の参加者の思考を賦活する。さらに，話者は，自分の発話の終わったあとも身体動作を引っ込めることなく，相手の発話に合わせ

て動作を行うことで，自分の思考と相手の思考とを一連なりの動作のなかで対比させる。相手もまた，先行する話者の動作に対して自分の思考を動作で表し，先行する話者の延長された動作と対比させる。つまり，動作は，ひとりの身体の上で複数の思考を表すことで両者を対比するとともに，複数の身体の上でそれぞれの思考を表すことで両者を対比するのである。

身体的解釈法

　このように，言語のみならず身体によってお互いの思考が解釈され，介護という現実を構成していく過程を筆者は，ガーフィンケル（Garfinkel 1967）の「ドキュメント的解釈法」と対比すべく「身体的解釈法」と呼んでいる（細馬 2012）。ある話者Xの身体動作を手がかりとして，別の話者Yが自身の身体動作を行い，YによるXの身体的解釈を表すのが「身体的解釈法」である。身体的解釈法は，人が限られた手がかりをもとに現実を解釈する過程を扱う点でドキュメント的解釈法の一種ではあるが，ドキュメント解釈法が強調していないさまざまな性質を持っている。ひとつは身体的な表現を扱う点である。ガーフィンケル以来，「ドキュメント的解釈法」は，簡単な記号や発話，テキストを手がかりとする解釈を扱ってきた。これに対し身体的解釈法では，話者の行う発語だけではなく，むしろそれにともなう身体動作に注目する。もうひとつは解釈の相互行為性である。ガーフィンケルは，わたしたちが言語を介して行う解釈がいかに限られた手がかりを用いて行われるかを，さまざまな事例を挙げて示した。また，その事例は，あくまで，一方のメッセージをもう一方が解釈する場面のみを扱っていた。これに対して，身体的解釈法では，話者の言語のみならず身体に注目する。また，一方的な解釈場面だけでなく，相互に解釈が更新されていく過程を扱う。前節の尿パッドの事例では，このような身体解釈法が参加者間で行われるとき，どのようにお互いの考えが解釈し直され，更新されるかを見てきた。

　身体を介した場合，言語を介する場合とは異なる解釈の可能性が生まれる。なぜなら，わたしたちの身体にさまざまな空間的手がかりが埋めこまれており，

見る者に，動作をしている本人も意識していないような解釈を与えうるからである。前節で見た，C6 による C4 の動作の解釈は，まさにこの好例といえるだろう。C4 は穴を開けることとずらすこととの対比を眼目として動作を行っていたが，C6 は C4 のずらし方自体に意味を見出し，C4 とは異なるずらし方を提示することによって，自身が C4 からいかなる解釈を引き出したかを表した。身体的解釈を考えるためには，このように，わたしたちの動作の形が持っている多面性に注意する必要がある。

本章で挙げた事例以外にも，介護施設のカンファレンスでは多種多様な動作による相互行為が見られる。他の例については細馬（2012）を参照されたい。

注
(1) 発語の記述方法は会話分析の通例に，ジェスチャーのフェーズの記述は細馬（2008）に従った。以下に簡単な用法を記す。

・発語の記述
[ ]： カッコの対応する上下の行発語の重複が起こっている。
○： 発語が不明の部分。
(0.5)： カッコ内の秒数だけ沈黙。
＝： ＝の前後で切れ目なしに発語が継続している。
(.)： コンマ 3 秒以内の短い沈黙。
： 長音の程度を示す。（直前の母音が長く続いている状態）
°° °で挟まれた部分が弱く小さい声であることを示す。
↓ 直後のイントネーションが急に下がっている。
↑ 直後のイントネーションが急に上がっている。

(2) 事例 2 では，このあと C1 が入居者の起き上がり行為を詳細に表現し，さらにその表現をもとに，続く他の参加者の相互行為が行われるが，ここでは紙幅の関係で論じない。詳細については，細馬（2012）を参照のこと。
(3) 会話中のジェスチャーは，レストポジション（ホームポジション）と呼ばれる安定した姿勢から始まり，いくつものストロークを経て，再びレストポジションに戻る。この一連なりのジェスチャーのことを，Kendon（2004）はジェスチャー単位と呼び，ひとつのジェスチャー単位内に見られるいくつもの微細な構造をジェスチャー・フェーズと呼んでいる。ジェスチャー単位とジェスチャー・フェーズの詳し

い記述法については細馬（2008）を参照のこと。

文献

Garfinkel, Harold, 1967, *Studies in Ethnomethodology*, Prentice-Hall.
Goodwin, Charles, 1994, Professional Vision, *American Anthropologist*, 96(3): 606-33.
細馬宏通，2008,「非言語コミュニケーション研究のための分析単位――ジェスチャー単位」『人工知能学会誌』23(3)：390-396。
細馬宏通，2009,「話者交替を越えるジェスチャーの時間構造――隣接ペアの場合」『認知科学』16(1)：91-102。
細馬宏通・中村好孝・城綾実・吉村雅樹，2010,「介護者どうしの会話に表れる身体化された知識――カンファレンスにおけるジェスチャーの相互作用」『電子情報通信学会技術研究報告（HCS，ヒューマンコミュニケーション基礎）』110(185)：13-18。
細馬宏通，2012,「身体的解釈法――グループホームのカンファレンスにおける介護者間のマルチモーダルな相互行為」『社会言語科学』30(1)：102-119。
Kendon, Adam, 2004, *Gesture: Visible action as utterance*, Cambridge University Press.
喜多壮太郎，2002,『ジェスチャー――考えるからだ』金子書房。
串田秀也，2006,『相互行為秩序と会話分析――「話し手」と「共-成員性」をめぐる参加の組織化』世界思想社。
McCurry, Susan M., 2006, *When a family member has dementia: steps to becoming a resilient caregiver*, Praeger Publishers.
Schegloff, E. A., 2007, *Sequence Organization in Interaction: A Primer in Conversation Analysis 1*, Cambridge University Press.
Streeck, J., Goodwin, C., LeBaron, C. eds., 2011, *Embodied Interaction, Language and Body in the Material World*, Cambridge University Press.

第7章
ケア活動を組織する諸行為の規範的結びつき
―― 専門職に宿るものの見方とそれに基づく実践に注目して ――

城　綾実

1　グループホーム職員の実践を知るための相互行為分析

専門職に宿るものの見方・実践の組み立て方

　認知症対応型共同生活介護施設（グループホーム）において，認知症高齢者である被介護者（以下，利用者）は，普通の住宅に近い環境で，他の利用者や介護職員とともに小集団で生活をしている。利用者は，個々の能力に応じた形で，家事やレクリエーションに参加する。職員は，グループホームの理念である「家庭的な雰囲気のなかで利用者の症状が進行するのを遅らせること」を目指しながら，利用者に接している。

　利用者の認知症の進行を遅らせるためには，薬物療法をはじめとする医学的な手段だけではなく，利用者の心身を働かせるという職員からの社会的な働きかけが重要になる。利用者が軽度の認知症であれば，ひとりで計算問題をするといった認知活動を賦活するタスクも可能だ。しかし，症状の進行した利用者に対しては，職員が利用者の状態を理解した上で，適切なタイミングで利用者にとってわかりやすい形で働きかけをする必要がある。こうした働きかけのタイミングを，職員はどのようにして掴んでいるのだろうか。そして，具体的にどのような働きかけやふるまいによって，利用者ひとりひとりに応じたケアを実現しているのだろうか。それを知るためには，職員が利用者の状態にどうやって気づき，それをどのようなものとして理解しているかを，現場のやりとり

から明らかにしていく必要がある。

　職員による利用者への働きかけの前提として，介護職員は常に利用者たちの状態をつぶさに理解しようという動機を持っていると考えられる。利用者ひとりひとりに応じたケアをするにあたり，個々の利用者の状態をわかっている必要があるからだ。利用者の状態を理解するためには，利用者の状態変化や本来こうあるべきだと考えられることからのズレに敏感である必要があるだろう。こうした気づきは，単なる知覚の問題ではなく，専門職に宿るものの見方（Goodwin 1994）を通じて適切な理解の仕方をするという社会的・規範的な問題である。ただ，状態を適切に理解できたとしても，理解に基づき適切なケアを行うことは，少なくとも非専門家の立場からは難しいことのように思われる。そこで本章では，専門家としての適切な理解と働きかけを結びつけている志向性や諸特徴を明確にするために，介護の非専門家がいる場面を取り扱う。このことは，非専門家は適切な働きかけに携われないということを示す試みではない。分析では，専門家と非専門家の間で働きかけに違いがあることにふれた上で，非専門家であっても専門家の働きかけやふるまいから学ぶことが可能であり，適切なケアにかかわる機会が生じていることを示す。

　本章の構成は次の通りである。まず，分析方法について紹介し，現場にいる人々によって織りなされる身体的表現や実践に注目する必要性を述べる。2節では，利用者が名札をつけているときの会話という特定のデータを取り上げる意義，データの内容，分析手順を紹介する。3節では，利用者の名札が衣服に入り込んでいる状態に職員と訪問者が気づいたときから，利用者が名札を衣服から取り出すまでの一連の流れを扱い，詳細に分析することによって，①他者の注意を喚起しうる気づきがどのようにして生まれたのか，②適切なケアの下敷きとなる理解はどのように示され共有されたのか，③職員からの働きかけによって，利用者は名札にかかわってどのような行為をしたのか，を明らかにする。4節では，分析で明らかにした専門家と非専門家の働きかけを比較することで，専門職に宿るものの見方・実践の組み立て方から明らかになるグループホームらしさについて述べる。5節では，本章で明らかになったことをまとめ，

実際の相互行為を分析する重要性を示す。

マルチモダリティを考慮した相互行為分析

　本章で用いる分析方法は，グッドウィン（Goodwin 1994）が，遺跡の発掘調査と法廷における相互行為場面から専門職に宿るものの見方を明らかにした，言語だけではなく身体的・物理的資源を用いてそれらの編成を詳述する手法を手がかりとする。ここでは，これを相互行為分析（西阪 2008）と呼ぼう。相互行為分析の中心は，会話分析である。創始期における会話分析は，電話会話をはじめとする音声的やりとりの詳細な分析をもとに，会話のための順番交替の組織（Sacks, Schegloff and Jefferson 1974）をはじめとする日常会話または医療現場などの制度的場面に見られる相互行為秩序を多数明らかにしてきた。しかし，わたしたちの行為は言語内容だけで成立しているのではない。映像データを用いて会話分析的研究を行ったグッドウィン（Goodwin 1981）やヒース（Heath 1986）は，会話のなかでは，発話は身体のさまざまな動きと統合された形（マルチモダリティ）で相手に伝わっていること，話し手の動きだけではなく聞き手の動きも行為を組み立てるのに重要であることなどを明らかにした。収録機材の発展と普及にともない，マルチモダリティを考慮した相互行為研究は発展を続けている（たとえば Stivers and Sidnell 2005；細馬ほか 2011）。さらに近年では，相互行為における物質と環境の関係，および環境のなかを移動する際の相互行為を取り扱う研究が増えてきている（Streeck, LeBeron and Goodwin 2011；Nevile, Haddington, Heinemann and Rauniomaa 2014；Haddington, Mondada, and Nevile 2013）。

　介護の現場では，利用者と職員のやりとり，または職員同士で協働して利用者の介護にあたるなど，身体的なかかわりが多く見られる。もちろん，日々の生活において道具や介護用品は必須であり，歩行器や車椅子を利用して移動することも多い。利用者ひとりひとりの状態を把握するためのミーティングでは，介護動作や利用者の傷の様子などが，身体を使って表されることが多い（細馬 2012）。身体的表現は，介護に関する理解を共有するための中心的な役割を果

たすことも少なくない。しかし，言語化が難しいせいなのか，職員自身の意識にのぼりにくい。したがって，発話の言語的側面だけではなく，身体がどのような表現を組み立てているのかに注目することは，現場で実際に行われていることを捉える上で重要である。

相互行為分析は，分析者自身の経験則に基づいた解釈のみによってデータ内の行為を記述するのではないことを強調したい。他の分析方法に基づいて人の行為を記述する場合，データを集める以前に，見るべき行為を特徴づけた上でデータからその行為だけを拾い上げるといったように，分析者の視点からの解釈が行われる。だが本章で用いる相互行為分析では，実際の介護場面における人々の行為を体系的な転記方法に基づき，相互行為に参加している人々の視点から記述していく。ゆえに，本章で示されるのは，実際に相互行為に参加していた人たちが，お互いのふるまいへの理解を示しつつ行為を接続してゆくやり方の記述である。つまり，分析者が考えた「グループホーム職員の実践の組み立て方」ではなく，まさしく「グループホーム職員が生み出している実践の組み立て方」であることを保証することができる。

2　取り扱うデータと分析方法

データの概要と取り扱う意義について

本章で扱うのは，2009年秋に関西のあるグループホームで撮影された，利用者6名，職員3名，訪問者1名の計10名がお茶を飲みながらくつろいでいる場面を撮影した映像データである（図7-1）。撮影当日は地元の青年団との交流会があり，利用者は青年団員お手製の名札をプレゼントされていた。名札はおよそ片手大で，ハートや星の形をした布のなかに綿を詰めて縫い合わせて作られている。分析対象となるのは，利用者のタカとカズエが身につけている名札をトピックとした，およそ2分足らずの会話である。

日常的に繰り返される場面ではなく，なぜ利用者が名札を身につけているという特殊な場面を本章で取り上げるのか。理由はふたつある。

第7章　ケア活動を組織する諸行為の規範的結びつき

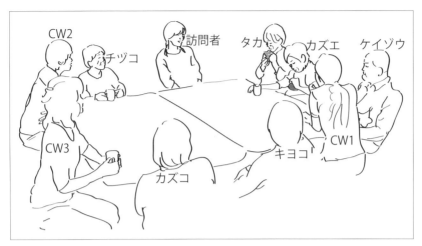

図7-1　分析箇所における人々の配置

　第一に，利用者が自分の名前を認識しているかどうかは，職員が利用者の状態を理解するために継続的に確認すべき事項のひとつだからである。地元の青年団との交流会で収録した約3時間20分足らずの映像には，複数の職員が複数の利用者に対して，利用者の胸元にぶらさがっている名札を褒めてから，「Aって書いてあるね。Aさんってどなた？」といった具合に問いかけている場面が何度も確認できた。身分証明やコミュニケーションツールとしての名札が，グループホーム職員による特有の実践によって，利用者の認知症の程度を確認するためのツールとなりえるのだ。3節「職員の働きかけと利用者が名札を取り出すまで」の前半では，利用者のカズエに対して名前を尋ねるやり方を分析することで，グループホームの介護職員によるケア活動の一例を示す。
　第二に，名札の取り扱いが，身なりを整えることとかかわっているからである。分析するデータの冒頭では，タカの名札は襟元から，カズエの名札は上着の裾から衣服のなかに入り込んだ状態である（図7-2）。他人から名前の書かれている面が見えない状態では，名札本来の機能を果たすことができない。しかも，片手大で厚みもある名札が衣服に入り込んだ様子は，どことなく不格好

191

第Ⅲ部　専門家の実践

図7-2　利用者の名札が衣服に入り込んでいる様子

といえる。3節「職員の働きかけと利用者が名札を取り出すまで」の後半で注目する利用者のタカは，当時，要介護3（状態の一例として「身だしなみや居室の掃除などの動作が自分ひとりではできない」），日常生活自立度Ⅲ（判断基準「日常生活に支障をきたすような症状・行動や意思疎通の困難さが見られ，介護を必要とする」）と判定されていた。この場合，衣服のなかから名札を取り出すようタカに働きかけることは，身なりを整えるという社会的な望ましさを達成するだけではなく，認知症の進行を遅らせることに志向した社会的な働きかけにもなりうる。

　分析の手順について述べる前に，分析で取り上げる場面および会話に参加している人々を紹介しよう。分析対象となるのは，交流会を終えて地元の青年団が退出した後，利用者と職員と訪問者が，居間の大きなテーブルに座ってお茶を飲みながらくつろいでいる場面である。舞台となる居間のテーブルでは，毎日，利用者と職員が食事をし，レクリエーションをする。また，一部の利用者が食器を拭いたり洗濯物を畳んだりする場でもある。居間のテーブルは，まさに共同生活の中心となる場所である。本章で注目して分析するのは，利用者のカズエとタカ，職員のCW1，CW2，そして訪問者である。データに出てくる3人の介護職歴は，CW2が一番長く，CW1，CW3と続く。特にCW2は，当時グループホームの副施設長でもあった。一方，訪問者は介護については素人

であるので,本章では非専門家と呼ばれることもある。

分析手順

　ビデオカメラで会話場面を撮影した後,映像をパソコンに取り込み,会話中の発言,身体動作(ジェスチャー,姿勢・視線変化,うなずき,物とのかかわりなど)をミリ秒単位の精度で記述した。データ内の人々(本章では10人)それぞれの発言を会話分析の記述システム(Jefferson 2004)を一部改変した方法で表記した。手の動きは,ジェスチャー分析で用いられているジェスチャー記述システム(Kendon 2004;細馬 2009)に基づいて区間を定めた後,動きや位置を平易な語句で記した。図中で用いるR(r)とL(l)は右手,左手を表す。Hは保持(hold)を表す。詳細を書き込むことで相互行為の時間構造をうまく表記できない場合は,語句の一部を記す(例:「移動」→「移」)か,※を記し,別途詳細を図中に明記した。姿勢と視線は,一定の方向を向いているか,別の方向へ移動しているかを表記した。

　本章で使用する会話分析の転記記号は次の通りである。

　　[　　　　　ふたり以上が同時に話し始めている(発話の重なりの開始)位置を示す。
　　]　　　　　発話の重なりが解消された位置を示す。
　　=　　　　　前後の発話が切れ目なく続いていることを示す。
　　(数字)　　　その秒数の間が空いていることを示す。
　　(.)　　　　0.1秒前後の沈黙があることを示す。
　　文字:　　　直前の音が引き延ばされていることを示す。コロンの個数により引き延ばしの長さを表す。
　　文字-　　　直前の語が中断されていることを示す。
　　文字.　　　尻下がりの抑揚を示す。
　　文字?　　　尻上がりの抑揚を示す。
　　文字,　　　まだ続くように聞こえる抑揚を示す。

↑文字	上向き矢印は，直後の語の音が急に高くなっていることを示す。
文字	下線部分が強められて発話されていることを示す。
°文字°	囲まれた部分が弱められて発話されていることを示す。
hh	呼気音を示す。hの個数により呼気音の長さを示す。
.hh	吸気音を示す。hの個数により吸気音の長さを示す。
(hh)	笑っている部分を示す。聞き取れる範囲で母音を付加する（((haha)）など)。
¥文字¥	笑いを帯びた性質で発話されていることを示す。
>文字<	囲まれた部分が前後に比べて速く発話されていることを示す。
(文字)	聞き取りに確信が持てない部分を示す。
( )	まったく聞き取れない部分を示す。
(X／Y)	XかYかいずれかに聞こえるが，どちらであるか確信が持てないことを示す。
((文字))	転記者によるさまざまな種類の注釈・説明を示す。
→	分析において注目する行を示す。
⇒	分析において注目すべき利用者が行為をしている行を示す。

3 専門職に宿るものの見方からケア実践にいたるまで

3節では，地元の青年団からプレゼントされたハートや星の形をした布製の名札を身につけた利用者6名と職員3名，および訪問者が，居間の大きなテーブルに座ってお茶を飲んでくつろいでいたデータから，以下の3点を明らかにしよう。①タカの名札が衣服の内側に入り込んでいることをCW2がどのようにして気づき，どのようにして他の職員にタカへの注意を喚起したのか，②CW1とCW2の間で見られたジェスチャーの同期（城・細馬 2009）を手がかりに，どのようにして職員が理解を示し合い，ケア活動にとって適切な理解へと調整していたのか，③職員からの働きかけによって，利用者はどのような行為をしたのかを，利用者のカズエとタカ，職員のCW1，CW2，そして訪問者の

第7章 ケア活動を組織する諸行為の規範的結びつき

ことばと身体動作,人々と物質と環境の関係を分析していく。

他者の注意を喚起しうる気づきの表現の組み立て

　最初の分析では,CW2の動きに注目する。10人がひとつのテーブルを囲みくつろぐなか,CW2はケアすべき対象にどのようにして気づいたのか,その気づきをどのように表現したのかに迫る。さらに,CW1がどのタイミングで身体動作を変化させたのかを示すことで,CW2の表現は,タカの名札の状態についての理解を職員間で共有する手立てとなっていることを明らかにしよう。

　職員たちは,テーブルについたときからタカとカズエの名札が入り込んでいたことに気づいていたわけではない。断片1の直前,職員はそれぞれ自らの隣にいる利用者と会話をしていた（CW1はチヅコ,CW2はキヨコ,CW3はカズコ）。したがって職員たちは,断片1の最初の2行に見られる訪問者とタカ,カズエの様子を目にしていない。[(2)]

　【断片1】の前半部分 11:39.300-12:03.500
　01　訪問者：→（ここなんか入って）（　　　　）（るんですか[:?）
　02　　タカ：　　　　　　　　　　　　　　　　　[（　　）
　　　　　　　　　　　（（約10秒間省略））
　03　CW2：→え,その人持ってはらへんの？
　04　　　　　（.）
　05　CW2：°あ°,中に入ってあるや[ん].
　06　CW1：　　　　　　　　　　　¥[タ]カさん＝

　訪問者の問いかけ（01行目）をきっかけに,タカは,安全ピンと名札をつないでいる白いひもの下に右手を伸ばし（図7-3①）,カズエもまた,タカの胸元に顔を向ける（図7-3②）。3人が,名札の入り込んだタカの胸元というひとつの「問題点」を見ている状態であること,さらに訪問者が,問いかけの直後からより前傾姿勢でタカの胸元を見始めた（図7-4①楕円部分）[(3)]ことの2点

195

第Ⅲ部　専門家の実践

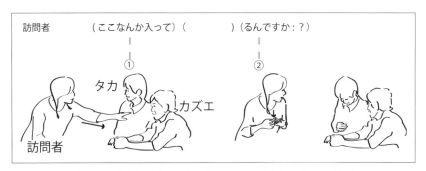

図7-3　訪問者の問いかけに対してタカが反応する（01-02行目）

が，この直後にあるCW2の気づきにとって重要であることを，以下に示そう。

　タカが訪問者に対してなんらかの応答（02行目）をしてから約5秒後，チヅコとのやりとりを終えたCW2は，チヅコ側に前屈みだった姿勢を元に戻してお茶を飲み始めた。一口飲んで湯のみから口を離し，湯のみを持った右手を下ろす途中に，CW2の動きが止まる（図7-4①）。CW2の視線の先には，タカ，カズエ，訪問者の3人がタカの胸元に注意を向けるという身体的編成により，ひとつの相互行為空間（西阪 2001；2008）ができていた（図7-4①楕円部分）。訪問者の上半身がタカ方向に乗り出しており，タカは胸元を見ながら白いひもを留めている安全ピンを両手でしきりに触っている。CW2は，図7-4①の姿勢のまま，タカ，カズエ，訪問者が「タカの胸元に注意を向けている」空間を見つめた後，何かに気づいたように口を開けて（図7-4②），前のめりになりながら「え，その人持ってはらへんの？」と言い，湯のみを持った右手を下ろす（03行目，図7-4⑤）。

　CW2がタカの状態に気づいたきっかけは，タカ，カズエ，利用者の顔や上半身がタカの胸元に向いているという身体的編成による相互行為空間の存在であった。今見たCW2のように，他者のふるまいから他者の認知状態についての情報を得ることを通じて，他者がその認知状態に至った環境についての情報を間接的に得ることを，他者の認知の利用と呼ぶ（高梨 2009）。CW2は，他者の認知の利用を通じて，環境内にあるどのような情報を受け取ったのだろうか。

第7章 ケア活動を組織する諸行為の規範的結びつき

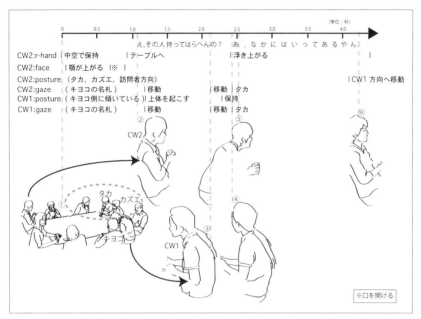

図7-4 他者の認知の利用を通じてタカの名札の状態に気づくCW2とCW1の動き（03行目）

　CW2が自分の気づきを表現する発話（03行目）の言語内容を見ると，タカの名札が無いと見えた理由は，襟元から衣服の内側に入り込んでいることであったことがわかる。さらにこの発話を分析することで，CW2の発話自体が他の人にも注意を喚起することが可能な組み立て方になっていることを示そう。
　まず，CW2の発声はその場のほぼ全員に聞こえるくらい大きかった。この大きな声に加え，発話を次のようなやり方で組み立てることによって，CW2は，他の職員に特定の箇所に目を向けるよう促している。1点目は，「え」から始めることで，目の前で想定外のことが生じていることを表明している。2点目は，「その人」と言うことで，特定の誰かに焦点化していることを示す。しかし，「その人」という語の選択は，耳で聞いているだけでは誰を指示しているのかがわからないようになっている。3点目は，目的語を用いず「持ってはらへんの？」と言うことにより，2点目同様，言語内容と視覚的な情報とを

197

統合することによって，はじめて指示内容が理解可能になる発話の組み立て方になっている。続いてCW2は，前のめりになりながらタカを見続け，「あ」と知識状態の変化を示す語（Heritage 1984）を言うのとほぼ同時に背を後ろに戻しながら，「中に入ってあるやん」とタカの名札の状態を口にする（03行目，図7-4⑥）。この発話も，タカを見ずには理解することが難しい組み立て方になっており，他の職員に対して特定の方向を見るよう注意を喚起することに貢献している。

　以上のような組み立て方によって，CW2の発話を耳にした他の職員は，ふたつの方向に目をやる必要が生じている。まず，CW2が誰を指示しているのかを理解するために，CW2を見る必要がある。次に，「その人」が「何を持っていない」のかを理解するために，CW2が見ている先を見なければならない。発話が持つこうした局所的な要請に加え，「その人」が利用者を指しているのであれば，介護職員として利用者の状態を把握しなければならないという職業規範的な要請も生じる。CW1は，キヨコがまだ発話途中であったにもかかわらず、[5] CW2が「え」を発した直後に，キヨコ側に前傾していた姿勢を変化させる。まず顔を上げ（図7-4③），次に顔を上げるときよりも少し速く右側に顔を振って，タカとカズエがいる方向を見て（図7-4④），そして「その人」が「タカさん」であることの理解を示している（04行目）。CW1が最初に顔を上げた先（図7-4③）には，前のめりになりつつ，タカ，カズエ，訪問者の方を見ているCW2がいることに注意しよう。つまり，CW2の視線の方向や前のめりという姿勢は，CW2がタカの方を見ようとした結果であると同時に，CW2の「え」によって注意を喚起させられたCW1に対して，注意を向けるべき方向を指し示すこともしているのだ。加えて，CW2は「あ，中に入ってあるやん」という発話の末尾から，CW1に向けて視線を変化させている（図7-4 CW2：gaze CW1方向へ移動）。これは，自分の行為によって何が起きたかを確認する動きだと考えられる。つまり，CW2は，自らの気づきを単に表現するだけでなく，その表現によって他の職員の注意を喚起することも志向していたことがわかる。[6]

理解の共有と適切なケアのために調整される理解表示

　CW2 は，タカとカズエと訪問者が織りなす相互行為空間から，CW1 は，CW2 による注意を喚起するやり方（03 行目，図 7 - 4）から，タカの名札の状態を知るきっかけを得た。この項では，複数の人がほぼ同時に同じようなジェスチャーを行う現象（ジェスチャーの同期）を通じて人々が自らの理解を示し合うという指摘（城・細馬 2009）をもとに，タカの名札の状態について，CW1 とCW2 がどのような理解を示し合い，共有したのかを明らかにしよう。

【断片 1】の続き

```
03  CW2：え,その人持ってはらへんの？(.)°あ°，中に入ってあるや
         [ん].
04  CW1：¥[タ]カさん＝
05      →＝[こ:[なっ(てる)]¥
06  CW2：→　¥[こ:[んなとこに]はいったあっ]た[ん(や:)]¥
07  訪問者：→　　　　[そうな　]ん（です）　]
08  CW1：　　　　　　　　　　　　　[カ:　]）(0.3)カ-
         (0.3)
09      →カズエさんはこう入れて(や)るし,
10  訪問者：(ha)
11  CW1：タカさんはこうや[（　）]
12  訪問者：　　　　　　¥[.hほ]んまや¥＝
13  　　：　＝[(hh .h ha　 ][ha)]
14  CW2：　　[(hahahahaha)][(　)　 )＝
15  　　：　＝[[(ahahaha)　]]
16  CW1：　　[[カズエさん(　])　)ズボンにインやね＝
17  CW2：　＝[>すごいね<]
18  CW1：　　[(¥うん¥)　]
```

ここでは，断片1の05-07行目におけるCW1とCW2の動きに注目する。CW1とCW2がほぼ同時にタカさんの名札の状態を報告し（05, 06行目），報告に重なる形で，タカの名札の様子に最初に気づいた訪問者が承認している（07行目）。このとき，3人は片手で衣服の内側に入り込んだ名札を示す同じような手の動きをお互いに見せ合っている（図7-5）。このジェスチャーの同期について，特にCW1とCW2のジェスチャーを詳細に分析しよう。

ほぼ同時に（0.2秒足らずの差で）CW1は右手，CW2は左手を持ち上げた。そして，それぞれ持ち上げた手でタカの名札の状態を描写している点も同じである。しかし，わずかながら違いもある。CW1の表現では，あごを反らせ，手を大きく回して弧を描き（図7-5①），それから胸のあたりで手のひらを握りしめ拳を引き寄せる（図7-5②）ことで，名札が「巻き込まれていること」とその位置が強調されている。他方，CW2の表現では，腕を上げ襟元から指を入れる（図7-5③）ことで，「衣服のなかに入り込んでいること」とその位置が強調されている。CW1とCW2の間でタカの名札の状態について抽出した側面がわずかながら異なることは，言語内容にも同様に表れている。CW1の「こ:なってる」（05行目）は名札の状態に志向し，CW2の「こんなとこ」「はいったあった」（06行目）は，名札が入っていることとそれが予想外の位置であることに志向した組み立てになっている。

【断片1】の後半部分
06　CW2：→¥[こ:[んなとこに]はいったあっ]た[ん(や:)]¥
07　訪問者：→　　　　　[そうな　　]ん（です）　]
08　CW1：　　　　　　　　　　　　　　[カ：　　]）(0.3)カ-
　　　　　(0.3)
09　　　　→カズエさんはこう入れて(や)るし,
10　訪問者：(ha)
11　CW2：タカさんはこうや[(　)]
12　訪問者：　　　　　　¥[.hほ]んまや¥=

第7章 ケア活動を組織する諸行為の規範的結びつき

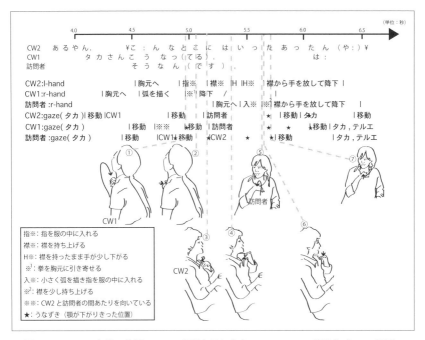

図7-5 タカの名札の状態について理解を示し合うCW1, CW2, 訪問者（03-08行目）

```
13       ：    =[(hh .h ha   ][ha)]
14  CW2：      [(hahahahaha)][(    )   )=
15       ：    =[[(ahahaha)    ]]
16  CW1：      [[カズエさん( ]]   )ズボンにインやね=
17  CW2：    =[>すごいね<]
18  CW1：      [(¥うん¥)  ]
```

ところが，ジェスチャーの同期直後のCW1の発話を見てみると，CW1はカズエの名札の状態という新しい情報を伝えると同時に，タカの名札の状態を描写するやり方を少し変えている（09, 11行目，図7-6）。このCW1が，再びタカの名札を表現する動きを分析しよう。さきほど行った「巻き込まれてい

第Ⅲ部 専門家の実践

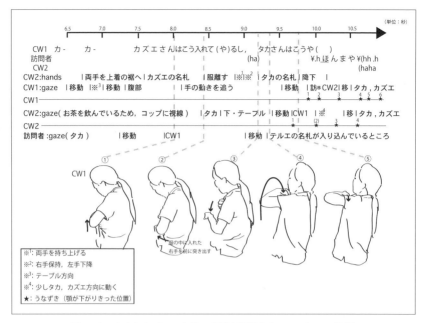

図7-6 タカとカズエの名札の状態を説明するCW1（08-14行目）

る」の表現に加えて，CW1は自らの襟元を右手で引き上げ（図7-6③），左手の指先を衣服のなかに入れている（図7-6④，⑤）。つまり，一度目の表現にはなかった「衣服のなかに入り込んでいること」が示されている。さらに，カズエの名札の状態を表現するときも，CW1は自らの衣服を利用して，衣服のなかに入り込んでいることを示している。

名札の状態を衣服を利用して表現することは，ケア活動を行うという点から適切な理解の仕方を表明しているように見える。なぜなら，この先，名札をめぐるなんらかのケア活動（2節で触れたような，名前の確認を通じた認知症の進行を遅らせることに志向したケアや身なりを整えるといったケアなど）を行う上で，まず目指されるのは，衣服から取り出すことであるはずだからだ。もちろん，CW1が最初に示した，名札が「巻き込まれていること」とその位置が強調された理解の仕方も，タカの名札の状態を正しく理解した見方ではある。ここで

重要なことは，CW1がカズエとタカの名札の状態を説明する際に，自身が最初に用いた表現とCW2が用いていた表現を組み合わせる形の表現を用いることで，CW1の調整された理解が公的に示されていることである。

うなずきに注目して09行目以降のやりとりを分析すると，職員にとって理解の共有がこの場で重視されていることがわかる。訪問者は，CW1のうなずきにはっきり視線を向けておらず，うなずき返すこともない。しかしCW2は，CW1が「タカ」と言った後，CW1に向いてうなずく（図7-6 CW2：★1）。CW1は，話し終える直前に訪問者に向けて2度うなずき（図7-6 CW1：★1, 2），そしてCW2を向いてすばやくうなずく（図7-6 CW1：★3）。さらにCW2は，視界の端でCW1の3度目のうなずきを見ながらうなずき（図7-6 CW2：★3），タカ，カズエ方向に少し顔を動かす。そしてCW1は，訪問者とCW2が笑い始めると同時に，3回続けてうなずく（図7-6 CW1：★4, 5, 6）。CW1は，ただ新しい情報や自らの調整された理解を提示しただけではなく，タカとカズエの名札がそれぞれの衣服に入り込んでいるという現状の確認を受け手に要求している。特にCW1とCW2は，何度もうなずくことにより，現状に対する理解が共有されていることを確認し合っている。このやりとりから，今後どのようなケアが展開されるにせよ，職員たちにとっては，利用者の状態について個々に適切な理解を得ることよりも，適切な理解を共有することに志向していることがわかる。

職員の働きかけと利用者が名札を取り出すまで

断片2は，断片1の続き[7]である。この項では，カズエとタカの名札が衣服に入り込んでいる様子が，CW1によって示され（断片1：09, 11行目，図7-6），訪問者とCW2がそれを受け入れた（断片1：12-13行目，14-15行目）後を分析する。これまでに共有された理解をもとにして，職員たちがどのように利用者のタカとカズエに働きかけるのか，そしてタカとカズエはどのような行為をするのか，訪問者の動きにもふれながら見ていこう。

第Ⅲ部　専門家の実践

(1)カズエの場合

【断片 2】12:08.200-12:38.370
```
01 訪問者：→ここ[にありますね::          ]
02   CW2：     [( )(ろてあ)( )(haha ]ha：)
03          (0.4)
04   CW1：→¥なにがやな：¥(aha[ha     ]
05   CW2：→             [(それ)が]なん や[な ((ユーモアの
              ある声色))
06 カズエ：                        [(       [
              ]  )
07   CW2：                                    [(う/
              あ)ん]
08          (0.5)
09 カズエ：  >なん[やこれ<(    ])
10   CW2：→    [それなんや::] ((ユーモアのある声色))
11          (.)
12   CW2：→それなんや[：]
13 カズエ：⇒        [あ]：これ>なんやろこれ<赤いこれ
```

　訪問者は椅子から立って，カズエの衣服に入り込んだ名札を直接指差す（01行目，図 7-7 ①）。このとき，訪問者は名札がカズエの衣服の内側にあることを描写する発話をしているが，カズエや他の人々に新規情報を伝えるための発話ではないことに注意しよう。これまでの相互行為を観察すると，少なくとも訪問者の立場からは，名札が本来あるべき位置にないことが問題だと考えているはずだ。つまり，訪問者は，カズエに「そうですね」や「知りませんでした」などと応じて欲しくて「ここにありますね::」と発言しているのではない。衣服の内側に入ってしまっている名札を，本来あるべき位置に戻すというケア活動を始めるための第一歩として，問題が生じている箇所へカズエの注意を向

第7章 ケア活動を組織する諸行為の規範的結びつき

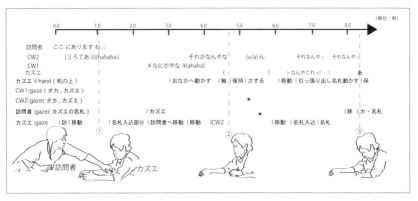

図7-7 訪問者に指摘されてからカズエが名札を取り出すまで（01-13行目）

けるための発言と考えられる。ただし，この発言の「意図」が誰にでも理解可能であるとは限らない。

　カズエは，訪問者の指が自分の身体に届く前から，訪問者の左手の動きを追い（図7-7カズエ：gaze 移動），指されたところに視線を向ける（図7-7カズエ：gaze 名札入込部分）。CW1は，笑いを帯びながら「なにがやな」（04行目），CW2は，ユーモアのある声色で「それがなんやな」と言う（05行目）。両者とも，カズエの普段の口調をまねるような声であると同時に，職員としてというよりはカズエの立場にいるかのように発話していることに注意しよう。これは，認知症であるカズエに対して，上着の裾からなかに入り込んだ名札へ注意を喚起するための働きかけであると同時に，訪問者の発言（01行目）が，カズエにとって理解が困難であることを暗に示していると考えられる。

　カズエはCW1の発話途中に，視線を訪問者側，CW2側へと動かしながら，ゆっくりと左手で名札が入り込んでいる部分にふれる（図7-7②）。このとき，カズエは，CW2に視線を向けつつ何かを発話しはじめる（06行目）。カズエは発話中，左手を名札が入り込んでいる部分に置き（図7-7カズエ：l-hand 保持），さするように動かす（図7-7カズエ：l-hand さする）。それに応じるように，CW2はカズエに向かって「うん」とうなずき（07行目，図7-7 CW2：gaze ★），

205

訪問者もカズエに向かってうなずく（図7-7訪問者：gaze ★）。ここで，カズエの発話が，CW2と訪問者にとっては，承認を求めているものとして理解されていることがわかる。カズエはCW2のうなずきを受け取ってから，名札が入り込んでいる部分に視線を向け，左手を動かしてスムーズに名札を引き出し，名札を見つめる（図7-7③）。ここではCW2らの承認が，カズエの名札を取り出すという行為を促進するものであったと考えられる。

　カズエが名札に注意を向けることは，直接的にはカズエ自身の発話（06行目）をCW2らが受け入れる（07行目）ことで達成された。そこに至るまでに，訪問者と職員とでは，カズエに対する働きかけに違いがあったことに注意しよう。訪問者は間接的発話行為と呼ばれるような，発話を構成する言語内容と実際の発話内効力とが異なるような発話をカズエに向けたのに対して，職員たちはカズエに成り代わって訪問者へと応じるように声色を使ったり（04，05行目），「名札」が答えとなりうるようなわかりやすい質問をしたり（10，12行目）していた。この違いについては，4節で取り上げる。

　すでに述べたように，介護施設の職員は，利用者が自身の名前を理解しているかどうかをしばしば確認する。では，このことを職員が確かめることのできる機会はどのようにしてつくりだされるのだろうか。この場面で注目すべきは3点である。まず，CW2は直接カズエの疑問（13行目）には答えず，「なんと書いてあんのそれ」と，質問を投げかけている（18行目）。次に，この質問（18行目）とその後の「なんや字：書いてあるやろ」という呼びかけ（20行目）は，直接名前を問うのではなく，書かれている字を問うという，具体的に何をすべきかがわかりやすい形で組み立てられている。そして，CW2の発話の語尾に重なる形で発話したCW1は，「かぞえさん」と語尾に「さん」を付け，明らかに名前という形で答えているのだが，名前を答えるという意味では正答とは少しずれている（21行目）[8]。以上のような試みを通じて，CW1とCW2は，「名前」や「カズエ」という語を直接用いずに，カズエの注意を具体的な事物（名札や名札に書かれた文字）に向けることで，カズエ自身から正答を引き出そうと働きかけている。

第7章　ケア活動を組織する諸行為の規範的結びつき

【断片2】続き
11　　　　　　（.）
12　CW2：　それなんや[：］
13　カズエ：⇒　　　　　［あ］：これ>なんやろこれ<赤いこれ
14　訪問者：　（h[uh ［uhuhu）　　］
15　CW2：　　［（そ[れ］なんや：：）（（ユーモアのある声色））
16　カズエ：　　　　　［（hahaha）　］
17　　　　　　（.）
18　CW2：→なんと書いてあんのそれ：
19　　　　　　（1.6）
20　CW2：→なんや字：書いてあ[るやろ］
21　CW1：→　　　　　　　［カゾ　］エさん＝
22　カズエ：　＝(kak)
23　　　　　　（0.8）
24　カズエ：　うん．°うんうん°＝
25　CW2：→＝うん
26　　　　　　（0.3）
27　カズエ：⇒°あ：なん（か/て）書いてある（　　）°＝
28　　　　　⇒°ルエて書いてあ[（る/ん）（　　）°
29　訪問者：→　　　　　　　［カ：[：：：：　］
30　CW1：→　　　　　　　　　¥[ルエル]エ

　カズエは，CW1が「カゾエさん」と言った直後にカ音を口にした（22行目）後，名札を見つめたまま沈黙し（23行目），「うん」とうなずく（24行目）。それに対してCW2は，カズエの視線を受けていないにもかかわらず「うん」とうなずき返す（25行目）。ここでCW2は，短く「うん」とだけ言うことで，3つのことを示している。まず，名札の文字を読み上げるというカズエの試みはまだ途中であることへの理解，この時点まではカズエの試みに訂正すべきことは

207

ないという判断，そして自分たちはカズエの試みに現時点では手助けをしないことを示している。同様に，カズエが「ルエ」と言った（28行目）際も，正答は「ズエ」なのだが，それに対して誰も間違いであるとは指摘しない。すなわち，カズエ自身が自分の名前を言うための機会が職員や訪問者によって確保されている。

【断片2】続き

```
31  タカ：   カズエやと[(  )]
32  訪問者：         [¥ふふ¥]
33  カズエ：⇒=      カ　ズエと書いて[あ°んのか°]
34  CW2：→              [カ[ズエ  ]カズエって誰
                          や？
35  訪問者：                   [(ふん) ]
36       ⇒(0.6)((カズエ，左手の人差し指を立てて自分を指差す))
37  訪問者： (huhu[hu  [huhuhu) ]
38  カズエ：       [(aha[haha  ]ha ]ha)]
39  タカ：           [(ahah  ]aha]ha ]haha    )]
40  CW2：             [(ふ/は)：]：あ](0.4)(huhahaha)]
41        (0.7)((別の利用者の笑い声が続く))
42  CW2： °自分の名前は¥忘れんと[ね]¥°
```

カズエが「ルエと書いてあ(る/ん)」と言った（28行目）直後に，タカはカズエの名札に視線を向けて「カズエやと(　)」と言う（31行目）。するとカズエは，名札から顔を上げながら「カズエと書いてあんのか」と自分の名前を言い，CW2の方を見る（33行目）。この直後，訪問者，CW1，CW2がうなずく。タカの発話によって，名札を用いたカズエの認知症の程度の確認は失敗したように見える。しかし，カズエが33行目を言い終わらないうちに，CW2はうなずいて「カズエ」と言った後，前のめりになりながら「カズエって誰や？」と

第7章 ケア活動を組織する諸行為の規範的結びつき

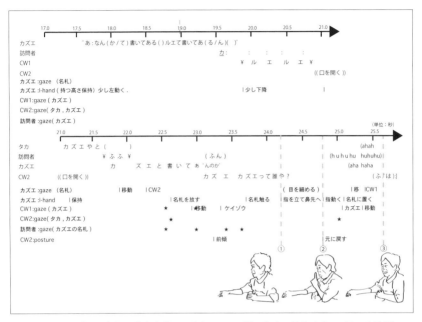

図7-8 カズエが名札の文字を読んでからCW2の問いかけに答えるまで（27-40行目）

問いかける（34行目）。この問いかけに対して，カズエは目を細め，鼻の下を伸ばすと同時に左手の人差し指をまっすぐのばして自らの顔の中心を指差し，そして目を見開く（図7-8②）。カズエがおどけたような形で答えたことで，複数の人が笑い出し，カズエ自身も笑っている(9)（図7-8③）。職員たちによるユーモアを交えた口調や大きな身体動作を伴う働きかけに対して，カズエは最終的にユーモアを交えて答えた。CW2の問いとカズエの応答には，彼らがいかに機転の利いたふるまいをしているのかが鮮やかに表れている。CW2は，認知症の程度を確認することのできる第二の手を即座に繰り出すことができている。他方，カズエは，単に「カズエて誰や」に対して応答することで自分の名前を認識していることを示すと同時に，職員たちが作り上げたユーモラスな雰囲気への理解も適切に示している。

カズエの場合の分析の締めくくりとして，CW1が，カズエの名札をめぐる

209

やりとりからケイゾウの名札に注意を向け，適切なケアをするやり方にふれておこう。カズエの名札をめぐるやりとりの後半，CW1は，カズエが自分の名前を答えた（33行目）直後から視線を変化させ，ケイゾウの方を向く（図7-8 CW1：gaze ケイゾウ）。そしてカズエが自分を指差して応じるとき（図7-8②），CW1は，ケイゾウの名札が裏返っていたのを直していた。この会話場面では，3人の職員と6人の利用者がいるため，職員は大きな問題でもない限り，複数でひとりの利用者のケアをし続けるよりは，他の利用者の状態にも気を配る必要がある。名札をめぐる働きかけにおいてカズエに求められていたのは，名札を衣服から取り出すことと名前を答えることだった。したがって，カズエが自らの名前を口にした時点で，名札をツールとして認知症の進行程度を確認する局面が終局に差しかかっていた。そのため，この時点は，CW2とカズエのやりとりを妨げることなく他の利用者に注意を向けるのに適切なタイミングであったといえる。CW1は，些細な視線変化と身体動作を適切なタイミングで行うことによって，ケイゾウの名札が裏返っていることに気づいた後，カズエを焦点としたやりとりを妨げない形で，ケイゾウに対する適切なケアを達成しているのだ。

(2)タカの場合

【断片3】12:38.230-13:03.930
43 訪問者：→[も]うずっ[とここに入れとくんで]すか：？=
44 　CW1：　　　　　　　[書い(て/た)ある？　　]
45 　タカ：=[(　　] [　　)?　　]
46 訪問者：　[(hhhh)]
47 　CW2：　　　　　　　[ちょっと　]=
48 　CW1：　　　　　　　[ケイゾウさん]=
49 　CW2：→=[見せて欲しいわそ[れ：　[タカさん]
50 　CW1：　 =[名前書いたある　[やろ？
51 訪問者：　　　　　　　　　　[タカ　[さんの(で]すね)]

第7章　ケア活動を組織する諸行為の規範的結びつき

```
52   タカ：                              [もろた  ] が]な：
53                [(みなひ ]き)( )][(                    .) ]
54   CW2：→[タカさん.]
55   CW1：   [(良かった]な::) ]＝
56   CW2：→            [＝タカさんそれ見せて欲しいわ.]
57   タカ：   んなん[ちゅうなま    [えや：[(き)]＝
58   CW2：→       [ちょと見せて出し[て.
59   CW1：                    [また [な::]
60   タカ：＝[(かれて)(    )] [(            )]
61   CW2：→[出して見せて::]＝
62   CW1：   [(    )な： [： ]
63 訪問者：→             ＝[見[せ[て::::  ]
64   CW1：                     [すごろく[な： ]＝
      ＊注：CW1の発話は異なる参加枠組みにおける発話
```

　訪問者は，襟元から名札が入り込んでいるタカに対して，「もうずっとここに入れとくんですか」(43行目) と自身の胸元に触れながら再び問いかけている。この問いかけは，カズエの注意を名札へ向けた発話 (01行目) 同様，名札を本来あるべき位置へ戻そうとする間接的発話行為として組み立てられている。タカが訪問者の問いかけに何かを言っている (45行目) のに重なる形で「ちょっと」(47行目) と言い出したCW2は，タカに身を乗り出しながら「見せて欲しいわそれ:タカさん」と依頼する (49行目)。訪問者のタカへ向けた問いかけの直後にCW2が依頼するということは，訪問者の問いかけが「名札を衣服のなかに入れておくかどうか」を尋ねるための発話ではなく，タカに名札を出すよう働きかけるものであったことを理解していることを示す。すなわち，CW2は，タカや訪問者の発話に重なりながら強引に働きかけを開始したのではなく，訪問者への手助けを試みたのだ。

　CW2は，身を乗り出したまま「タカさん」と2度呼びかけ (54, 56行目)，

第Ⅲ部　専門家の実践

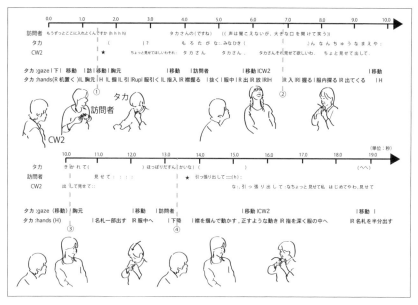

図7-9　CW2，訪問者に依頼されてからタカが名札を取り出すまで（43-75行目）

名札を指すように顎を反らせながら「それ見せて欲しいわ」（56行目）と言い（図7-9②），その後も依頼を2回繰り返す（58，61行目）。タカは，訪問者に名札のエピソードを話しながら（52，53行目），CW2に視線を向ける（図7-9②）。タカは語りを続けながら，CW2の依頼中ずっとCW2に視線を向けている（図7-9上段タカ gaze CW2）。そして，依頼の直後に視線を胸元に向ける（図7-9上下段タカ gaze 移動，胸元）。タカは，CW2の依頼にある「それ」が何かを理解していることを示しつつ，訪問者への語りを並行して行っている。

CW2が4回行う依頼（49，56，58，61行目）は，タカへ働きかけるための第一歩を成功させただけではない。大笑いしていて全くCW2を見ていない訪問者は，CW2の「出して見せて」（61行目）の直後に「見せて」と言う（63行目）。訪問者は，CW2の発話を一部繰り返すことで，はじめてタカに対する発話を問いかけではなく依頼として組み立てている。つまり，CW2による依頼の繰り返しは，次のふたつのことをしている。まず，訪問者の間接的発話行為（43

第7章 ケア活動を組織する諸行為の規範的結びつき

行目)を,「見せて欲しい」という直接的発話行為へ換骨奪胎し,結果として衣服から名札を取り出すことにつながるような具体的な行為を引き出そうとしている。次に,訪問者による依頼をも誘発し,CW2と訪問者がチームとしてタカへ働きかけることを可能にしている。

【断片3】続き

```
65  タカ   :⇒=ほっぽり[だすん(かいな)]
66  CW1  :          [くれはったでな[: ]
67  訪問者:→                  [引[っ張り出し=
68  タカ  :                     [( [      )=
69  訪問者:→=[て::::::[(h):]
70  タカ  : =[(     [      [     )]
71  CW1  :    [みんなで[使お [  な ]
72  CW2 :→       [な:,[引っ[張り出して]:な
73         (.)
74  CW2 :→ちょっと見せて私はじめてやわ,[見せ ]て=
75  タカ  :⇒                        [(へへ)]
76  タカ  :⇒=うん,あん,[あん [ね(こういう[もんだけんど    )]
77  CW2 :→           [(うん)[見せて  [(うん)そうそう.(ちょと)]=
78  CW2 :→=こっち向けて:[な
79  カズコ:              [ほ,し,や[な ]((⇒タカ,CW2に名前面を向ける))
80  訪問者:                    [あ ]
81  CW2  :                    [おっ]
82  CW2  :ほんま[やえ::わ[:::]
83  訪問者:     [か:わ:[い:[↑:]
84  タカ  :          [えっ[へ ]
```

213

第Ⅲ部　専門家の実践

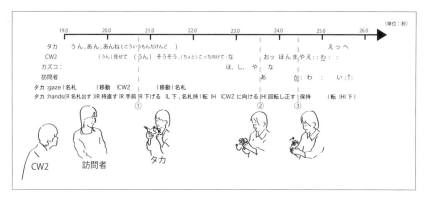

図7-10　タカが名札を取り出してから名札の向きを正すまで（76-84行目）

＊注：CW1の発話は異なる参加枠組みにおける発話

　タカは，「ほっぽり出すんかいな」と，訪問者に対して確認を求めている（65行目）。「ほっぽり出す」というタカの言い回しは，単に「出す」ことではなく「しまっておくべきものを勢いよく放り出す」という意味合いを帯びている。この発話から，タカは単に名札を間違って衣服内に入れているのではなく，名札をしまうべきものとして捉えている可能性が考えられる。これに対し，訪問者は大きくうなずいて（図7-9訪問者★），「引っ張り出して」（67行目）と言い，またCW2も「引っ張り出して：な」と言う（72行目）。訪問者とCW2は，タカの「ほっぽり出す」を「引っ張り出す」に言い換えることによって，「ほっぽり出す」に込められていたいささか乱暴な意味合いを薄め，名札を外に出すことを促している。

　タカは，CW2の「引っ張り出して：な」（72行目）という発話の終盤から，右手の指を深く衣服のなかに入れて，名札を取り出す（図7-10）。「こういうもんだけど」と言いながら名札を手前にかざすことで，CW2と訪問者が繰り返した「引っ張り出して」「見せて」という依頼に応じている（図7-10①）。その発話に重なる形で，CW2から「こっち向けて」（78行目）とさらに依頼が行われる。これに対し，タカは，何も書かれていなかった面を裏返して，名前が

書かれた面を出した（図7-10②）後，平仮名が横向きになっていたのを正しい方向になるよう時計回りに回しながらCW2に示す（タイミングは79行目，図7-10③）。そして，タカによる名札の提示は，CW2からの肯定的評価の末尾（82，83行目）まで続けられる（図7-10 タカ hands 保持）。タカの一連の動作から，タカは，「こっち向けて」の対象が名前の書かれた側であること，そしてCW2にとって読み易い平仮名の向きについても理解していることがわかる。

4　専門家と非専門家とを比較する

　ここまで，介護職員，利用者，訪問者の参加したやりとりを分析し，言語内容と手や腕や頭の動きから組み立てられる発話，視線や姿勢の変化，人々と物質と環境の関係といった観察可能な現象をできる限り精確に記述してきた。4節では，ここまでの分析で得られた，介護の専門家である職員と非専門家である訪問者のふるまいとを比較することによって，専門職に宿るものの見方・実践の組み立て方から見えてくるグループホームらしさについて明らかにしよう。

非専門家による働きかけの変化に見る現場に埋め込まれた学び
　まず，利用者に名札を取り出すよう働きかける際の訪問者のふるまいを見てみよう。カズエとタカ，どちらの場合も口火を切ったのは訪問者であったが，その働きかけは間接的発話行為として組み立てられており，名札を本来の位置へ戻すことがすぐに達成されるわけではない。他方，職員たちは，カズエの場合はカズエの口調をまねて，カズエに成り代わったかのような発話やわかりやすい質問をし，タカの場合はCW2が「見せて」といった具体的な依頼をしていた。職員は，訪問者に教えるような形で「より具体的に説明しましょう」とは言わない。同様に，利用者に諭すような形で「名札が衣服に入り込んでいるから出しましょう」と言うこともない。こうした職員の実践の組み立て方から，グループホームがどのような場として運営されているのかを垣間見ることができる。

本章で扱った場面において重視されていることは，利用者の状態に気づき，適切な理解に基づいたケアをすることだった。たとえば，CW2が他の職員の注意を喚起したやり方では，明示的に注意を喚起するような言語形式を用いることも，名札の状態について「良くない」などの評価をすることもなかった。他者の認知を利用する形で気づきを得るようなやり方も，利用者当人の前で名札が本来あるべき位置にないことを深刻に扱わないためのひとつのやり方だといえる。

職場としてのグループホームにおいて適切なケアや働きかけを達成するために具体的にどのような行為をするのかを学ぶ機会は，あからさまに教えられて習得するような場があるわけではなく，現場の相互行為のなかに埋め込まれている。本章の事例に即していうと，訪問者は実際のやりとりのなかでCW2が繰り返す具体的な「見せて」という依頼をまねている。さらに，タカの「ほっぽり出す」といういささか乱暴な言い回しを「引っ張り出す」と訪問者が言い換えた働きかけは，CW2によっても繰り返され，タカが自らの手で名札を衣服から取り出すことに貢献している。このことから，進行中の活動のなかで，非専門家が学ぶ機会として，まねることが許容されており，また適切な働きかけをした場合には，そのときの利用者との相互行為に埋め込まれる形で承認されることがわかる。

ケアや理解表示の組み立て方にみるグループホームらしさ

職員は，訪問者のような間接的発話行為ではなく，わかりやすい質問や「見せてほしい」「出してほしい」のような相手に具体的な行為を依頼する働きかけを繰り返す。この，わかりやすさや具体性に志向した働きかけが，利用者の状態を深刻に取り扱わないことと，利用者に認知的負荷をかけずに容易に理解できる形で働きかけをすることに関わっている。そして働きかけの繰り返しは，利用者の状態を確認しながら，ときにはうなずいて行為を促しながら行われる。

介護場面では通常，職員ひとりにつき利用者数人に注意を配分する必要がある。そのために，3節の最初の分析で見られたCW2の気づきと注意の喚起に

は，複数の利用者に注意を配分することと，職員間ですぐさま理解を共有しようという志向性が宿っていると考えられる。さらに，利用者への働きかけにより，利用者自身の認知活動や身体動作を賦活させるという志向性が常にあることがわかる。

複数の利用者に注意を配分することと利用者への働きかけへの志向性が端的に表れているのは，CW1によるケイゾウへのケアである。CW1がカズエからケイゾウへと視線を変化させたタイミングは，カズエのやりとりの終局が近づいているタイミングであると同時に，相互行為上の山場を迎えつつあるタイミングでもあった。カズエの行為を妨げるようなふるまいが望ましくないという状況下で，他の利用者へのケアの必要性に気づいたとき，CW1が行った視線変化とケイゾウのケア，そしてカズエのやりとりが終わった時点で名札を利用した語らいをはじめる（分析には含まれていないが，断片3のCW1の発話がそれにあたる）という一連の行為は，グループホーム職員の固有性を読み取ることのできるひとつの実践とみなすことができる。

グループホームらしさのひとつである，家庭的な雰囲気を生み出すことに貢献しているであろう相互行為実践についてもひとつ言及しておく。カズエへの働きかけにおいて，訪問者による間接的発話行為に対して，職員たちはカズエに成り代わったような応じ方をしていた。こうしたユーモアを交えたふるまいに加えて，職員は数多くうなずくことで進行中の発話に対して積極性をよく示している。こうしたことばではないところで相手の行為に接続していく動きは，職員たちがユーモアを交えて働きかけはじめるという名札をめぐる活動のなかで，カズエがユーモアを交えた反応によってやりとりの山場を迎える（図7-8）ための土台になっていたかもしれない。

5　相互行為分析と現場との出会いから期待されるもの

本章では，実際のやりとりを詳細に分析することで，職員も利用者も訪問者も，それぞれのふるまいに対してことばや視線，うなずきなどを動員して応じ，

ときにそれまでの行為の組み立て方を直前の相手のやり方をもとに調整して，理解を共有したり相手への働きかけや応答をうまく組み立てたりしている過程を明らかにした。今回の分析からは，ケア活動を組織する際のひとつの組み立て方として，①「特定の事物が本来あるべき位置にない」，「他者の認知の利用」などから利用者の状態に気づき，②ケア活動を進めるために必要な理解を示し合って共有し，③わかりやすい形で具体的な行為を利用者に依頼することの3点が，個人的なものではなく，職員であれば即座に理解可能な「こうあるべき」という意味での規範性によって，わかちがたく結びついていることがわかった。ケア活動の組み立てのなかでは，会話を通して積極性を示すことや状況に応じて繰り返すこともまた，重要な要素であることも指摘した。専門職に宿るものの見方の一端として，ある活動においてどこが終局で，どのタイミングなら次の活動の開始点となるかを見定めていることも明らかになった。

おそらく，利用者のケアを実現するために求められているのは，体系的な専門知識や利用者の状態を言語化することだけではなく，利用者の状態や他の職員の様子といった身体的・物理的環境や状況を包括する「その場」に応じて，そのつど，適切に理解し実践することである。現場の介護職員は，本章で見てきたような，鮮やかな理解の共有や利用者への働きかけを，意識せずに実践していることが多い。今回の分析を通して，どのタイミングで視線を変えるかという一見瑣末な身体動作にさえ，介護の専門家としての志向性が宿っていること，そして専門職としてのものの見方・実践の組み立て方は，ある部分においては非専門家にも開かれていることを明らかにした。専門職としてのものの見方・実践の組み立て方を明らかにし，実際のケア活動がどのように組み立てられているのかを深く理解するためには，このような詳細な分析がもっと必要となるだろう。

注
(1) 当時，このグループホームの利用者は全員アルツハイマー型認知症で，日常生活自立度はⅡbからⅢの間と判定されている。訪問者は筆者自身であり，2009年春

から月に1回程度このグループホームに訪れている。なお，本章中で言及する利用者の名前はすべて仮名である。
(2) このやりとりを含めて4つの会話が並列していたため，訪問者が発した問いかけとそれに対するタカの応答をはっきりと聞き取ることはできなかった。
(3) 図中では，時間の流れに即した発話および身体動作を捉えるため，断片上で漢字表記されていたものが平仮名表記になる場合がある。
(4) 日本語における「え」の相互行為上の働きについては，ハヤシ（2009），シモタニ（2008）を参照のこと。
(5) キヨコの声は聞こえるが，発話の内容までは聞き取れなかった。名札を撫でながら発話し，CW1 もキヨコの名札に軽く触れていたことから，名札について話していたと思われる。
(6) 分析には含みきれなかったが，CW2 の発話をきっかけに，CW3 もカズコとの会話中にタカ，カズエの方向に顔を向けていた。
(7) 断片2は，断片1の最後から約 0.3 秒後からはじまる。
(8) 利用者の持つ名札には，黒いフェルトを平仮名に切り抜いたものがボンドで貼り付けられていた。カズエの名札は，黒いフェルトが一部はがれかけており，CW1 が呼ぶように読むことができるような平仮名表記になっていた。
(9) 別の参加枠組みで会話中の CW3 やキヨコも，CW2 が「なんや字書いてあるやろ」（20 行目）と言った直後からカズエに視線を向けた。そして，カズエのおどけた応じ方を見た直後，CW3 はキヨコに向けてカズエのまねて自らを指差し，キヨコがそれを見てうなずく様子が見られた。
(10) 城ほか（2010）では，本章で取り扱った事例の続きを用いて，タカの名札が衣服に入り込んでいる状態が，大事なものを懐にしまい込むという行為としてその場の人々の間で共有される過程を明らかにしている。

文献

Goodwin, Charles, 1994, "Professional Vision," *American Anthropologist*, 96(3): 606-633. （＝ 2010，北村弥生・北村隆憲訳「プロフェッショナル・ヴィジョン――専門職に宿るものの見方」『共立女子大学文芸学部紀要』56：35-80。）
Haddington, Pentti, Mondada, Lorenza, and Nevile, Maurice, eds., 2013, *Interaction and Mobility : Language and the Body in Motion*, De Gruyter.
Hayashi, Makoto, 2009, "Marking a 'noticing of departure' in talk : Eh-prefaced turns in Japanese conversation," *Journal of Pragmatics*, 41(10): 2100-2129.
Heath, Christian, 1986, *Body Movement and Speech in Medical Interaction*, Cambridge University Press.
Heath, Christian, Hindmarsh, Jon and Paul, Luff, 2010, *Video in Qualitative Research :*

Analysing Social Interaction in Everyday Life (Introducing Qualitative Methods series), Sage Publications.

Heritage, John, 1984, "A change-of-state token and aspects of its sequential placement," Atkinson, J. Maxwell and Heritage, John eds., *Structures of Social Action*, Cambridge University Press, 299-345.

細馬宏通, 2009, 「ジェスチャー研究のための分析単位——ジェスチャー単位」坊農真弓・高梨克也編『多人数インタラクションの分析手法』オーム社, 119-136。

細馬宏通, 2012, 「身体的解釈法——グループホームのカンファレンスにおける介護者間のマルチモーダルな相互行為」『社会言語科学』15(1):102-119。

細馬宏通・片岡邦好・村井潤一郎・岡田みさを, 2011, 「相互作用のマルチモーダル分析」『社会言語科学』14(1):1-4。

Jefferson, Gail, 2004, "Glossary of transcript symbols with an introduction," Lerner, Gene, H., ed., *Conversation Analysis : Studies from the first generation*, John Benjamins, 13-31.

城綾実・細馬宏通, 2009, 「多人数会話における自発的ジェスチャーの同期」『認知科学』16(1):103-119。

城綾実・細馬宏通・中村好孝・吉村雅樹, 2010, 「ちょっとした『逸脱』行為に柔軟に対応する実践とは何か?——グループホームの会話場面を例にして」『認知科学会第27回大会発表論文集:P1-39』:1-7。

Kendon, Adam, 2004. *Gesture : Visible Action as Utterance*, Cambridge University Press.

Lerner, Gene, H., 2002, "Turn-sharing : the choral co-production of talk-in-interaction," C. E. Ford, B. A. Fox and S. A. Thompson eds., *The Language of Turn and Sequence*, Oxford University Press, 225-256.

Nevile, Maurice, Haddington, Pentti, Heinemann, Trine, and Rauniomaa, Mirka eds., 2014, *Interacting with Objects : Language Materiality, and Social Activity*, John Benjamins.

西阪仰, 2001, 『心と行為——エスノメソドロジーの視点』岩波書店。

西阪仰, 2008, 『分散する身体——エスノメソドロジー的相互行為分析の展開』勁草書房。

Sacks, Harvey, Schegloff, Emanuel, Abraham, and Jefferson, Gail, 1974, " A simplest systematics for the organization of turn-taking for conversation," *Language*, 50(1): 696-735.(= 2010, 西阪仰訳「会話のための順番交替の組織——最も単純な体系的記述」『会話分析基本論集——順番交替と修復の組織』世界思想社, 7-153。)

Shimotani, Maki, 2008, "An analysis of the reactive token eh in Japanese conversation," Unpublished Ph. D. Dissertation, The University of Wisconsin - Madison.

Stivers, Tanya and Sidnell, Jack, 2005, Introduction : Multimodal Interaction, *Semiotica*, 156(1-4): 1-20.
Streeck, Jürgen, LeBaron Curtis and Goodwin, Charles, 2011, *Embodied Interaction : Language and Body in the Material World*, Cambridge University Press.
高梨克也,2009,「インタラクションにおける偶有性と接続」木村大治・中村美知夫・高梨克也編『インタラクションの境界と接続』昭文社,37-56。

第IV部
人と制度

第**8**章

持続可能な超高齢社会のコミュニケーションデザイン
――社会コミュニケーション・医療・死生学――

鈴木義彦・長谷川剛

1 対話の可能性と不可能性

　高齢者介護サービスを考えていく場合，介護サービスにおける個々の高齢者やその家族の個別特異的文脈（コンテクスト）と，現有の利用可能な社会制度とのすり合わせの問題が必須のこととなる。また時間経過を含めて考えれば（動態的と言い換えてもよい），制度が個別の状況に合わせていく過程と，逆に高齢者や家族が制度に合わせていく過程の調整過程により，新たな関係やつながりが創造されていくことが期待される。

　この調整過程に必要不可欠の要素として，コミュニケーションの問題が提起されている。コミュニケーションの改善を図るとか，コミュニケーションのためのインフラを整備するとか，コミュニケーションのプラットフォームをつくるべきだという議論である。わたしたちはこの議論に反対するものではないが，議論を突き詰めていくためには単純な図式での「コミュニケーション促進」礼賛の議論は有効ではないと考えている。高齢者本人や家族，介護者，医療者，法律家，メディエーター等，多くの立場と役割において複雑な力関係のなかで紡ぎ出されるコミュニケーションを考えるとき，頻出する「対話促進」という単純な考え方では理解が困難な部分があると考えている。

　そこでわたしたちは，通常のコミュニケーション推進の議論や対話の有効性の議論に対してあえて一線を画す目的で，対話の困難性・不可能性を指摘する

ことから始めたい。

多くのコミュニケーションの議論や対話についての言及は，実は同じ価値観・共通の規則を有したモノローグ的なものである。わたしたちはバフチン（『ドストエフスキー論』），ウィトゲンシュタイン（『哲学探究』），柄谷行人（『探求Ⅰ』）らの議論を借り，対話についての概念を絞り込みたい。

本章では，言語ゲームを共有しない者，自分と同じ規則を共有しない者との間で生じるものを「対話」と呼ぶ。いわゆる他者との対話である。他者とは自分と言語ゲームを共有しない者のことである。そしてこの他者との関係は必然的に非対称的である。このことをまず議論の前提としたい。そうすると従来のコミュニケーションに関する議論は，ここでいう「対話」的なものより，むしろバフチンらの述べるところの「モノローグ」的なものをモデルとして議論していると考えられる。

話している相手が自分と同じ価値観，行動基準を有している場合，そこでの（広義の）対話はモノローグ，つまり自分のなかの内省的な思考過程と同じではないかとバフチンは考える。あるいはその同一性を全面に出す態度や思考について，警鐘を鳴らしている。

バフチンは「意識をモノローグ的に捉える態度は，文学だけではなく他のイデオロギー的創造物の領域でも支配的である。意味のあるもの，価値のあるものすべてが，いたるところで一つの中心――担い手――のまわりに集中している。すべてのイデオロギー的創造物はひとつの意識，ひとつの精神のありうべき表現として考えられ受けとめられている。集団のことや多様な創造勢力のことを云々している場合ですらも，統一性が依然としてひとつの意識の像によって，つまり国民精神，民族精神，歴史精神などによって例示されている」と書き，近代イデオロギー一般に深く根をおろしているモノローグ原理を批判する。この批判は，旧ソビエト連邦そして東側陣営におけるマルクス主義の問題と分離して考えることはできない。だがバフチンの主張は，現代の新自由主義やグローバリゼーションの問題とも容易にリンクする部分があると思われる。

ドストエフスキーの小説のポリフォニー性を主張する所論のなかで，バフチ

ンは資本主義の「出口なき孤独」という幻想性について指摘し,「人間はひとりで生きていける」あるいは「ひとりで生きていくしかない」との錯覚を引き起こさせると主張している。

　ウィトゲンシュタインは,言語ゲームという概念を後期思想への移行期と考えられる『青色本』の頃から使い始めた。そこでは「以後たびたび私が言語ゲーム（language game）と呼ぶものに君の注意をひくことになろう。それらは,我々の高度に複雑化した日常言語の記号を使う仕方よりも単純な,記号を使う仕方である。言語ゲームは子供が言葉を使い始める時の言語の形態である」と述べ,以後その概念を『哲学探究』のなかでさまざまな手法で説明・展開した。われわれはウィトゲンシュタインがコミュニケーションの非対称性に自覚的であったと考えている。言語ゲームとは,規則に従った人々のふるまいそのものを指し示しており,それは社会コミュニケーションの徹底した省察につながっている。柄谷は,『探求Ⅰ』の冒頭において,次のように述べている。

　　哲学は「内省」からはじまる。ということは,自己対話からはじまるということである。それは,他者が自分と同質であることを前提にすることだ。このことは,プラトンの弁証法において典型的に見られる。そこでは,ソクラテスは,相手と「共同で心理を探求する」ように呼びかける。プラトンの弁証法は対話の体裁をとっているけれども,対話ではない。そこには他者がいない。

　　他者の他者性を捨象したところでは,他者との対話は自己対話と成り,自己対話（内省）が他者との対話と同一視される。哲学が「内省」からはじまるということは,それが同一の言語ゲームの内部で始まるというのと同義である。私が独我論とよぶのは,けっして私独りしかいないという考えではない。私にいえることは万人にいえると考える様な考え方こそが,独我論なのである。独我論を批判する為には,他者を,あるいは異質な言語ゲームに属する他者とのコミュニケーションを導入するほかない。(柄谷 [1986] 1992：12)

『探求』において，柄谷はバフチンやウィトゲンシュタインを引用し，他者性を前提にした対話について考察していく。本章ではその議論の詳細についてはこれ以上触れない。だが，超高齢化社会のコミュニケーションデザインを考える前提として，そもそも多くの論者が主張する一般的なコミュニケーション理論の通俗性から決別し，コミュニケーションの不可能性，不成立性について，自覚的であるべきだということは押さえておきたい。あるいはモノローグ的対話原理やその奥底に潜む同一性原理から距離を置くことを，議論のスタート地点としたい。対話とは規則を異にしたものとの間で発生するものであり，それゆえ非対称的コミュニケーションを思考しなくてはならない。以上のことを踏まえて，現実にこれからの日本社会において避けて通ることのできない高齢者の介護や医療に関する意思決定の問題について考察し，その上でのコミュニケーションデザインを提案したい。

2 延命治療の諸相

日本が超高齢化社会に突入し，また単身者増加という切実な変化のなかにあることについては，既出の諸論文に記述されている通りである。具体的事例として，高齢者が病院に搬入された具体的な実相を考えてみる。

事例1　安藤光太郎，79歳男性。
　自宅で呼吸困難に陥り，救急車でA大学病院救急部に搬送された。慢性呼吸不全で近所のB病院に通院中であった。肺炎で2年前から4回の入院歴を有する。うち3回は人工呼吸管理を実施され回復している。B病院にて内服治療，吸入薬治療に加え在宅酸素療法も導入されている。前回のB病院入院時，次に肺炎を起こし人工呼吸が行われた場合離脱は困難だろうと，担当医は家族に説明していたが，本人には何も話していなかった。たまたまB病院が満床のため救急車がA大学病院救急部に搬送中，救急車の中で数分間の心肺停止状態となった。到着時，極度のアシドーシスおよび高二酸化炭素血症のため担当医は挿

管し人工呼吸管理とした．3日間経過した時点で安藤氏の意識の回復はなく，また肺炎は悪化してDICの状態となり抗生剤，昇圧剤，DICの治療のためFFPやアンチトロンビン製剤等が使用されている．さらに3日間経過したが回復の兆しはなく，家族は入院して2日目より延命治療に対して消極的な発言をし始めていた．

　1週間を越えたところで，患者は多臓器不全状態となり医師は回復の可能性はまったくないと考えていた．家族は連日の看病に疲れ，また医師からの希望のない病状説明に消耗していた．「助からないのならもう無駄な治療はやめてください．せめて人工呼吸はやめられませんか？　本人は人工呼吸は望んでいなかったと思います」という訴えがあった．

　医師は「今の日本ではこの状態で人工呼吸を止めることはできませんし，挿管チューブを抜くことも不可能です」と応じた．家族のひとりは強硬に延命治療の中止を訴え，医師や看護師はその対応に苦慮した．徐々に医師と家族の関係が悪化するなかで，患者は搬送後18日目に死亡した．

　事例1は，現在の救急現場で実際に経験される例であるが，ここでは本人の意思確認が不可能である場合の治療方針決定の問題，そして回復が不可能であると医師が考え家族も延命治療を望まない状況であっても治療の中止が困難であるという日本特有の事情とのふたつの問題が含まれている．

　治療方針については，患者の自己決定と自律原則の重視というのが現在の医療倫理の原則的な考え方である．しかし本人の意思表示が困難な場合，医療者の判断をどのように捉えるかという問題が現れる．

　医療者にとって，自律原則に加えてもうひとつの重要な原則は，「患者の最善の利益を確保する」ということである．しかし，患者にとって最善の利益を目指すというとき，生命の保持を主とするか，患者の満足など主観的精神的なものを主とするかという選択は，容易に決断できる問題ではない．生命倫理の議論のなかでは，生命の神聖性と生命の質の対立として表出する問題である．アメリカの生命倫理学者ジョージ・アナスは，「『疑わしきは生命の利益に』と

いう生命倫理の原則に沿った医療は，しばしば，ほとんどの人が自分自身であれば望まない方法で患者の身体と尊厳を侵害するという結末に至る」と述べている。医師や看護師は患者に最善の利益をもたらすことを本来の職務とするが，専門分化し極度に高度化・断片化した医療現場においては，関係者の誠実な努力の果てに患者や家族にとって不本意な事態の出現を見ることが少なからずある。救命不可能で遠からず死亡することがかなりの確率で予想されても，高度かつ侵襲的な医療の継続によって生命の存続期間を延長することが現実に可能なのである。

　救急医療では，事故や重病が突然発生した患者を扱う。深刻な状態の急性期であることは，治療の中止に関する患者家族への対応を困難にする。また救急医療の特性として，患者側は医療施設を選択できず，医師は患者の病歴や家庭環境・社会的背景に関する情報を持っていない。患者家族と医師の間の信頼関係の確立が，他の医療現場に比べ難しい側面がある。

　一般的に高齢者の延命治療の問題については，Advance Directives（事前指示書）を文書として残しておき，また自分が意思決定できない場合のSurrogate Decision Making（代理決定）を担当する者を指定しておくことが推奨されている。

　これは情報提供の観点から見ると，患者や家族の「意思」を医療者側へ提供するという方向と，患者の有する医学的な問題を最後のケアを行う側へ提供するという方向がある。事前情報という観点からすれば，患者の意思表示としての事前情報（それがAdvance Directives）に加え，医療専門職間の対象へのケアに関する事前情報という見方があるだろう。そしてこの発展形として，これらを組み合わせることはできないのか，という方向へ進む。その流れを念頭に簡単に概説する。

　最近ではAdvance Care Planning（事前ケア計画）と言い換えられ，その内実をより充実させようとしている。これは将来起こり得る健康上の問題について，事前より受けたい治療やケアを計画しておくことであり，Living Will（生前意思表示）とSurrogate Decision Making（代理決定）が大きな二本の柱となる。

Living Will は生前遺言とも呼ばれ，患者自身が将来の病気（あるいは痴呆・老衰）で意思決定が不可能になったときのために，事前に治療やケアに関する自分の意向や好みを示しておくことである。Living Will は，事前にではあるが患者自身の意向を反映しているという長所がある。一方，特に年齢相応かそれ以上の認知機能障害を持つ虚弱高齢者が，病気になった自分を想像し，その場面でどうしてほしいかといった複雑な頭脳シミュレーションを行うことはきわめて困難である。その状況での意思表示内容の信頼性は高くはないだろう。また時間経過とともに考え方が変わることはしばしば経験される。まして健康状態や周辺の状況に応じて治療やケアに関する自身の意向が変化することも高頻度に起こりうることで，特に虚弱高齢者の Living Will には問題が多いとされている。

　Surrogate Decision Making は，前もって指名した代理人（多くの場合は配偶者や子ども）が，医療内容に関して決断できなくなった患者に代わって意思決定を行うことである。代理人の存在により，患者の意思決定能力が低下または消失した場合でも，医療に関する決定を行うことが可能になる。

　日本では慣習的に，患者本人の意向とは別に，一緒に住んでいる家族や近親の家族が意思決定者と考えられている。多くの医療現場，介護現場では，暗黙の了解として彼らを意思決定者として診療が続けられている。

　しかし，患者本人が指定した人物が代理人になる場合でも，近親の家族が慣例的に代理人になる場合でも，重要な決断を迫られる代理人の心理的ストレスは，特に治療の中止など抑制的な治療の選択に際しては相当なものである。また，あくまで代理人は患者本人ではないため，その決定がいつも患者の意向を表しているとは限らない。近親者の「少しでも（どんな状態でも）長く生きていてほしい……」との思いから，老衰終末期の高齢者に対して人工呼吸や胃ろうによる人工栄養が開始されるように，決定には，患者の意向よりも代理人の願望や価値観，世間体などが影響することが多い。一見お互いの短所を補完し合っているように見える Living Will と Surrogate Decision Making であるが，これらの問題点を考慮すると，従来の Advance Care Planning は不確実な情報に

基づいた信頼性の低い計画だといわざるを得ず，事前に具体的な計画を立てることにはどうしても限界がある。

さらに日本においては，延命治療の中止が刑事事件化するという問題があり，またこれがマスコミに取り上げられると，病院のダメージは計り知れないほど大きく，病院管理者としてはあえてそのリスクを取るくらいならば現状維持したいという誘因も強い。このことが問題を複雑にしている。

上述の問題点を認めた上で，しかし現状では最善のものと考えられる Advance Care Planning を進化させる形で検討すると，次のようなプロセスをひとつのモデルとして診療経過のなかで浸透させていくことになるだろう。

3　Advance Care Planning の進化形
――状況統合的意思決定――

自分に対して行われる医療やケアについて，あらかじめ意思決定しておくためには，どういった内容の医療やケアが行われるのかについて事前にある程度の情報が必要である。要するに，何が自分の身体に対して行われるのかについての知識がなければ，そもそも意思決定など不可能であろう。

挿管・人工呼吸管理や胃ろうによる栄養管理，PCPS などの補助循環や血漿交換などさまざまな医療テクノロジーが存在するが，医療職以外でそのことについて熟知している人がいるだろうか。また医療職でさえ，領域によってはこれらのことについてまったく知識がないということもあり得るのが現実だろう。

つまりこの問題については，情報の偏在・不均衡が前提とならざるを得ない。

そのことを十分に了解した上で，しかしプライマリケアを担当する医師は診療経過のなかで事前にいくつかの想定される状況についてチャンスを見計らって会話の中で意思確認を進めておく必要がある。日常の外来診療ではなかなか困難なことではあるが，診療のなかで高齢患者から死や延命処置などの話題が出た際には，「認知症になったら……なんて，考えたことはありますか？」「胃ろうについてどう思いますか？」といった具体的な質問と医療内容の解説を並

行しながら話をしていく。

　家族には，突然心臓が止まったり，心臓発作を起こした場合，呼吸状態が悪くなり入院して人工呼吸器による加療が必要になった場合，老衰が進んで自分で栄養が摂れなくなった場合など，具体的な状況を示しながら話をすると理解しやすいだろう。医師と患者家族の関係形成の初期の段階では「具合が悪くなったときにいろいろな意思決定が必要になるので，ご家族内でも話し合ってみてくださいね」と問題提起をしておく。時間とともに信頼関係が確立されてくれば，また高齢患者の虚弱が進行してくれば，議論をより具体的なものにしていくことが必要であろう。本人の意識レベルが悪く本人による自己決定が不可能となった高齢患者に関して，重要な治療方針の決定を行う場面では，事前の本人の意思や意向を十分に考慮しながら，その人の今までの長い人生と，これからの終末期の在り方との整合性を十分に考慮する。胃ろうや人工透析など人為的な介入を考える場合には，その妥当性を家族と医療チームで率直に話し合う場を設ける。この際，できれば家族や代理人に「どちらにしますか？」と五分五分の決断を迫るのではなく，「わたしたちも，○○さんがまだ元気だった頃，いろいろなお話をさせていただきました。残念ながら，このような状況になった場合について具体的な話をする機会はありませんでしたが，○○さんだったら××してほしいとおっしゃるかもしれませんね」と，今までかかわってきた医療プロフェッショナルとしての責任と職業意識をもって，終末期の決断プロセスを，家族と医療者の共同作業にするような働きかけを行う。重要なことは，比較的早期から医療者がAdvance Care Planningのプロセスに参加し，いざというときに重要な決断に参加させてもらえるよう，信頼感と存在感を確立しておくことだ。

　インフォームドコンセント（Informed Consent）に代わって，シェアードデシジョンメイキング（Shared Decision Making）が重要視されるようになったが，こういった将来情報の共有（shared）に加え，家族や医療チームが相互の立場を見解を尊重して話し合いながら意思決定をしていくコラボレーション（collaboration）のプロセスも重要だろう。そういう意味ではShared and Collaborated Decision Making という呼び方が適切なのかもしれない。わたしたちは家族を含めた多職種混成チームの統合と状況に応じた適切なプロセスという意味を含めて「状況統合的意思決定」という名称を提案したい。

　だがこういった Advance Care Planning や状況統合的意思決定のプロセスは，プライマリケア医による一定以上の診療時間経過を前提にしたものである。事例で紹介したような救急現場ではそもそも適応不可能なものである。プライマリケア医による情報を共有できるような情報技術への期待も大きいが，そういった IT 技術の進歩を勘案しても，いったん挿管・人工呼吸管理を開始してしまうと後戻りできない日本の状況では，しばしば紹介した事例のようなケースが起こることが予測される。

　自らの病的状態や死の問題に対する事前の意思表示について，一般論として是認すべき内容が多いことは認めつつ，われわれが一定の疑念を持っていることは明らかにしておくべきだろう。その理由はふたつある。ひとつは，健康なときに自らの病的状態や死の問題を考えるかどうかという問題である。一部の人はこういった問題を真剣に考え，その考えを適応することで問題が解決できるように思える。一方，そのようなことを考えたくないという人々も存在する。おそらく大多数の人はそうだと思われるが，健康なときには自らの病的状態や死の問題について考えたくない，考える気がないという人々もいる。このような人々を非難することはできない。啓発的な活動でそういった考えを持つことを進めるという考えや運動もあるが，われわれはそれらが成功する可能性は低いと考えている。

　事前の意思表示を進める作戦がうまくいく可能性が低く，事例発生時点での本人意思確認が困難である場合，家族等意思決定を代行できる人たちと医療や介護スタッフが対話を重ねていくプロセスは重要だが，そういった意思決定を代行できる人が存在しない場合，事態はさらに難しくなる。単身者が増加していく現代日本社会において，こういった方向の問題が増加していくことは不可避である。

　もう一事例，健康な単身高齢者の事例を紹介する。

事例2　中村きよ，92歳女性．

　趣味の短歌の会に参加し，会が終わり帰宅しようと立ち上がった際に，突然倒れた．迎えにきていた看護師をしている娘が，直ちに心肺蘇生を開始した．ただ，会場には AED はなかった．救急隊が到着したときも心肺停止で，モニターの波形は，心室細動を示していた．搬送中に電気的除細動を3回行ったが，心室細動が続いた．救命救急センターに搬入後，さらに3回の除細動を行い，強心剤，抗不整脈を投与したところ，心拍は再開した．心電図にて心筋梗塞と診断され，PCI（経皮的冠動脈インターベンション）を行った．しかし，その後，意識レベルの改善を認めず，1週間を越えたところで，患者の脳波は平坦で，医師は意識の回復は望めないと考えていた．また，2週間頃より肺炎を併発し，長期間人工呼吸器管理が必要な症状と考えられたため，家族に気管切開を提案した．気管切開については，患者の娘が必要性を理解してその手術について同意し18日目に手術が実施された．だが，25日目を超えると娘や息子から人工呼吸管理の中止を求められるようになった．人工呼吸の中止を躊躇する主治医と，これ以上人工呼吸で生かされているのは不自然であり受け入れられないと主張する家族の間で，病棟の看護師は話し合いの場を設定しようとしたが，主治医は「説明しても無駄」，「あの家族には話が通じない」と看護師の提案を受け入れることはなかった．十分なやりとりのないまま患者は搬送されて56日目に死亡した．

　類似の事例だが，こちらは高齢者ではあるが当事者が元気で，自分が救急患者になるようなことを想定していなかったケースである．いくら事前の意思表示を尊重するとか，事前の状況証拠を収集するといっても，本人にその気がなくその徴候すらもないようなケースでは，今までの議論は有効には機能しないだろう．

　助からないのなら，もう無駄な治療はやめてほしい，という想いは多くの家族が高齢者の延命治療に際して感じることである．特に長期の人工呼吸管理については，多くの日本人は否定的な感情を有している．だが，現実の医療現場

ではこの治療を中止することは難しい。それはかなり日本特有の事情ではあるが，医療行為の中止に関して刑事責任の追及が発生しうるからである。

　日本における延命治療の差し控えや中止が，臨床現場にとって非常に難しい問題と捉えられるようになったのは，その内容の倫理的な繊細さではなく，単に人工呼吸器を取り外した医師が殺人容疑で書類送検された事実があったからである。具体的な事例を挙げると，2004年北海道立羽幌病院で，心肺停止状態で搬送された90代の患者の蘇生後，医師が人工呼吸器を取り外して死亡させたということで，警察が介入し担当医が殺人容疑で書類送検された。また2006年には富山県の射水市民病院で，医師が複数の末期患者の人工呼吸器を外し，警察が捜査中であることが全国紙の一面トップ記事として報道された。同じ年に岐阜県立多治見病院では，救命センターに心肺停止状態で搬送された80代の患者に対し，蘇生処置後に心拍は再開したが，回復の見込みがないと担当医らは判断した。この患者は事前に延命処置を拒否する文書を著しており，家族も延命治療の中止を希望した。治療中止の是非を病院倫理委員会に諮り，委員会は人工呼吸器の中止を容認したにもかかわらず，病院長と岐阜県の担当者が治療の中止に反対し，結局中止されなかった。

　こういった事件を踏まえ，学会や厚生労働省がガイドライン策定へ動き出した。

　1987年以来，国のレベルでもほぼ5年ごとに終末期医療に関する検討会を設置して来た経緯があるが，その内容は国民の意識調査が主であった。積極的にガイドライン策定等に動き出すことはなかった。しかし2006年の射水市民病院事件を契機として，終末期医療の内容に踏み込んだ検討の必要性が訴えられるようになった。

　日本集中治療医学会は2006年に「集中治療における重症患者の末期医療のあり方についての勧告」を発表した。この勧告は末期医療の定義や治療中止が考慮の対象となる状態を明確に示したものではない。むしろ古くから慣行として行われてきた終末期医療を，今日的な解釈と手続きで国民の合意のもとに実施する道筋を示したものとして紹介された。2007年5月には終末期医療に関

する国として初めての指針である「終末期医療の決定プロセスに関するガイドライン」を発表した。このガイドラインも，終末期の定義や治療中止の判断基準，さらに治療を中止した医師を刑事訴追から免責するものではなかった。単に意思決定プロセスに関する手続きの指針であった。

2007年8月には，日本医師会第Ⅹ次生命倫理懇談会が中間答申において「終末期医療に関するガイドライン」を示したが，こちらも方針決定に至る手続きに関するものであった。2007年10月，日本救急医学会は「救急医療における終末期医療に関する提言」を発表し，学会としての終末期の定義と治療中止が考慮の対象となる患者の具体的な状態を示した。

終末期医療の中止問題に関して，関係者間で十分な対話が為されることを前提に意思決定を進めていくことの重要性には疑問の余地はないだろう。厚生労働省のガイドラインにおいては，ガイドラインがある一定の定義を確定することにより現場が思考停止に陥り，いわゆる「点」としてルール化することを避けたいという意図がある。終末期医療のあるべきプロセスを線として捉えるルールとアプローチを意識して策定したという。その骨子を要約すると，①医療サイドではチームで判断するのを原則とする，医師ひとりでは判断しない，②患者サイドでは患者の医師の尊重が何よりも重要である，③緩和ケアの充実が重要である，という3点にまとめられるだろう。このガイドラインに対する強い反論は，「指針は解説で『どのような状態が終末期かは，患者の状態を踏まえて医療・ケアチームが適切かつ妥当に判断する』としているだけだ。これでは医療現場での困難は収まらないだろう」（朝日新聞2007年4月11日社説）というものに代表される刑事責任免責の実体的要件を明らかにせよというものだ。ガイドライン作成者らは，このプロセスが遵守されるかぎり警察は動かないだろうという予測を述べている（2009年の現代刑事法研究会）。しかしこれは残念ながらなぜ現実に治療の中止が刑事事件化したかについて，重要な問題を意図的に見落としている。射水市民病院の事件も川崎協同病院の事件も，背景には病院内での対立の構図があった。また医療者のこの問題に対する不十分な理解と潔癖性的な反応により，警察へ通報したという経緯がある。プロセスを遵守

していても，警察へ通報や告訴があれば警察は動かざるを得ないし，いったん動き出せば機械的に粛々と捜査が続けられる。昨今の状況では警察は独自の判断で書類送検を見送る可能性は低い。日本では書類送検された時点で犯罪者扱いとなり，そこで医療者が受けるダメージは限りなく大きい。このあと刑事事件としては無罪となったとしても，それまでの精神的かつ実体的ダメージについての想像力が明らかに欠如している。

こういった観点から考えると，日本救急医学会がその診療内容の切実さからも，対象を明確化するための指針を打ち出したのは当然であるし，厚生労働省や日本医学会のガイドラインや答申に関する不満と批判があったと考えるべきであろう。

事例3　会田京子，86歳女性。

　優秀な看護師として病院勤務の経験を有し生涯独身であった。7年前に脳血管障害で右側麻痺となってから，自らの意思で介護付き老人ホームに入居していた。3年前から抑うつ症状と食欲低下を呈する老年期うつ病と診断され薬物治療を受けていたが，症状の改善は見られず，認知機能も低下して虚弱状態が続いていた。最近，せん妄をともなう尿路感染症を起こし，その頃からさらに食事摂取量が低下，ついには各食1〜2割しか摂取できなくなった。人工栄養を含む延命処置や終末期ケアについて検討すべき時期であったが，会田さんの事前の意向を示すものがなく，また家族等意思決定に関する議論に参加できる人もいない。認知機能はすでに自身での決定が不可能なレベルまで低下していた。会田さんは前述のように非常に優秀な看護師で，かつ短歌をたしなみ，絵も描き，双方ともセミプロといってもいいほどの腕前であった。また思いやりのある看護師であったため，患者家族や同僚や後輩看護師からも強く慕われていた。男性のパートナーもいたが会田さんが70歳の時に肺癌で死亡している。老人ホームに入居前後も，TwitterやFacebookなどのソーシャルメディアへの書き込みをしていた。そこでは冗談を交えてではあるが自らの葬式についての言及があった。

このような事例は今後増加する一方であると考えられる。医療者や介護者にとって、この事例のように本人の明確な意思決定が不可能な状態でどのように今後の方針を決めていくかというのは、喫緊の誠実な課題である。会田氏は、TwitterやFacebookで自分の行く末についての言葉を残していた。医療者や介護者はそれらをヒントに最善の利益の模索を行いうる。今後、本人の意思の推察にこういったソーシャルメディアに残された記録がよりいっそう重要となるだろう。もちろんその真偽についての問題は残るし、そのメッセージをどこまで重く捉えるかという問題は絶えず随伴する。

結局そういった意思決定推察の為のデータがあったとしても、そこから意思決定・方針決定に至るプロセスにおいてはパターナリズムの問題から離れることは不可能であるとわたしたちは考えている。

そこで以下の論述において、パターナリズムの観点、そしてソーシャルメディアを介した意思決定のあり方について言及する。

パターナリズムは父権主義と呼ばれ、通常の現代医療の文脈では評判の悪い概念である。親の代わりに医師が患者の最善の利益を考慮し意思決定を図るということなのだが、前述のように患者の最善の利益を目指すといいながら、多くの現実は決して患者の最善の利益を達成できていないからである。

われわれは医療や介護の現場において、完全に自律的な意思決定はそもそも存在しえないという立場である。パターナリズムの完全なる排除も不可能であり、そこには何がしかのパターナリスティックなプロセスが介入していると考えている。

それゆえわれわれに必要なのは「悪いパターナリズム」と「よいパターナリズム」を考え、峻別することであると考える。悪いパターナリズムの条件とは、単純化して考えれば次の3点に要約できると考えられる。それは、①本人の意思・意向を完全に無視している、②父権者側の利害便益を優先している、父権者側の快を目的としている等、本人利益の名目で、実は介入者側の便益が優先されている場合、③応答性がない、である。

これらは倫理指針等でその方向性を示し、ある手続きのもとにその正当性を

担保することは決して容易なことではない。

では，医療者や介護者がよいパターナリズムを目指すということだけで問題は解決するだろうか。残念ながら答えは否である。よいパターナリズムについての省察と熟考だけでは，この問題は，そして超高齢化社会における諸問題は決して解決されない。

そこでわたしたちが次に踏み込まなくてはならない問題は，情報技術である。高度に進化した情報技術を介した社会工学的な視点が必須となる。そして最も先鋭的な形でこの問題を提出したのが東浩紀による一般意志に関する議論である。

4　一般意志2.0

東浩紀の『一般意志2.0』が2011年に発表された。本書は21世紀の公共的な意思決定のあり方や政治のあり方について，決定的に重要な提起をしているとわれわれは考えている。東は同書の冒頭で次のように書いている。

> この20年のあいだ，経済と社会の様相を根本から変えてしまい，そしていまも変えつつある技術的な革新，いわゆる「情報技術革命」。オープンソース，アジャイルソフトウェア開発，ウェブ2.0，ユーザージェネレイテッドコンテンツ，クラウドコンピューティング等々，無数のバズワード（流行語）が数年単位で現れては消える，その世界の動向を要約するのはたやすいことではない。しかしそれでも言ってしまえば，パーソナルコンピューティングが普及しインターネットが現れた1990年代以降，その「革命」が一貫して目指してきたものとは，グーグルの創業理念を借りれば，「世界中の情報を体系化し，どこからでもアクセス可能で有益なものにする」ことだったと要約することが出来る。そして筆者は本書で，その「世界中の情報を体系化」というさりげないひとことがいかに二世紀半前の「一般意思」の構想と響きあっているのか，時代を超えた呼応関係につ

いて語りたいと思う。(東［2011］2015：26-27)

　本書でルソーやフロイトといった巨大な思想家の議論を踏まえて展開される東の議論は，新たな時代の政府や公共的意思決定の問題に関連したものである。だがその重要性は，医療や介護等の社会サービスの領域にも波及する。
　彼はその議論を，まずルソーの『社会契約論』に立ち返り，そのなかの謎めいた記述への言及からはじめる。

> 　ルソーは，一般意志は特殊意志の単純な和（全体意志）ではなく，むしろ「差異の和」だと捉えていた。しかしそれだけではない。彼はじつは，それに加えて，一般意志の正確さは差異の数が多ければ多いほど増すと主張していたのである。ルソーは一般意志は，集団の成員があるひとつの意志に同意していく，すなわち意見間の差異が消え合意が形成されることによって生まれるのではなく，むしろ逆に，さまざまな意志が互いに差異を抱えたまま公共の場に現れることによって，一気に成立すると考えていた。（東［2011］2015：61）

　東は，熟議を通しての政策的意思決定という従来の常識・理念に抗してこの議論を立ち上げている。だが，これは対話を通して，選好の変容，認知フレームの変容を期待する，あるいはあらかじめ決定された意志を持つ個人という想定を問い直し，代わりに意思疎通，対話の過程でひとりひとりの意志が変わっていくことに重要性を見出すという，多くの対話やコミュニケーションが決定的な解決策だ，とする論調に対してまったく拮抗する考え方だといえる。熟議を重視する立場に対して違った態度があり得ることを提示している。彼は現代の情報技術環境を背景にしたまったく新しい発想が，実はルソーの想起していた謎めいた記述と不思議に符合するという。これはルソーの現代的な読み替えである。

一般意志は数学的存在であり，それは人間の秩序にではなくモノの秩序に属する。(東［2011］2015：75)

インターネットの普及により，TwitterやFacebook等をはじめとするさまざまなプラットフォームにおいて個々人の欲望が情報データとして蓄積されていく。これらの情報データは，端的にいえばデジタルな電気情報を蓄積・記憶したものである。だがそこに表記される個別の欲望は，総体としてはデータベースとして別の次元の価値と有用性を呈するようになる。

ツイートにしろチェックインにしろ，むろん個々の行為は意識的なものではある。しかし，数千万，数億，数十億というデータの量は，もはや個々人の思いを越えた無意識の欲望のパターンの抽出を可能にする。(東［2011］2015：93)

だから，筆者はここからさき，そのデータの蓄積こそを現代社会の「一般意志」だと捉えてみたいと思う。私たちの望みの集積は，私たち自身が話し合いを探ることがなくても，すでにつねにネットワークの中に刻まれている——私たちはそのような時代に生きている。
一般意志とはデータベースのことだ，というのが，これからの議論の核になる主張である。(東［2011］2015：93-94)

これらについての具体的な状況として，東は次のように書いている。

たとえばブログを眺めているだけでもあるいは音楽を聴き動画を再生しているだけでも，その消費行動そのものがすべてデータとして収集され，集合知の生成過程に組み込まれる，そのような貪欲な社会だ（音楽好きはiTunesのサービス，Geniusを思い出してもいいだろう）。それは決して総表現社会ではない，どちらかといえば「総記録社会」とでも呼ぶべき社会であ

る。(東［2011］2015：95)

　全体管理的な施策に対する抵抗が非常に強かったアメリカでさえ，ソーシャルセキュリティナンバー等を有しているにもかかわらず，日本ではそういった一括管理への提言はうまく実現できなかった。だが，クラウドコンピューティング技術の進化と，2011年3月11日に発生した東日本大震災により，全体管理的な施策に対する抵抗は消失すると考えられる。今後日本における診療情報や個人情報のクラウド化は一気に進む可能性が高い。またもうひとつの問題が監視社会である。あらゆる公共空間に監視用のモニターが常置され，わたしたちの行動の一挙一動が記録される。もちろんリアルタイムでそれらが制限を受けるわけではないが，事後的に検証可能な情報データとして蓄積されていく。

　　わたしたちはいまや，ある人間がいつどこでなにを欲し，なにを行ったのか，本人が記憶を失っても環境の方が記録している，そのような時代に生き始めている。(東［2011］2015：97)

　　必要に応じて，一般意志の概念全体を「一般意志」と呼び，ルソーに忠実なそれを「一般意志1.0」と，そして彼のテクストを総記録社会の現実に照らして捉え返し，それをアップデートして得られた概念を，「一般意志2.0」と呼んで区別していく。(東［2011］2015：100)

東はこの一般意志2.0に基づく国家や政府の姿を描出する。一般意志2.0を尊重しそれによって機能する政府を政府2.0と呼ぶ。

　　政府2.0：フリーソフトウェアとオープンソース運動の支援者として知られ「ウェブ2.0」の提唱者のひとりでもある，経営者のティム・オライリーによれば，未来の政府は，国民を抑圧したり監視したりするパターナリスティックな存在ではなく，多様な市民生活や企業生活を支援する，検

索サービスやソーシャルメディアのような「プラットフォーム」になるべきである。「政府2.0」はその新しい政府のかたちを指す言葉だ。(東［2011］2015：113-114)

　オライリーと周辺の議論は，政府2.0のすがたにかなり明確なイメージを与えている。たとえば「政府2.0」という言葉を最初期に用いたコラムニスト，ウィリアム・エガーズは，政府2.0をアマゾンと比較している。そこで示されているのはアマゾンが消費者の購買履歴から関連書籍を自動的に推薦してくるように，市民ひとりひとりの個人情報を可能な限り保存し，教育や医療や就職支援などそれぞれの「ニーズ」に合わせてカスタマイズした「選択肢」を提供する巨大なサービス産業としての政府像である。政府2.0は，市民に画一的な教育や社会保障を与えるのではなく，市民が多様な福祉サービスを比較考量し選択する，そのためのプラットフォームとして中立的に機能する。(東［2011］2015：114-115)

　来るべき未来，あらゆる情報がデータベースとして参照可能となり，そして情報共有が可能となった状況において，政策決定に際しそれらが一般意志2.0として利用可能となる時代を想像してみる。超高齢者や単身者の医療や介護における意思決定に際しては，今までの診療情報に加えて本人の今までのあらゆるソーシャルメディアでの発言が検索され，また家族や周辺関係者の本人への想いや生き方に関する価値観が参照され，それが尊重されるべきだとされるだろう。
　だがそれらの参照情報に加えて，最終的にはかかわる医療者の価値評価が最重要となる。つまり来るべき時代の「よいパターナリズム」が実現されるためには，一般意志2.0として表現されるデータベースのある個人にかかわる情報抽出が必須となり，それらを評釈した上での意思決定が尊重されるようになる。
　これは従来型の意思決定とは決定的に異なり，かつ，これからの超高齢化社会において持続可能なコミュニケーションデザインとして唯一提起できるもの

なのである。

　その決定的に重要な点は，時代に即したディスコミュニケーションの問題，そしてパターナリズムの問題を含み込んだモデルであるということだ。

　情報技術の進歩により，診療情報の蓄積と情報共有が容易となる。加えてソーシャルネットワークサービスの進化により本人の発言を集積しそこから特定のキーワードによる検索が可能となる。これらを患者の意思決定に役立てるためのデータベースとして利用することができるだろう。医療や介護サービスの提供者は，よいパターナリズムを目指すことを前提として，さらに関係者の拒否を尊重しながら，リバタリアンパターナリズムの方向性を模索する。Facebookの自分についての情報記載欄を想定していただくとよいが，たとえばあの自己紹介欄のフォーマットに，自らの臓器提供に関する意思を記載する項目を加えることによって，現実に臓器提供率が向上することがすでに実証されている。同じように延命治療についての意思，自分が不測の事態に陥ったときの対応方法，意思決定代行者等を記載するように仕向けることは可能であろう。リバタリアンパターナリズムのひとつの方法として，公共的に広く使用されているソーシャルメディアの自分についての記載欄のフォーマットをこのような形で誘導することが考えられる。

　政府2.0とリバタリアンパターナリズムを円滑に機能させる為には，患者情報のデータベース化を基礎におき，かつそこで良質のパターナリズムを目指す行動を促進することが必要である。

　しかしながらいかなるデータベース構造を準備し，情報環境の整備による支援体制を構築したとしても，上述の視点を有したよい意味でのよいパターナリズムを見出すべきであり，そのための医療関係者への教育が必須である。

　繰り返しになるが最後にコミュニケーションの問題について，東の言及を引用する。

　　　現代社会ではコミュニケーションが麻痺している。現代人はいくら言葉を交わしても，「繋がり」を深めるだけでいかなる普遍性にも辿りつかな

い。それが政治の危機の原因だが、それではそもそもそうなったのはなぜか。その理由は要は、現代社会があまりにも複雑で、人間の主体的な判断を麻痺させてしまうことにある。ドイツの社会学者、ノルベルト・ボルツはその事情を次のように表現する。「世界コミュニケーションが開く多様なオプションの可能性にとって、われわれの時間リソースは乏しすぎる。われわれの注意力は、誰もが誰とでもコミュニケートできるという状態に対応できない」。

その状況に、技術あるいはメディアはどのように対処しているのだろうか。ボルツが引用箇所に続けて注意を促すのは、情報過多を前提とした現代のメディアが、情報そのものではなく、むしろ「情報量の減少」をこそ付加価値としてユーザーに提供し始めているという事態である。(東 [2011] 2015：121-122)

あまりに過剰な情報の波のなかでわたしたちは溺れかけている。そして藁をもすがると同義で、情報量縮減の手がかりにすがりついている。それは口当たりのよい詐欺まがいのものもあり、それに起因する犯罪は増加の一途でもある。だが一方で、良質の手がかりを提供しているサービスが存在していることも事実である。

指数関数的に増加する情報量に対してわたしたちは無力感を感じ、虚無的になるしかないのだろうか。大きな物語が喪失した現代社会において、わたしたちはニヒリスティックに生きるしかないのであろうか。東はこの状況に対して、リチャード・ローティを引用しながら次のように述べている。

> ローティは『偶然性・アイロニー・連帯』の中で、現代社会では「アイロニー」が倫理の基盤となるべきだと興味深い提案を行っている。アイロニーとは、辞書的には「皮肉」と訳される言葉である。しかしここでは、二つの矛盾する主張を同時に信じることぐらいの意味で理解するとよい。(東 [2011] 2015：229-230)

ローティはアイロニスト（アイロニーを実践しているひと）を，「自分にとって最も重要な信念や欲求の偶然性に直面する類の人物」と定義している。「偶然性」とはいささかわかりにくい表現だが，これはつまり，なにかが真実であることや普遍的であることを信じていながら，しかし同時に，その信念がたまたま自分が信じているものでしかなく，したがって他人がそれを共有しない可能性もあるという，そのような「たまたま」の感覚をもつことを意味している。つまり，ローティは，あることの普遍性を信じながら，同時にその信念そのものが特殊であることをも認める，そのような自己矛盾を抱えたひとをアイロニストと呼ぶのである。（東［2011］2015：230）

　なにかの真理性や普遍性を信じながら，同時にそれを信じない可能性も認めること。これは真理なのだからみなが信じるべきだ，と一方で思っていながら，それを決して他人に押し付けないこと。誤解してはならないが，これは「なにも真理だとは信じない」ことと同じではない。なにものも信じず，すべての信念を冷笑することは誰にもできる。しかし，ローティが要求するのは，冷笑ではなく自己矛盾に耐える忍耐である。神の存在を信じながら，同時に神を信じない人々と対話し続けること。それは神を信じないでいることよりもはるかに難しい。（東［2011］2015：230-231）

わたしたちも東やローティに同意する。
そしてこの心性を踏まえて，次のような提起をする。

持続可能な超高齢化社会のコミュニケーションデザインへの提起
①パターナリズムは不可避である，それゆえよいパターナリズムと悪いパターナリズムの峻別をはかる教育，努力が必須となる。
②完全に自律的な自己決定は不可能である，それゆえ自己決定を支援する良質の枠組みが必須である。

③本人の意思決定が不可能な状況が頻発する，それゆえ本人意志を過去に向かって訴求可能な情報技術の開発が必須である．
④情報技術を利用したソーシャルネットワーキング利用時に，あらかじめ本人意志確認に利用できるフォーマットを形成し利用することが重要である．
⑤社会的な意思決定の領域では，現在の情報技術を利用した一般意志2.0の考え方と，さらにリバタリアンパターナリズムの考え方を取り入れることが不可避となる．

文献

東浩紀，［2011］2015，『一般意志2.0——ルソー，フロイト，グーグル』講談社文庫．
Бахтин, М. М., 1929, Проблемы творчества Достоевского, постановка проблемы．（＝1968，新谷敬三郎訳『ドストエフスキイ論——創作方法の諸問題』冬樹社．）
柄谷行人，［1986］1992，『探求Ⅰ』講談社学術文庫．
Rorty, Richard, 1989, *Contingency, Irony, and Solidarity*, Cambridge University Press．（＝2000，斉藤純一・大川正彦・山岡龍一『偶然性・アイロニー・連帯——リベラル・ユートピアの可能性』岩波書店．）
Rousseau, Jean-Jacques, *Du Contrat Social ou Principes du droit politique*（＝1991，作田啓一・原好男訳『社会契約論・人間不平等起源論』白水社．）
Wittgenstein, Ludwig J. (translated by G. E. M. Anscombe), 1963, *Philosophical Investigations*, Basil Blackwell．（＝1976，藤本隆志訳『哲学探究　ウィトゲンシュタイン全集第8巻』大修館書店．）

第**9**章

高齢者を支える成年後見制度と意思決定支援
——高齢者の安心を約束する制度へ向けて——

安藤信明

1 高齢者をめぐる家族の状況

高齢者の生活状況

　総務省統計局の人口推計によれば，2012 年 10 月 1 日現在で，わが国の総人口は 1 億 2751 万 5000 人で，そのうち 65 歳以上の人口は，3079 万 3000 人である。総人口は 1 年前に比べ 28 万 4000 人減少しているが，65 歳以上の人口は 104 万 1000 人増加している。総人口の内訳は，男性 6202 万 9000 人，女性 6548 万 6000 人である。総人口の約 24％が 65 歳以上の高齢者となっている。

　65 歳以上の高齢者のうちひとり暮らしの割合は，2005 年の段階で男性が約 12％，女性が約 23％といわれており，現在ではさらにその割合は高くなっていると考えられ，高齢者数の増加とともにひとり暮らしの高齢者の数も増加し，今後も増加傾向にあると予想される。

　さらに高齢者の要介護か否かの状況について見ると，2009 年には約 124 万人が要介護者であった。その数は今後ますます上昇することが予想される。

　ひとり暮らしの高齢者は，介護という避けては通れない問題のほかにも不安を抱えている。ひとりまたは高齢者の夫婦ふたりで暮らしている世帯では，他者とのかかわりが少なくなることは容易に予想され，現実もまたそうである。

　そのような状況のなかで，75 歳以上のひとり暮らし高齢者を対象とした調査（みずほ情報総研 2012）によれば，消費者被害や詐欺に対する不安について

は，9.5％が非常に不安を感じる，39.6％がある程度不安を感じるという結果になっており，半数近くの高齢者が不安を感じている。一方，安全確保や安否確認については，52.0％が特に何も利用していないと答えている。

不安を抱えながらも，特に有効な手立てを講じることができていない現状の一端を垣間見ることができる。

認知症などにより，判断能力に衰えがあれば，その程度によって，補助人，保佐人，成年後見人が選任される。成年後見人などが選任されれば，消費者被害や詐欺などにあう危険性は著しく減少し，安否確認なども状況に応じて成年後見人などが行う。

成年後見制度の活用で，高齢者が抱えるこれらの不安は減少する。

家族との関係

最近になって，「孤独死」とか「無縁社会」などという言葉が使われるようになったのは，高齢者とその家族または地域との関係の変化に起因すると考えられる。特に子どもとの関係性の変化は，高齢者の生活や意識に大きな影響を与えている。先述の75歳以上のひとり暮らし高齢者を対象とした調査（みずほ情報総研 2012）によれば，74.7％が子どもはいるが別居していると回答している。

これは，核家族化や少子化の影響もあると考えられるが，高齢者の意識の変化もあるのではないか。ひとり暮らしの高齢者から「子どもには迷惑かけたくない」「子どもの負担になると申し訳ない」などとの声をよく聞く。また，財産は子どもや甥，姪に残したいが，死後の事務については報酬を払ってでも第三者に任せたいという高齢者も多い。このような意識が，親が子どもとの同居を遠慮し，または進んで別居を望むという形になって現れてきたのではないか。

「子どもに遠慮する親」が増えてきたことは，高齢者が増え，子どもが減少したため，人口ピラミッドがいびつな形に変形し，社会の規範ともいうべきであった「子が親の面倒を見るのは当たり前」という考え方から，社会で高齢者の面倒を見る「介護の社会化」へとシフトしてきたことと関係があるのではな

いか。

では，一方の子どもの意識はどうであろうか。

少子化の影響で，一組の若い夫婦がそれぞれの両親4人の介護にあたらなければならないという例はよく耳にする。高齢者4人の世話をすることは，共働きで子どもがいてできることではない。だから，介護保険が導入され，介護が社会化されたのである。

誰もが親の介護をする，あるいはときどき親の生活をみまもりに行くなどの行動をしなくなったわけではない。また，そのような意識が低くなったとも感じられない。しかし，先の例のように，社会の状況あるいは自分の生活状況がそれを難しくしているという現実がある。それを感じた親が，子どもに遠慮することになるのかもしれない。また，親を介護できないことに自責の念を感じている人もいる。その自責の念が，かえって親から遠ざかる原因になっていることもある。

社会や制度に対する意識

世の中は介護の社会化という方向に動いているが，肝心の高齢者の意識が介護の社会化に対応できていない。自分の子どもの世話になりたくない高齢者が増え，そうかといって「他人様の世話にはなりたくない」「他人に迷惑はかけられない」という意識が強い高齢者が多く，他の誰かの世話になることに抵抗がある人が増えている。

そんな現実と意識のギャップが，社会が大きく変化していくなかで，十分に社会資源にアクセスできない状況を生んでいる。もちろん，そればかりでなく，アクセスしやすい社会資源が不足していることにも原因はある。

「介護保険制度と成年後見制度は車の両輪」といわれた。介護保険制度は介護を社会化するための制度であり，成年後見制度はその理念を実効性のあるものとするための制度である。どちらもうまく回らなくては動けない。

しかし，介護保険制度は，社会資源の不足により，特別養護老人ホームの入所が2年待ちなどという状況を生んでおり，またサービスの質にも時折問題提

起がされる状況である。介護施設での虐待事件などはその最たるものである。問題は，そのことに対して当事者である高齢者が声をあげられないことである。利用者の声が反映できてこそ，より良いサービスが提供できるのだと思うが，利用者である高齢者も，自分が「世話になっている」施設に対して意見を言うことには躊躇があったり，そのようなことはしてはいけないと思っている。

　また，介護保険が措置から契約に移行したことにより，契約行為ができない，あるいは契約内容の理解が難しい人には，契約内容を理解し契約行為を代理する人が必要となった。そのために成年後見制度ができたのである。

　その成年後見制度については，まだまだ認知度が低いことと自ら利用するものではなく，必要に迫られて利用せざるを得ないという状況にあるのは，「補助」，「保佐」や「任意後見」に比べ，圧倒的に利用が多いのは「後見」であることが物語っている。

　高齢者が，元気なうちに自分の意思で決めておくことが理想なのではあるが，現実にはそのような状況にない。

　これは，高齢者のみならず，その家族の意識も成年後見制度利用には消極的であることにも原因があると思われる。

高齢者の「権利」という考え方

　当然のことではあるが，高齢者には生きる権利がある。ただ生きる権利ではなく，「良く生きる権利」がある。長生きすることが重要なのではなく，楽しく生きなくては長生きする理由がない。そのためには，周りの人や公共の社会資源などを活用することに遠慮や躊躇があってはならない。

　人間が生きていれば，他人に多少の迷惑をかけることは当たり前である。それが，高齢になり，自分でできることが少なくなれば，他人にかける迷惑も多くなるのは致し方ないことである。

　しかし，当事者としてはなかなかそうは割り切れないことは理解に難くない。

　生きる権利とは良く生きる権利であり，良く生きる権利とは他人の世話になってもいい権利である。

病気のときやひとりではできないときに頼れる人についての調査（みずほ情報総研 2012）では，「別居の家族」が最も多く 67.5％となっている。また，「友人」が 18.7％，「近所の人」が 19.3％，「ヘルパー」が 8.2％，「いない」が 11.9％となっている。

他人である「近所の人」や社会資源である「ヘルパー」を合わせても3割に満たない。

利用しやすい社会資源を豊富にし，「良く生きる権利」を実現させるための方法を提示することが，このような高齢者の意識を変えることにつながり，介護保険制度が有効に利用され，成年後見制度がその理念に基づいて利用されることにつながるのではないだろうか。

2　介護サービスの提供を受けるためには

「措置」から「契約」へ

介護保険制度が導入される以前は，本人がサービスを選択するのではなく，行政が本人の状況に応じてサービスを決める「措置」を行っていた。本人の自己決定よりも保護を優先したものである。

それが，介護保険制度の導入により，基本的には自分が受けるサービスは自分が選択し，サービス提供事業者と契約を締結して介護サービスを受けることになった。

措置であれば，介護サービスに関する情報は行政が把握していればいいが，当事者間の契約になると，行政が把握している情報の開示が必要となる。情報がないと，あるサービスを受けるにはどんな事業者がいて，それはどこにあるのか，またその内容や費用などはどうなっているかなどを利用者が調べなければならないからである。

介護サービス提供事業者には，ケアマネジャーが置かれるようになった。ケアマネジャーが，介護サービスに関する手続きを本人に代わってするということになる。ただ，ケアマネジャーは事業所に属しているので，ケアマネジャー

だけを単独で探すということはできない。この辺が，介護保険制度の構造上の問題点ではないかと思われる。

　理念として，措置から契約への移行はすばらしいことであるが，実際には高齢者が契約するというのは大変なことで，先のケアマネジャーの例のように環境の整備が十分でないことに大きな問題があり，これは現在でも解決されていない。

本人の情報認識と契約の意思

　さて，介護サービスを受けたいと思った高齢者あるいはその家族が，事業所に行きつき，ケアマネジャーに会うことができたとしても，問題は解決しない。通常，契約書は日常的なものではなく，専門用語や見慣れない漢字も多い。また，ページ数も多く，何種類もの書類が必要な場合もある。

　それらをすべて高齢者またはその家族が理解することは容易なことではない。その段階で，契約をするしかない状況に追い込まれており，厳密な意味では対等な立場での契約とはいえないのではないか。

　さらに，場合によっては高齢者に家族がなく，高齢者が認知症の場合は，契約行為自体ができない。たとえ家族がいても，本人が認知症であれば，家族が勝手に契約を締結することに問題があることはいうまでもない。

　しかし，契約ができなければ，介護サービスが受けられず困るのは高齢者本人とその家族である。そこで，本人を法的に代理して，提供されるサービスや事業者について検討し，有効な契約を締結することができるようにするための制度として，成年後見制度が導入された。

　その必要性については次に検討するが，家族が本人を代理して契約することについては，本人にその意思がない以上，無権代理にあたると思われるが，その問題とは別の問題もはらんでいる。

　介護については，家族と本人の間で意見が異なることがある。端的な例でいうと，自分の持っているお金をすべて使ってでも手厚いサービスを受けたいと望んでいる高齢者とその相続人となることが確実な親族では，微妙にサービス

の選択が違ってくる場合がある。もちろん，すべての場合ではないが，そのようなケースもあるということである。そのようなケースでは，親族が契約行為をすることが本人の利益にならないという問題がある。

成年後見制度の必要性

　自分の意思で何かを判断して契約などの法律行為を行うことができない人には，すべて法的に本人を代理する者が必要であるというのが民法の原則である。成年後見制度は財産管理の制度であるから，財産の多くない人には必要ないのではないかという意見を聞いたことがある。しかし，生活保護を受給している人にも成年後見制度は必要である。そもそも，成年後見人がいなければ，生活保護の受給申請すらできないことを考えれば明らかである。また，財産はなくても，人間が生きていくにはさまざまな手続きが必要である。その場合にも本来は，家庭裁判所から選任された成年後見人等が手続きを行うべきである。本来は，と書いたのは，非常に軽微な手続きで，それに比べ後見開始，後見人選任の手続きが重いときには，例外もあるのが現実だからである。

　成年後見制度は，財産管理の制度ではなく，権利擁護の制度である。この権利擁護という言葉も，福祉の専門家と法律の専門家では，若干意味が異なるような感じを受けることがあるが，権利擁護の一環として財産管理を行うと考えている。通常，財産管理といえば，いかに財産を守るかが問題となるが，成年後見制度においては，いかに被後見人本人のために財産を使うかが問題となる。財産を守ることよりも，本人の生活のために適切に財産を使うことに視点をおいているので，単なる財産管理ではなく権利擁護としての財産管理というのが適当であるように思う。

　「成年後見関係事件の概況——平成23年1月〜12月」（最高裁判所事務総局家庭局）によれば，申立ての動機として最も多いのは，「預貯金等の管理・解約」2万4895件となっており，次が「介護保険契約（施設入所等のため）」9890件，「身上監護」7764件，「相続手続」5840件，「不動産の処分」5569件，「保険金の受取」2694件，「訴訟手続等」1694件と続いている。

このデータを見ると，財産管理を契機として後見開始等の申立てをしているケースは多いが，成年後見人等が選任されれば，その任務には，身上監護も含まれ，預貯金の管理だけしていればよいというものではない。

また，2012年8月24日の厚生労働省の記者発表資料「認知症高齢者の日常生活自立度Ⅱ以上の高齢者数について」には，日常生活に支障をきたすような症状・行動や意思疎通の困難さが多少あっても，誰かが注意していれば自立して生活できる状態の高齢者は，2010年で280万人，2012年で305万人，2015年で345万人，2020年で410万人，2025年で470万人とされている。現在の成年後見制度の利用者は1年間で約3万人であるから，制度開始から11年経った現在でも，単純に累計して33万人の利用である。もちろん305万人（2012年）全員に成年後見人等が必要とは限らないが，この数に比して，いかに少ないかは明白である。

しかし，成年後見人等の供給の問題もある。現在は成年後見人等の40％以上が司法書士，弁護士，社会福祉士の専門職後見人であるが，専門職後見人の育成にも限度があり，誰が，あるいはどこが成年後見人の供給を担っていくかという問題がある。親族の成年後見人＋信託銀行の活用（後見制度支援信託制度）という裁判所の運用（家裁の指示で信託を使わざるを得ない件がある）や市民後見人の育成など専門家団体の活動などが話題となっている。

3 成年後見制度の概要

法定後見制度

成年後見制度には，民法に規定され，家庭裁判所の開始審判により補助人，保佐人，成年後見人が選任される法定後見制度と，将来的に後見人に就任することを約した任意の契約（任意後見契約）に基づき家庭裁判所が任意後見監督人を選任したときに開始する任意後見制度がある。

法定後見制度には，補助，保佐，後見の三類型があり，本人の判断能力と必要性によりどの類型かが決定される。

補助開始，保佐開始，後見開始の審判に対しては，不服があれば即時抗告できるが，補助人，保佐人，成年後見人の選任の審判などには不服申立ての手段はない。

最高裁判所事務総局家庭局発表による「成年後見関係事件の概況——平成23年1月～12月」によれば，2007年（平成19）からの5年間で，後見開始事件は，2万1151件から2万5905件に，保佐開始事件は，2235件から3708件に，そして補助開始事件は，916件から1144件にとそれぞれ増加している。また，市区町村長の申立件数は3680件と，前年より約18.4％増加となっている。

成年後見人等に選任された者の内訳は，制度開始当初は80％以上が親族であったが，2011年（平成23）では，配偶者，子等の親族が選任されるケースが約59.6％，司法書士，弁護士等の専門職後見人が選任されるケースが約44.4％であり，専門職後見人の選任割合が年々上昇している傾向がある。

また，大きな問題として，成年後見制度の利用者の増加につれ，成年後見人等が本人の財産を不正に流用あるいは横領するケースが増えていることが挙げられる。その多くは親族等が成年後見人等に就任したケースであり，その解消策として，2012年から，後見制度支援信託制度が開始されている。親族等を成年後見人に選任する際に，日常的に必要でない預貯金は信託銀行に信託し，成年後見人が自由に払い戻しなどができないシステムにすることで，成年後見人の不正を予防しようとするものである。専門職後見人を選任するケースとの使い分けが今後の課題である。

補助人，保佐人，成年後見人とも，原則的には家庭裁判所の監督に付され，年1回程度の報告書の提出などが義務化される。事案によっては，専門職が監督人として選任されることがあり，その場合は，監督人に報告書の提出をするほか，後見事務上不明な点などは監督人に尋ねることもできる制度である。

成年後見制度開始後，すでに10年以上が経過しているが，この制度の認知度は，まだ決して高くなく，社会の態勢も整っていない。たとえば，成年後見人に就任した場合，金融機関にその旨を届け出ることになるが，その手続きに

1ヶ所で何時間も待たされることもまれではない。

その他にも，成年後見制度は，本人の自己決定の尊重と本人の能力の活用および本人の権利の保護を目的としているが，実際には，本人よりも家族の考えで利用されることが多いことも問題である。圧倒的に多くが，後見開始，すなわち本人がほとんど意思を表明することができない状態での利用であることが，そのことを物語っている。

任意後見制度

任意後見契約は，公正証書を締結しなくてはならない。この契約をすると，公証役場から法務局に通知され，その契約が登録される。しかし，それで後見（財産管理）が開始するわけではなく，委任者である本人の判断能力が減退したときに，受任者が家庭裁判所に任意後見監督人選任の申し立てをする。

任意後見契約は，誰とでも締結することができるが，家庭裁判所が任意後見監督人を選任しなければ，財産を管理するなどの後見業務を行うことはできない。また，任意後見契約はひとりで何件でも締結することができるが，それぞれの任意後見受任者が適当であると家庭裁判所が判断しなければ，任意後見監督人選任の申し立てがあっても，家庭裁判所はその選任の審判をしないことで，不適切な任意後見人の就任を防ぐことができる。また，任意後見受任者が不慮の事故などで死亡する場合もあり，複数の任意後見契約を締結するケースも少なくない。法定後見制度の申立人は，4親等内の親族や市区町村長であるが，4親等内の親族がいない場合でも，任意後見受任者または任意後見人は法定後見開始の申立権者となるので，悪質商法などの消費者被害から本人を保護する必要があるときは有効な契約となる。市区町村長の申立ては，予算の問題もあり，必ずどの市町村もできるわけでなく，要件もあるので時間もかかる。

法定後見の成年後見人は，本人に代わって法律行為を行うほか，本人が為した契約などの法律行為を取り消すこともできる。保佐人は，原則として民法第13条の範囲で本人が為した法律行為の取り消しができ，補助人は，家庭裁判所の審判により同意権が付与されている範囲で，本人の為した法律行為を取り

消すことができる。しかし，任意後見人にはこのような取消権は認められておらず，契約の範囲で本人に代わって法律行為をすることはできるが，本人が為した法律行為を取り消すことはできないのである。

また，任意後見は，契約の時点から実際に後見が開始するまでにタイムラグがあるため，その間，どのように委任者と受任者の関係を維持するかが問題である。特に，受任者が親族でなく，専門職である場合はなおさらである。

さらに，本人の判断能力が減退したときには，本人にそのことを告げて，家庭裁判所に任意後見監督人選任の申し立てをしなくてはいけないが，本人にとっては決してうれしいことではない。その事実をどのように本人に告げ，受け入れてもらうかはとても難しい問題である。

法定後見制度では，家庭裁判所が，本人の知らない人を成年後見人等に選任することがほとんどであるが，任意後見契約では，本人が自分で誰に何を依頼するかを決めることができ，自己決定を尊重している点で，成年後見制度の理念に沿った制度である。

成年後見制度を支える機関と人たち

成年後見制度は，多くの人や機関に支えられて機能している。最高裁判所，家庭裁判所，司法書士，弁護士，社会福祉士，行政，介護施設，金融機関，家族などである。これらの機関の連携，高齢者を中心にした協力関係が必要である。

しかし，これらの機関などには，それぞれの考え方や立場があり，必ずしもすべての協力関係がうまくいかないことがある。そして，そのことで不利益を被るのは高齢者本人またはその家族であることを忘れてはならない。

本人，家族を交えたカンファレンスの場は大変重要であるが，カンファレンスの方法についてはほとんどが「自己流」であると聞いたことがある。

上記のような関係機関に加え，カンファレンスの専門家の関与が必要となってくるのではないかと考えられる。誰に出席してもらい，事前にどのような調査をし，実際のカンファレンスの進行はどうするのか。ただの報告会であれば

必要ないかもしれないが，参加者間で意見の食い違いがあるような場合には，それなりのスキルが必要となる。

　知識や経験，専門性があればあるほど，自分の意見に固執しがちになる。そんなときに，コミュニケーションのトレーニングを受けた人が進行を担当することでカンファレンスの結果は異なってくると思われる。

　さらに，高齢者とのコミュニケーションは難しい。高齢者と接する機会が多い人は慣れているが，慣れていることがいいことだとは限らない。慣れてくると見えなくなってくる気持ちがある。その点においてもコミュニケーションに関するトレーニングは必要なのではないかと考えている。

4　高齢者を支えるために

成年後見制度を利用するために

　成年後見制度は，高齢者や障害者のためのものである。判断能力が衰えて，心配なこと，不安なことが増えてくることは，誰にでも起こりうる。そんなとき，本人のできないことを専門家や家族が代わりに行うことができるようにする制度である。

　まだ，自分でできないことはないし，困ってもいないけれども，あと何年かした後のことが不安である場合は，任意後見契約をして，あらかじめ後見の予約をしておくことができる。誰に依頼するか，何をどこまで依頼するか，費用はいくらでお願いするかなどについては任意後見契約を締結する相手と話し合って決められる。

　法定後見制度を利用する場合に多くの人が不安に感じることは，どんな人が成年後見人になるのか，報酬はいくらぐらいなのかということではないか。

　いくら家庭裁判所が選任するといっても，今まで会ったこともない人が財産を管理したりすることになるので，不安になるのは当然である。誰を選任するかを裁判所に任せない方法としては，後見等開始の申し立ての際に，後見人等の候補者を記載して提出する方法がある。

もちろん，裁判所でも本人の事情や候補者の状況について確認するので，この候補者が必ず成年後見人等に選任されるとは限らない。とはいえ，候補者を探すのも簡単ではないかもしれない。親族等が自分で後見人等をする場合は問題がないと思われるが，親族にも事情がありできない場合もある。

　そんな場合や任意後見契約をしたいと考えている場合は，公益社団法人成年後見センター・リーガルサポート，近隣の司法書士会，弁護士会，社会福祉士会に相談してほしい。

　また，自治体によっては，市民後見人養成講座を行っていたり，公益社団法人成年後見センター・リーガルサポートでは，市民向け成年後見人養成講座[1]なども行っている。

地域での連携

　成年後見制度は，万能の制度ではない。成年後見人が選任されればすべてがうまくいくとは限らないし，ひとりの成年後見人ができることは限られている。成年後見制度は，地域で高齢者を見守るしくみのひとつに過ぎない。行政や介護職，親族等を含めた連携なしには語れない。その連携のキーパーソンとして，成年後見人に期待されることは多い。

　連携することが期待される機関としては，行政の高齢福祉課，社会福祉協議会，地域包括支援センター，訪問看護支援センター，NPOなどがある。しかし，成年後見人としてかかわることが最も多いのは，ケアマネジャー（介護支援専門員）ではないかと思う。

　介護サービスの実施プランを作成するケアマネジャーと，本人の身上監護面にも注意を払いながら財産を管理する成年後見人との接点は多い。本人あるいは家族の代わりに介護方針に関する意向をケアマネジャーに伝え，本人の権利擁護を図ることが成年後見人の目的なので，ケアマネジャーとの連携は必須である。

　ケアマネジャー以外にも，本人に収入がなく生活保護を受給する必要があれば，行政の福祉事務所との連携も必要となるし，在宅で看護の必要があれば，

訪問看護支援センターとの連携が必要となる。

　また，本人の家族や親族との関係も重要である。家族や親族の要望と本人の利益が必ずしも一致しないことがあるので，家族，親族と本人の関係性や事情なども知っておく必要はあるが，家族との連携なしには本人の利益にならないことは多い。

　このように，成年後見人としては，一方にだけ注意を払うのではなく，いろいろな関係者との連携が重要なポイントとなる。

　地域で暮らす高齢者の権利をどのように守って安心して暮らせる社会をつくるかのポイントのひとつは，成年後見制度の利用にあると考えている。

成年後見制度は特別なものではない

　成年後見制度は，特別の人が使う特別な制度ではない。誰もが使いうる普通の制度である。だから，使いやすくなければならない。特に利用するのは高齢者であることを考えれば，さらにわかりやすくなければならないはずである。しかし，任意後見契約は，多岐にわたる内容をかなり詳細に決めなくてはならない。本人の保護のためには，必要な費用など詳細に決めなくてはならないことも多いのである。

　任意後見契約に限らず，介護サービスの提供を受ける場合をはじめとして，さまざまな場面で契約を締結しなければならないことが増えている。総じて契約書というものはわかりにくい。法律の専門用語や業界の専門用語が使われていたり，まわりくどい表現が使われていたりする。

　成年後年制度を利用する必要がないまでも，一般的には高齢者になれば，視力が衰え，記憶力や判断力，思考力にも衰えがくるものである。そのような場合に，高齢者の契約を支援するしくみが必要なのではないだろうか。もちろん，すべての人に弁護士や司法書士などと顧問契約を勧めるわけではないが，必要なときに必要な法的支援を受けることができれば，悪質商法による被害などは随分と減らせると思われる。

　その延長線上に成年後見制度があると考えると，高齢者になってから支援を

求めるのではなく，もっと早い段階から必要に応じて法的サービスの提供を受けやすい状況をつくることにより，成年後見制度が社会において活用されていく素地ができると考えている。

5　意思決定支援

成年後見制度と意思決定支援

　成年後見制度は，成年後見人などが本人に代わって意思決定を行う代行意思決定制度である。一方，障害者の権利に関する条約第12条には，障害者は，「全ての場所において法律の前に人として認められる権利」を有し，「生活のあらゆる側面において他の者との平等を基礎として法的能力を享有すること」を認めており，代行決定には否定的である。また，Nothing About Us Without Us！という障害者の当事者団体のスローガンが示す通り，自分たちのことを自分たちがいない場で決めないでほしいという当事者の声に，意思の代行決定はそぐわない。

　代行決定から本人の自己決定へ，その自己決定を支えるための環境づくりなどへと高齢者や障害者の生活を支援する者たちの関心は動いている。ただ，この意思決定支援という考えは，新しいものではなく，これまでも福祉の現場で，高齢者や障害者と向き合いながら支援をしてきた者たちは，行ってきたことである。

　法的な代理権があるからといって，成年後見人が自らの価値観で本人に関する意思決定を行っていくことは，人権を侵害することになる場面も出てくる。成年後見人に選任されるまで，本人に会ったこともなく，生活歴も十分にはわからず，話したこともない「専門家」が，ある日突然成年後見人となり，意思決定を代行していくことの問題が大きくなったので，その反動として意思決定支援という言葉が広まったに過ぎないことを忘れてはならない。

　意思決定支援とは，プロセスの問題である。本人が自己決定をするには，どのような情報をどのような形で伝えるか，あるいは本人が意思を表明できない

ときは，その意思を何を根拠にどのように推測するか。その責任を負う者が成年後見人であるに過ぎない。障害の権利に関する条約を持ち出すまでもなく，日本の民法にも書かれている。

民法第858条に「成年後見人は，成年被後見人の生活，療養看護及び財産の管理に関する事務を行うに当たっては，成年被後見人の意思を尊重し，かつ，その心身の状態及び生活の状況に配慮しなければならない」とある。

この条文に忠実に成年後見事務を行っていれば，成年後見制度から意思決定支援へなどという話にはならないはずである。現状では，成年被後見人の意思を尊重できていないことへの反省が，意思決定支援への動きにつながっているだけではないか。

成年後見制度は障害者の権利に関する条約に抵触するのではないかという国連の問題提起に，日本政府は，第1回日本政府報告（パラグラフ76，77）において，民法第858条の規定により高齢者や障害者の意思が尊重されていることをもって反論している。しかし，この反論は，当を得ていない。民法の条文には書いてあるが，では，その成年被後見人の意思の尊重というのはどのように担保されるかについては，何も規定がないからである。

成年被後見人などの意思の尊重が十分でないことの根底には，専門家に任せておけば間違いないという自己決定の理念とは相反する意識が専門家にあると思われる。また，結果が良いことが一番で，決定のプロセスなどは二の次であるという考えがあるのかもしれない。

意思決定支援の可能性

では，成年後見制度から意思決定支援制度に移行する，もしくは意思決定支援が担保された成年後見制度に改正され，高齢者や障害者の意思決定支援が行われるようになれば，何が変わるのであろうか。

現在では，医療行為の同意のように代行決定になじまない意思決定は，成年後見制度の対象外となっているが，これらがなくなるか，きわめて限定的になる可能性がある。

そして，意思決定支援のプロセスに欠かせないのは，本人がこれまで行ってきた小さな意思決定である。これらの意思決定の記録や周囲の人の記憶などがなければ，代行決定と大きな差はないものになるかもしれない。意思決定支援を意味のあるものにするためには，成年後見人等の支援者による，これらの情報の収集と，本人の意思を探っていくための粘り強い作業が求められる。

　また，現在の成年後見制度では，金融機関の取引などにおいて，法律には規定されていないさまざまな実質的な制限がある。たとえば，補助人，保佐人および任意後見人が選任された場合，本来であれば，被保佐人等の本人には，銀行取引を行う権限があるはずであるが，金融機関に保佐人等が届け出ることにより，本人が取引を行うことができなくなる。意思決定支援の考え方からいえば，このような制限は不当なものになるので，取り扱いが見直されるべきである。

　さらに，このような財産的取引とは別の意思決定として，どこで生活したいとか，どこの病院には行きたくないとか，あるいは何を食べたい，食べたくない，さらにどこかに旅行に行きたいといった生活に密着したものがあるが，このようなことに関して意思決定支援が行われれば，高齢者や障害者の生活は他人に押しつけられたものではなくなる。もちろん，経済的な状況や家族関係など現実的なことの影響は別に考えなければならない。

　自分の生活を自分で決めることができるという当たり前のことができるようになるということである。しかし，リスクもある。周囲の支援者が，意思決定の段階で，そのリスクについて本人が理解できるようにどのように説明するのかは現実的にはとても難しい。本人がどの程度理解したのかを確認することも現実的には難しいであろう。このことは，成年後見制度が始まるときにも議論された論点であるが，代行決定をする現状において，その議論は進んでいない気がする。

　理想論だけでなく，現実的な意思決定支援の枠組みや社会資源を早急につくることが求められている。

第Ⅳ部　人と制度

注

(1) 公益社団法人成年後見センター・リーガルサポートは，成年後見人の受け皿団体として，司法書士会が主体となって1999年に設立した団体である。全国に50の支部があり，約6000名の司法書士が会員となっている。http://www.legal-support.or.jp/

文献

厚生労働省，2012，「認知症高齢者の日常生活自立度Ⅱ以上の高齢者数について」。
みずほ情報総研，2012，『一人暮らし高齢者・高齢者世帯の生活課題とその支援方策に関する調査研究事業』平成23年度老人保健事業推進費等補助金研究成果報告書。
最高裁判所事務総局家庭局，2012，「成年後見関係事件の概況——平成23年1月〜12月」。

おわりに

　本書は，東京大学の総長を務められた濱田純一先生の主幹のもとで始められたプロジェクトを基盤としている（以下は，濱田先生による文章）。

> 　急速な情報通信の技術革新やメディア産業の変化，情報のユビキタス化，人々のメディア消費行動の変化等により，社会におけるメディアやコミュニケーションのあり方は，これまでに経験したことのないような大きな構造変革期を迎えつつあります。今後長期に及ぶであろう，こうした大変動を，「コミュニケーション・ダイナミクス」と呼んでいるわけですが，それによって新しい多様なコミュニケーションの可能性が開かれるとともに，これまでのメディアの価値創出の基盤となっていた，様々なステイクホルダーの交代や交互の関係性が変化し，メディアがこれまで有してきた経験価値や社会価値等の変動が生じつつあります。そこで，これまでのメディアやコミュニケーションのエコシステム（生態系）を支えてきた基本的な価値のあり方を総合的に検討します。こうした活動を通じて，この寄付講座は，新しい時代のメディア・コミュニケーション研究の融合と俯瞰の場になることを目指します。

　この文章には特に難しいところはない。しかし，プロジェクト開始前のものとはいえ，情報技術の急速な変化に対して，次世代の予測やさまざまな現象の読み解きといった具体的な指針が求められる現代では，この文章が持つ抽象性，間接性に対する批判はあり得ると思われる。そのような批判に対して，従来から行われているメディア・コミュニケーションに関する着実な研究や論考は，調査であっても時代に対する考察であっても，性急な要求に応え，指針を与えるものではなく，問題をより深く考えさせる材料を提供するものであったことを指摘しておく。メディア・コミュニケーションを支える基本的な価値のあり

方を総合的に検討するとしたのは，わたしたちの認識の前提を疑い，現象に向き合うという姿勢を表したものである。

　本書では，メディア・コミュニケーションからこぼれ落ちてしまう情報について，現代社会がかかえる大きな課題である「介護」について考えることにした。そして，こぼれ落ちてしまうもののうちでも主体と主体，主体と制度の「間」に着目し，同じ分野の専門家と専門家（「多職種連携」），専門家間の微視的レベルにおける相互行為（「専門家の実践」），専門家と非専門家（「専門家と非専門家の場づくり」），異なる分野の専門家と専門家（「人と制度」）に関する論考を集めることにした。複数の観点からのアプローチは，ややもすると寄せ集め的になることがあるが，本書では，専門家，非専門家，制度という軸を交差させることにより，相互に補完するものになることを目指した。

　介護，介護コミュニケーションに関する問題は難しく，視点を定めるのに多くの検討を重ねることになり，本書を出版するまでに時間がかかってしまった。本書に論考を寄稿してくださった先生方，また，本書の刊行を辛抱強くお待ちいただいたミネルヴァ書房の涌井格氏に，御礼とお詫びを申し上げる。本書が，これからの介護に関する新しいコミュニケーションをつくりだす一助になることを願っている。

石　崎　雅　人

索　引

あ　行

始良・伊佐地域　55
　　──人口構造　55
　　──世帯構造　59
　　──保健・医療・看護・介護連携体制強化
　　　推進会議　69
青い芝の会　106
生きる権利　252
意見交換　75
　　──の場　65, 67
意思決定　6
　　──支援　263, 265
　　状況統合的──　234
医師第一主義　27
医師の語り　14, 20, 24, 29, 36, 37, 42
一般意志2.0　240, 243
今つづるエンディングノート　90
意味パースペクティブ　97
医療・介護提供体制　60
遠隔医療システム　20
応用演劇（Applied Theater）　104
「おしも」の話　117

か　行

介護　108, 126
　　──支援専門員の語り　16, 21, 29, 34, 39,
　　　43
　　──施設サービス　135
　　──しやすい社会　87
　　──職の状況　135
　　──の仕事　114
　　──の社会化　250
　　──保険制度　251
　　──保険のモデル　125
介助　106, 108, 125, 126

　　障害者の──　123
学習環境の整備　97
獲得型学習観　3
鹿児島県始良・伊佐地域振興局保健福祉環境部
　　（始良保健所）　53
カフェ型対話的アプローチ　93
カンファレンス　158
救急医療　230
救急現場　229
協同的学習観　3
共同行為　6
議論の場　69, 71, 75
空間的思考　182
苦情　150
　　ある高齢者が別の高齢者やケアハウスの管理
　　　人に虐待的な言動をとることについての
　　　──　148
　　高齢者が出すテレビの音をめぐる──
　　　148
　　高齢者施設の駐車場が施設から離れていると
　　　いう──　149
　　高齢者施設のマネージャーへの──　144
　　在宅ケアサービスプランへの──　147
　　施設内での事故の──　149
気仙沼・南三陸地域在宅医療福祉推進委員会
　　34
気仙沼在宅ワーキンググループ（KNOAH）
　　19
気仙沼市　14
　　──巡回療養支援隊　17
県型保健所　54, 67, 77
言語ゲーム　227
言語行為論　6
権利擁護　255
光明養護学校　105
高齢者　133

——がかかわるメディエーション　150
　　——が居住する集合住宅での近隣紛争
　　　144
孤独死　250
コミュニケーション
　身体を介した——　158

さ　行

在宅医療　32
在宅療養　21
　——システム部会　36
ジェスチャー　164, 171, 176-178, 180, 181
　延長——　175
自己対話（内省）　227
自己の身体　107
視線　162, 165-167, 169, 171, 177, 178
　創造的——　159
事前ケア計画　230
事前指示書　230
事前調査　64, 70, 74
社会制度　225
社会保障制度改革国民会議報告書　52
終末期医療　236
　——中止問題　237
情報交換　71
情報収集　66, 68, 74
情報提供書　37, 39
自立　106, 111
身体相互行為　157
身体的解釈法　183
身体表現　166, 167, 172
生前遺言　231
生と死について対話しよう　88
成年後見がかかわる家族の葛藤　145
成年後見制度　251, 252, 254-256, 259
性の問題　111
世田谷パブリックシアター　103
専門用語　26, 46
相互行為空間　196, 199
相互行為実践　217
相互行為分析　189, 190

た　行

退院時連携　64
代行意思決定制度　263
代理決定　230
対話　226
他者　227
　——の身体　107
　——の認知の利用　196
多職種連携　42-45
助けてって言えない　111
地域医療連携　47
地域ケア体制　67
地域の物語　103, 105, 107
地域包括ケア　43
　——システム　49, 50
地域包括支援センターネットワーク会議　62
地域連携室　64
知識・技術　43
知識や情報の提供　70
つなぐ　68
適切に伝え合える状況　151
統合失調症　126, 127
投射　160, 162, 163
ドキュメント的解釈法　183

な　行

二次医療圏　50
日常生活圏域　50
任意後見契約　258
認知症対応型共同生活介護施設（グループホーム）　158, 187
ネットワーク　43

は　行

排泄の問題　119
パターナリズム　239
ヒエラルキー　30
東日本大震災被災に関わる情報交換会　17
ヘルスコミュニケーション　85
　カフェ型——　86, 94, 98

索引

ヘルニア 26
変容的学習 93, 94, 97
法定後見制度 256

ま 行

窓口一覧表 65
学びの場 66, 76
看取り 91
みなせた（水俣世田谷交流実行委員会） 106
みんくるカフェ 86
民生委員 120-123
無縁社会 250
メディエーション 139, 141
　　——モデル 142
　　高齢者—— 144
　　ファシリテーティブ—— 139
モノローグ 226

や 行

薬剤師の語り 22, 26, 30, 47
有料老人ホーム 136

ら 行

リバタリアンパターナリズム 245
連携 62
　　——手段 43
　　——連絡票 37, 38
連鎖分析 160

A-Z

Advance Care Planning（事前ケア計画） 233, 234
Age Concern England 142
Age UK 142
AIMS（Advice, Information, and Mediation Service） 142
Elder Mediation Project 141
KNOAH 22
Living Will 231
Mediation UK 141
MS 26
Surrogate Decision Making（代理決定） 231

《執筆者紹介》（執筆順，＊は編著者）

＊石崎雅人（いしざき・まさと）序章・第1章・おわりに

    1960 年   兵庫県生まれ
    1997 年   The University of Edinburgh, ph. D.
    現   在   東京大学大学院情報学環教授
    主   著   『これからの医療コミュニケーションに向けて』（監修）篠原出版新社，2013年。
              「専門家のことばが納得を生むとき」『日本語学』33（3），2014年。

小松　治（こまつ・おさむ）第1章

    1974 年   宮城県生まれ
    1995 年   気仙沼市医師会附属准看護学校卒業
    現   在   株式会社宮城登米広域介護サービス第三事業部次長兼広域介護サービス気仙沼所長

武田雄高（たけだ・ゆたか）第1章

    1975 年   宮城県生まれ
    2005 年   東北医科薬科大学薬学部卒業
    現   在   株式会社南郷調剤薬局代表取締役，管理薬剤師

村岡正朗（むらおか・まさあき）第1章

    1961 年   岩手県生まれ
    1998 年   藤田保健衛生大学大学院医学研究科修了，博士（医学）
    現   在   医療法人華同会村岡外科クリニック院長，理事長
    主   著   『大規模災害時医療』（共著）中山書店，2015年。

水間喜美子（みずま・きみこ）第2章

    1987 年   鹿児島県生まれ
    2012 年   東京大学大学院学際情報学府修士課程修了
    現   在   鹿児島大学大学院医歯学総合研究科地域医療学分野博士課程，医療法人柏葉会水間病院地域連携室・感染制御チーム
    主   著   「生命操作に対する認識から見る大学生と教員のもつ生や死についての価値観」（共著）『臨床死生学』15（1），2010年。

孫　大輔（そん・だいすけ）第3章

    1976 年   佐賀県生まれ
    2008 年   東京大学大学院医学研究科博士課程修了，博士（医学）
    現   在   東京大学大学院医学研究科医学教育国際研究センター講師
    主   著   『医師として知っておくべき介護・福祉のイロハ』（共著）羊土社，2016年。
              「カフェ型ヘルスコミュニケーション『みんくるカフェ』における医療系専門職と市民・患者の学び」『日本ヘルスコミュニケーション学会雑誌』5（1），2015年。

花崎　攝（はなさき・せつ）第4章

1958年　生まれ
2011年　ロンドン大学ゴールドスミス校芸術学修士課程修了
現　在　企業組合演劇デザインギルド専務理事，日本大学芸術学部・武蔵野美術大学非常勤講師
主　著　『学校という劇場から――演劇教育とワークショップ』（共著）論創社，2011年。
　　　　「応用演劇の観点からの『演劇ワークショップ』再考」人工知能学会『言語・音声理解と対話処理研究会』66，2012年。

田中圭子（たなか・けいこ）第5章

1967年　生まれ
1990年　清泉女子大学文学部英文科卒業
現　在　一般社団法人メディエーターズ代表理事
主　著　『聴く力伝える技術――人間関係の誤解を解くメディエーションの極意』日本加除出版，2012年。
　　　　『調停にかかわる人にも役立つメディエーション入門』（共著）弘文堂，2015年。

細馬宏通（ほそま・ひろみち）第6章

1960年　兵庫県生まれ
1992年　京都大学大学院理学研究科博士課程修了，博士（動物学）
現　在　滋賀県立大学人間文化学部教授
主　著　『ミッキーはなぜ口笛を吹くのか』新潮社，2014年。
　　　　『介護するからだ』医学書院，2016年。

城　綾実（じょう・あやみ）第7章

1984年　京都府生まれ
2012年　滋賀県立大学大学院人間文化学研究科博士後期課程単位取得退学，博士（学術）
現　在　京都大学物質-細胞統合システム拠点特定研究員
主　著　「科学館における『対話』の構築――相互行為分析から見た『知ってる？』の使用」（共著）『認知科学』22（1），2015年。
　　　　「認識可能な身振りの準備と身振りの同期」（共著）『社会言語科学』17（2），2015年。

鈴木義彦（すずき・よしひこ）第8章

1962年　生まれ
1989年　東京医科大学医学部卒業
現　在　自治医科大学メディカルシミュレーションセンター講師
主　著　『テキスト臨床死生学』（共著）勁草書房，2014年。

長谷川剛（はせがわ・つよし）第8章

- 1962年　大阪府生まれ
- 1991年　筑波大学医学専門学群卒業
- 現　在　上尾中央総合病院院長補佐，情報管理部長
- 主　著　「意思決定における価値——医療安全」*Modern Physician*, 36 (5), 2016年。
  「医療現場でのレジリエンス・エンジニアリングの実践」『医療の質・安全学会誌』11 (4), 2016年。

安藤信明（あんどう・のぶあき）第9章

- 1962年　長野県生まれ
- 1985年　中央大学法学部政治学科卒業
- 現　在　司法書士
- 主　著　『司法書士の法律相談』（共著）第一法規，2014年。
  『調停にかかわる人にも役立つメディエーション入門』（共著）弘文堂，2015年。

コミュニケーション・ダイナミクス②
高齢者介護のコミュニケーション研究
――専門家と非専門家の協働のために――

| 2017年3月31日　初版第1刷発行 | 〈検印省略〉 |

定価はカバーに
表示しています

編著者	石 崎 雅 人
発行者	杉 田 啓 三
印刷者	大 道 成 則

発行所　株式会社　ミネルヴァ書房
607-8494 京都市山科区日ノ岡堤谷町1
電話代表　(075)581-5191
振替口座　01020-0-8076

© 石崎雅人ほか，2017　　太洋社・新生製本

ISBN978-4-623-07872-1
Printed in Japan

コミュニケーション・ダイナミクス（全3巻）

体裁：Ａ５版・上製・各巻平均300頁

① 地域づくりのコミュニケーション研究
　　　－まちの価値を創造するために－
　　　　田中秀幸 編著

② 高齢者介護のコミュニケーション研究
　　　－専門家と非専門家の協働のために－
　　　　石崎雅人 編著

③ メディア・コンテンツ産業のコミュニケーション研究
　　　－同業者間の情報共有のために－
　　　　樺島榮一郎 編著

ミネルヴァ書房

http://www.minervashobo.co.jp